本书获得国家自然科学基金课题（课题编号：71804041）经费资助
及河海大学社会学学科经费资助

中国儿童发展的组织生态研究

亓迪　南方　著

南京大学出版社

图书在版编目(CIP)数据

中国儿童发展的组织生态研究 / 亓迪，南方著. 一南京：南京大学出版社，2020.12
ISBN 978-7-305-23974-8

Ⅰ. ①中… Ⅱ. ①亓… ②南… Ⅲ. ①儿童一慈善事业一组织机构一研究一中国 Ⅳ. ①D632.1

中国版本图书馆 CIP 数据核字(2020)第 228919 号

出版发行　南京大学出版社
社　　址　南京市汉口路 22 号　　　邮　编　210093
出 版 人　金鑫荣

书　　名　中国儿童发展的组织生态研究
著　　者　亓　迪　南　方
责任编辑　陈　佳　　　编辑热线　025-83621450

照　　排　南京南琳图文制作有限公司
印　　刷　江苏凤凰数码印务有限公司
开　　本　718×1000 1/16　印张 14.25　字数 286 千
版　　次　2020 年 12 月第 1 版　2020 年 12 月第 1 次印刷
ISBN 978-7-305-23974-8
定　　价　68.00 元

网址：http://www.njupco.com
官方微博：http://weibo.com/njupco
官方微信号：njupress
销售咨询热线：(025) 83594756

目录

第一部分　促进儿童发展:社会组织何以可能

第二部分　促进儿童发展：社会组织何以可为

第三部分　社会组织类型化与儿童发展

第一部分

促进儿童发展：社会组织何以可能

第一章　社会组织参与儿童发展的必要性

第一节　关注儿童发展的重要性分析：国内外背景

童年是人生发展的关键期和敏感期，儿童是最易受到贫困和脆弱性影响的群体。一直以来，国际社会都将促进儿童发展、保障儿童权益作为可持续发展的重要内容，尤其是第二次世界大战后，国际社会针对儿童权益保护的政策陆续出台，实施机制逐步建立并完善。1946 年，联合国儿童基金会成立，最初宗旨是向“二战”中受害儿童提供救济，之后其工作领域拓展到儿童生存、保护和发展等各个领域。1959 年，联合国大会通过了《儿童权利宣言》，明确提出保护儿童利益，制定法律应以儿童的最大利益为首要考虑。1989 年，联合国大会通过了对缔约国具有法律约束力的《儿童权利公约》，明确规定儿童享有生存权、发展权、参与权和受保护权四大权利。2000 年，联合国千年发展目标将儿童的营养、健康和教育作为国际发展的框架性目标。2002 年，联合国儿童问题特别会议一致通过《适合儿童生长的世界》行动计划，进一步明确在保健、教育、保护和艾滋病防治四个主要领域保护儿童权益、改善儿童生存条件的原则和目标。2003 年，东亚及太平洋地区各国就区域儿童发展和权利保障问题达成《巴厘共识》。2007 年，联合国儿童问题特别会议审议了“适合儿童生长的世界”行动计划实施情况，敦促各国政府和国际社会履行承诺，实现战略目标。2015 年，国际社会又通过可持续发展十七项基本目标，其中儿童发展面临的挑战与问题、为儿童提供有质量的教育、减少儿童疾病、提升儿童健康水平等都被列为需要各国政府努力解决的重要议题。

改革开放 40 年来，中国政府也高度关注儿童发展事业，致力于为儿童的生存与发展创造良好的环境。我国在不同时期制定了相应的儿童发展规划纲要，用于指导儿童事业的发展。20 世纪 90 年代，中国政府发布了《九十年代儿童发展规划纲要》，之后又发布了《2001～2010 年中国儿童发展纲要》以及《2011～

2020 年中国儿童发展纲要》,以促进儿童全面健康发展。联合国《儿童权利公约》正式生效后的第二年,即 1991 年,中国就签署了该公约。除此之外,针对儿童基本受教育权、健康权、发展权、保护权等方面权益的基本保障和良好发展,在儿童教育、健康、保护等诸多领域中国政府也相继出台了一系列政策法规和指导意见。基本受教育权利保障方面,1986 年,中国政府出台《中华人民共和国义务教育法》,《教育法》的颁布旨在保障适龄儿童获得基本受教育权。1998 年又启动《贫困地区义务教育工程》,保障贫困地区儿童基础受教育权利。近年来国家在儿童营养改善方面出台指导意见和营养干预行动,例如 2014 年国务院办公厅发布《国家贫困地区儿童发展规划(2014～2020 年)》,特别要求关注集中连片特殊困难地区的 4 000 万儿童,提升儿童的健康和教育水平。在基本健康保障方面,我国建立了城乡居民基本医疗保险和大病保险,且向贫困重病、重残的儿童倾斜,医疗救助的报销比例和封顶线也都相应提高。对于最低生活保障家庭的儿童、重度残疾儿童参加城乡居民医疗保险,个人缴费的部分给予补贴。纳入特困人员救助供养范围的儿童参加城乡医疗保险给予全额资助。

近年来,政府着重关注孤儿、留守儿童、流动儿童、困境儿童等特殊困难儿童群体的保障并相继出台了一系列指导文件。如 2010 年国务院颁布《关于加强孤儿保障工作的意见》针对孤儿安置、基本生活、教育、医疗康复、成年后就业和住房等方面提出相应的保障措施,同时安排专项财政资金用于发放孤儿的基本生活费补助。2016 年国务院出台《关于加强农村留守儿童关爱保护工作的意见》《关于加强困境儿童保障工作的意见》等进一步加强对特殊弱势儿童群体的关注和保障。困境儿童的保障对象包括因家庭贫困导致生活、就医、就学困难的儿童,因自身残疾导致康复、照料、护理和社会融入困难的儿童,以及因家庭监护缺失或者监护不当遭受虐待、遗弃、意外伤害、不法侵害等导致人身安全受到威胁或者侵害的儿童。保障范围包括基本生活、基本医疗、教育保障、监护落实、福利服务等内容。2019 年,国家再次出台儿童领域重要指导文件《民政部关于进一步健全农村留守儿童和困境儿童关爱服务体系的意见》,进一步明确提升未成年人救助保护机构和儿童福利机构服务的能力,保障生活无着落的流浪乞讨、遭受监护侵害、暂时无人监护儿童的基本权益,为留守儿童、困境儿童、散居孤儿、社会残疾儿童等困难儿童提供临时照料、康复指导、特殊教育、精神慰藉等服务。

由此可见,关注儿童发展源自儿童自身的敏感性、脆弱性和特殊性,也是国内外社会和政府共同关心和关注的重要议题,需要全社会的特别保护和关注。如"A20 全球关爱儿童社会共识:搭建全球最有活力的儿童保护交流与合作平台”中提到，关爱保护儿童是国际社会共同关注的首要议题，当今人类社会面临众多挑战，儿童不仅是现实诸多问题的直接受害者，也是未来解决问题的希望。一方面，我们很欣慰地看到保障儿童权益、促进儿童发展是国际社会和国家政府关注的重点领域，近年来中央频繁发布儿童领域的国家政策和指导意见，在保障对象、保障范围、保障机制等各方面都有了进一步拓展，涉及的儿童发展领域也较为广泛，包括儿童营养、儿童健康等生理层面的发展目标，也包括儿童教育、儿童心理健康等认知领域和社会性发展的目标。但另一方面，我们也看到儿童在诸多方面仍然面临许多发展的挑战，例如学前教育依然是短板，根据 2018 年新发布的《中国儿童发展指标图集》数据显示，目前全国学前教育入学率从 2010 年的 56.6%提高到 2016 年的 77.4%，但总体上学前教育入学率仍有大幅提高空间；儿童早期发展问题依然严峻，尤其针对 0～3 岁儿童的公共托育设施和公共服务资源仍然短缺，儿童早期的教育、健康和保护都需要尽快纳入国家公共政策体系中，以弥补儿童早期发展的不足和滞后。城乡之间儿童发展的差异依然显著，在儿童死亡率、营养健康水平(生长发育迟缓)、儿童伤害(溺水、道路交通伤害等)、义务教育、高中教育等方面表现的差距显著。除此之外，流动儿童、留守儿童、残疾儿童、困境儿童等弱势儿童群体的发展权益也面临更多挑战。2015 年，全国 0～17 岁流动儿童的规模为 3 426 万人，留守儿童的规模为 6 877 万人，流动儿童和留守儿童总人数为 1.03 亿，规模庞大，占中国儿童总人口的 38%。其中，流动儿童跟随父母随迁到城市，在新的环境中面临各种困难，尤其无法获得同等机会进入流入地学校上学，教育保障方面仍然面临重重困难。留守儿童长期与父母分离，缺少父母照料和照顾，也对其成长造成不同程度的伤害。在这一背景下，动员社会力量和社会参与协助儿童发展就显得极为重要。

第二节 社会组织参与儿童发展的政策环境：儿童公益发展新局面

一、《慈善法》推动慈善公益事业进步，对行业自律提出更高要求

近年来，政府对社会组织也给予了极大关注，为社会组织能够积极参与、支持和提升儿童发展的诸多领域提供了框架性的指导意见。其中，值得关注的政策文件是《中华人民共和国慈善法》(以下简称《慈善法》)的出台，这是中国第一

部针对慈善公益事业规范和发展的基础性法律，由中华人民共和国第十二届全国人民代表大会第四次会议于 2016 年 3 月 16 日通过，并自 2016 年 9 月 1 日起正式生效。这标志着我国迈出“以法促善”的第一步，该法不仅明确界定了慈善事业在法律层面的定义，还以“慈善组织”形式进一步加强社会组织管理，提出了新的法律依据。相比过往单纯依靠行政性法规与政策意见对社会组织加以管理与引导，《慈善法》的出台意味着社会组织的登记注册、运营与发展有了更直接的法律依据。

一方面，《慈善法》的出台不仅为公益慈善组织提供了更多政策优惠和支持，还积极推动营造整体慈善事业氛围，将开放募捐资格、税收优惠、弘扬慈善文化、培育公民慈善意识等内容纳入法律。其中第九章“促进措施”的部分，更是对于促进社会组织发展提供了直接的法律支持。其中第八十七条提到“各级人民政府及其有关部门可以依法通过购买服务等方式，支持符合条件的慈善组织向社会提供服务，并依照有关政府采购的法律法规向社会公开相关情况”，这对于促进各地政府启动购买社会服务的实践或是进一步扩大购买服务的规模起到了积极的敦促和指导意义。另一方面，《慈善法》也给社会组织的运作与发展带来了一定挑战。《慈善法》在社会组织内部治理及规范化运作、公益慈善活动组织与管理、机构关键信息披露等方面都提出了更为明确的细则要求，实际上是对慈善公益事业的各类从业机构和从业者的工作理念及能力水平提出了行业标准，强调了机构运营管理及开展公益慈善活动所必须警戒的“红线”。这意味着提升慈善公益组织的公信力以及加强整个行业的自律成为紧急要务。

二、《社会组织发展意见》强调社会组织在社会治理中的积极作用

2016 年，中共中央办公厅、国务院办公厅印发了《关于改革社会组织管理制度促进社会组织健康有序发展的意见》(以下简称《社会组织发展意见》)。党政的最高办事机关通过《社会组织发展意见》，表达了它们对于社会组织的期望，即在党政领导与监督管理之下，逐步承担政府的一部分社会治理功能，这种定位与传统意义上的慈善以及公共利益视角下的公益并不完全重合。社会组织承担社会治理功能的基础，一方面要求社会组织的管理进一步规范化、透明化，无论是社会组织的内部治理结构，还是运营管理制度，以及工作准则、服务水平，都需要朝向更为专业化的方向发展。另一方面，《社会组织发展意见》对于社会组织的人才培养也释放出了一些初步的利好信号，里面提到“把社会组织人才工作纳入国家人才工作体系，对社会组织的专业技术人员执行与相关行业相同的职业资

格、注册考核、职称评定政策，对符合条件的社会组织专门人才给予相关补贴，将社会组织人才纳入国家专业技术人才知识更新工程”，这为社会组织人才的专业化发展提供了良好的政策环境。

三、儿童领域政策出台，强化专业社会组织在其中的角色及社会意义

除《慈善法》和《社会组织发展意见》两部普适于全公益领域的法律法规和指导意见之外，国家还出台了一系列专门针对儿童群体、以促进儿童福祉和发展为目标的法律法规和政策指导文件，特别是围绕儿童保护领域的法律与政策。备受瞩目的《中华人民共和国反家庭暴力法》(以下简称《反家暴法》)于 2015 年 12 月 27 日第十二届全国人民代表大会常务委员会第十八次会议通过，自 2016 年 3 月 1 日起生效。《反家暴法》当中有多项条款涉及社会组织/社会工作服务机构在其中的角色和职责，这意味着国家从法律层面肯定了社会组织参与反家庭暴力领域相关工作的正当性，有效支撑其工作开展，并赋予了社会组织一定的权利。因此，社会组织应该在家庭暴力的预防和处置上更多发挥自身优势。

如果说《社会组织发展意见》在一定程度上为各领域特别是关注社区的社会组织提供了一个更为良好的政策环境，那么《反家暴法》以及其后应当逐渐出台的各地具体执行政策措施，能够为专注于儿童保护及反家庭暴力领域的社会组织，特别是儿童公益组织提供更多的发展机会。与此同时，《反家暴法》也让参与协助家庭暴力事件的报告与处置成为社会组织的义务与责任；任何社会组织在工作过程中发现确认遭受或者疑似遭受家庭暴力的人，都应该及时向公安机关报案(即“强制报告”)；没有及时报案而造成严重后果的，需要承担相应的法律责任。这要求社会组织，尤其服务群体涉及儿童和妇女等弱势人群的社会组织，有责任建立一套常规化的家庭暴力报告机制，以确保履行《反家暴法》对社会组织在反对家庭暴力方面规定的义务。

针对特殊儿童群体相关政策方面，近年来国家也相继出台了一系列政策文件。2016 年，国务院先后发布了《关于加强农村留守儿童关爱保护工作的意见》(以下简称《留守儿童意见》)，以及《关于加强困境儿童保障工作的意见》(以下简称《留守困境儿童意见》)。两份意见分别从针对性与普适性的角度对包括留守儿童在内的困境儿童群体保障工作做出了指导，同时明确了社会参与，尤其是社会组织的参与在其中的重要作用。相比起《留守儿童意见》，社会组织在《困境儿童意见》中对于困境儿童权益保障工作的作用更为凸显，例如基本原则当中的“坚持社会参与”直接提到:“积极孵化培育相关社会组织，动员引导广大企业和

志愿服务力量参与困境儿童保障工作，营造全社会关心关爱困境儿童的良好氛围。”社会组织的角色独立于村(居)民委员会与群团组织在《困境儿童意见》的基本原则中被提及，显示了中央政府对于社会组织在参与困境儿童权益保障工作中比以往相对更高的期待。另外在更为具体地如何“鼓励支持社会力量参与”的阐述中，除了重申“加快孵化培育专业社会工作服务机构、慈善组织、志愿服务组织”之外，也提到了“落实国家有关税费优惠政策，通过政府和社会资本合作(Public-Private Partnership, PPP)等方式，支持社会力量举办困境儿童托养照料、康复训练等服务机构，并鼓励其参与承接政府购买服务”，这意味着社会组织需要与商业组织一同参与到困境儿童保障工作政府购买服务的竞争当中去。

2019年，国家再次出台儿童领域重要指导文件《民政部关于进一步健全农村留守儿童和困境儿童关爱服务体系的意见》(以下简称《留守困境儿童意见》)，明确提出鼓励和引导社会力量广泛参与，具体措施包括：培育孵化社会组织，要求通过多种方式培育儿童服务类的社会工作服务机构、公益慈善组织和志愿服务组织，支持相关社会组织加强专业化、精细化和精准化服务能力建设，提高关爱保护服务水平，为开展留守儿童、困境儿童工作提供支持和服务；推进政府购买服务，要求加大政府购买心理服务类社会组织力度，有针对性地为精神关怀缺失、遭受家庭创伤等儿童提供人际调适、精神慰藉、心理疏导等专业性关爱服务，保障儿童身心健康。

纵观当前政策环境，不难发现，包括《困境儿童意见》在内的与社会组织以及儿童相关的政策指导性意见，对于儿童公益组织而言都兼具机遇与挑战。机遇体现在这些指导性意见都表明了政府对于社会组织参与某个领域工作的原则性鼓励，这为社会组织在中国的进一步发展提供了相对良好的政策环境；而挑战则体现在当社会组织可以在更深程度上参与社会治理，提供更全面的社会服务的时候，社会组织的服务质量、专业程度也必须相应地有所提升，才能更好地回应社会与政府对于公益组织参与儿童发展诸多领域的专业需求和发展期待。

第二章　社会组织参与儿童发展的公益现状分析及未来展望

如第一章所言，法律与政策外部环境处于变化之中，公益行业的机遇与挑战并存，尤其对于身处公益行业之中服务于儿童群体的公益机构来说，应该如何在中国宏观背景中学会自处？儿童公益行业的未来发展又将何去何从？在全面、清晰地了解时下儿童公益行业发展状况的基础上，结合对于当前法律政策环境的深入解读，与行业内的同行者共同探讨应对变化环境所带来的机遇及挑战的发展策略，势在必行。2014 年，作为儿童智库类社会组织，北京博源拓智儿童公益发展中心曾利用机构信息网络收集、关键人物访谈与组织焦点小组访谈等三种方法首次对儿童公益行业进行了专门的研究调查。研究发现：

(1) 受政策导向与社会资源影响，儿童公益组织类型与工作领域存在地域差异。

(2) 儿童公益领域的社会组织具体的工作领域多聚焦儿童发展的显性领域，对隐性社会问题的关注存在不足。

(3) 儿童公益领域社会组织的具体项目多聚焦于儿童需求，缺乏儿童权利的长期视角。

首先，儿童公益类社会组织在地域上存在差异，主要原因为不同地区政策导向和社会资源的差异。例如，北京是众多国际和国内基金会、较大型公益组织的总部所在地，相对其他地区，北京的机构相对规模更大。上海儿童公益机构，以成熟、精细的社区服务为主要特色，大量机构扎根在社区开展项目，且一做多年；很多跨国公司的企业社会责任部均设在上海，这也推动了上海本地机构与企业社会责任活动的良性互动。广州社工机构的重要特色体现在专业成熟上，广州市政府采购社会组织服务的"家庭综合服务项目"催生了一大批各具特点的社会工作机构。云南因为有国际机构多年在资金、人力和公益环境的投入，带动了众多本土机构的蓬勃发展，多年来，云南省一直走在中国公益慈善行业的前列。

在工作领域上，无论是根据儿童公益组织服务的儿童群体，还是依据联合国《儿童权利公约》划分的八大领域分类，都发现大量儿童公益组织的工作集中在中西部地区儿童教育、流动儿童教育质量提升等方面。然而,深入分析各组织在教育等领域开展的具体项目后发现,儿童公益组织对于很多影响儿童的发展权、生存权和受保护权的隐性社会问题关注存在不足,例如有能力做出妥善决定以非暴力方式解决冲突,培养健康的生活方式和良好的社会关系等内容,是儿童的发展权里重要的组成部分,也是中国儿童的教育和发展方面存在重大挑战的领域,然而关注这方面议题的儿童公益组织还较少。整体来看,社会组织的公益活动主要聚焦儿童教育领域,缺少围绕儿童发展等其他重要领域的关注,例如儿童保护等。

从项目设计和主要从事的内容来看,目前国内儿童公益组织更多地向儿童和他们的家庭提供直接服务,以满足儿童和家庭的现实迫切需要为主要宗旨,缺少从儿童权利的视角出发进行分析。大多数组织的项目设计没有儿童权利视角和基于儿童权利的分析,导致许多项目对儿童面临的困难和挑战的分析不够深入和全面,在项目中对儿童权利的利益相关方动员不足,因此可能会在项目开展过程中"头痛医头,脚痛医脚",仅满足儿童和家庭一时之需要,缺乏从根本上解决问题的长期视角。

近几年来儿童公益行业发生了不少变化,包括国家政策的变化、社会环境的变化等,深入了解这些变化,发掘背后的原因,基于发展的视角来审视儿童公益行业的现状,从更具时间适应性的视角对其进行解读,将有助于儿童公益行业更好地应对业已变化的法律与政策环境,促进行业内部治理和自我成长,推动行业朝着更为专业的方向发展,从而在更大程度上改善中国儿童权利实现状况。这一部分将基于北京、上海、广东和云南儿童类社会组织的现状剖析,管中窥豹,以此呈现中国儿童公益行业的基本面貌。研究在中国儿童公益行业状况分析的基础上,着重探讨儿童公益组织在儿童保护领域的实践探索和未来发展所期。

第一节　儿童公益行业现状分析:研究方法

本研究所指"儿童公益组织",主要是指工作领域重点涉及儿童,以民办非企业(社会服务机构)、基金会、社会团体形式注册的公益组织,也包括部分公募基金会旗下的专项基金,以及在华开展工作的部分国际非政府组织。

在样本选取上,我们主要从北京、上海、广东、云南这四个公益组织发展相对成熟且各具特色的典型地区进行取样。

北京是我国的政治和文化中心，资源的高可获得性使得北京向来是各类公益组织的集聚地，也是诸多政府机构、国际政府间组织、国际非政府组织的中国总部所在地。

上海作为中国通往世界的桥梁，坐拥经济、交通、科技、金融等各方面资源，海派文化的兼容并蓄和历史积淀，使上海素来有创新的氛围和先进的理念，成为大量新型社会组织成立和发展的首选地。

广东（尤其是下辖的广州与深圳），地处改革开放最前沿，是华南地区经济的领头羊，借由毗邻香港地区的优势，公益事业发展较早，政策相对开放，对来自国际的各种社会思潮也有较强的包容性。

云南偏处西南山区，经济相对落后，自然生物资源丰富。在 20 世纪 90 年代，很多国际儿童公益机构进入中国时首选昆明设立办公室，云南相对宽松的社会发展环境和多样的自然人文资源，也催生了众多关注环境、扶贫和儿童发展的本土公益组织。

选择这四个地区的儿童公益组织作为样本，能以较好的代表性，让我们在有限的资源下最大限度地了解中国儿童公益行业的发展现状。在研究方法上，本研究主要采用案头调研、个人访谈、参与式小组访谈、问卷调查四种方式获取研究信息，希望从多种角度了解儿童公益行业。

1. 案头调研

我们以“儿童”“青少年”等作为关键词，在各地民政部及其下辖“社会组织公共服务平台”类型的网站进行搜索，进行各地儿童公益组织数量估计以及初级信息搜集。在此基础上，通过儿童公益组织官方网站、微信公众号、官方微博等渠道进一步获取其联系方式、项目信息、年度报告等更为详尽的组织资料。

2. 个人访谈

在 2014 年博源拓智行业研究报告儿童公益组织初级名录的基础上，调研组从联合国《儿童权利公约》八大权利领域出发，在北京、上海、广东、云南四个地区选取各自领域具有代表性的儿童公益组织进行走访，邀请其中长期从事儿童公益行业的业内资深专家进行深度访谈，通过专家视角了解儿童公益行业的全局发展与普遍性特征，以及各地儿童公益组织的地域性差异，同时为儿童公益行业平台的搭建及各地关键性公益组织的选择提供专家意见建议。

3. 参与式小组访谈

在针对儿童公益行业专家个人访谈的基础上，我们在四个地区先后举行儿童公益行业平台启动会，对参与启动会的儿童公益组织进行参与式小组访谈，一方面通过更多样化的互动方式与更大范围的儿童公益组织工作人员进行交流。另一方面利用启动会的交流平台，为各地儿童公益组织提供思想碰撞机会，调研组能够获得比个人访谈视角更为丰富的、关于儿童公益组织发展及其在改善儿童权利实现状况方面的信息。

4. 问卷调查

我们设计了“中国儿童公益组织现状与发展趋势调查问卷”，以联合国《儿童权利公约》以及儿童权利视角为主要出发点，了解儿童公益组织的重点工作领域、工作手法、困难与挑战、专业化程度（如人员培训状况、从业经验、学历）等。我们主要面向北京、上海、广东、云南四个地区参与“益梦童想——儿童公益行业支持平台”的儿童公益组织方便样本进行问卷派发，希望在有限的资源下针对行业支持平台有较高参与度的核心儿童公益组织进行更为详细的了解，作为行业支持平台向参与其中的儿童公益组织提供服务的基础。在平台搭建的初步阶段，目前共回收问卷 67 份，各地区分布如下：

表 2.1 中国儿童公益组织现状与发展趋势调查问卷样本地区分布

地区	北京	上海	广东	云南	其他
样本量	15	13	15	17	7

第二节 儿童公益行业分析：研究方法局限

由于资源及目前儿童公益组织信息获取途径的有限性，本次研究未能在广度上更进一步，覆盖国内更大范围的儿童公益组织，获取更大的问卷样本量，这对利用问卷数据进行推断性结论造成了一定的影响。有鉴于此，调研组侧重利用问卷获取的信息进行概况描述，着重使用案头调研、个人访谈、参与式访谈获取的信息对问卷呈现的描述性现状进行深度分析。

第三节 中国儿童公益组织基本情况:数据分析

一、新近成立机构较多,成立年限超过五年的机构不足四成

从1981年中国首个现代意义的公益慈善团体——中国儿童少年基金会成立至今,在三十余年时间的跨度之下,中国的公益慈善事业得到了蓬勃发展。近年来有越来越多的儿童公益组织成立,特别是在2000年以后,儿童公益组织呈现出巨大的扩张之势。在填单问卷的儿童公益组织中,超过半数的组织成立于2011年后,这一数量是2001～2010年间成立组织数量的两倍。当我们将目光聚焦在2011年后可以发现,2012年与2014年是儿童公益组织成立的高峰期,北京、上海、广东和云南四个调研地区分别有10家与15家儿童公益组织成立。2014年后,儿童公益组织成立数量则呈现下降的趋势。(详见图2.1)

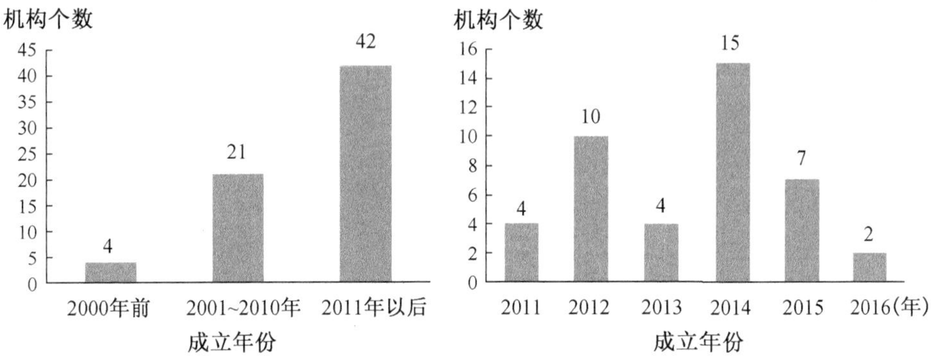

图2.1 中国儿童公益组织成立年份全样本及2011年后成立组织频数分布

二、社会服务机构是最主要的组织注册形式

就组织注册形式而言,超过六成的儿童公益组织以本土社会服务机构(以往称民办非企业)的方式进行注册,其余形式——包括社会团体、各类基金会(及旗下专项基金)、工商注册、国际非政府组织——分别占比均不超过10%。(详见图2.2)这表明在儿童公益领域,社会服务机构是最为主流的注册方式,这可能与后文将会提及的儿童公益组织工作领域及工作手法亦有所关联。

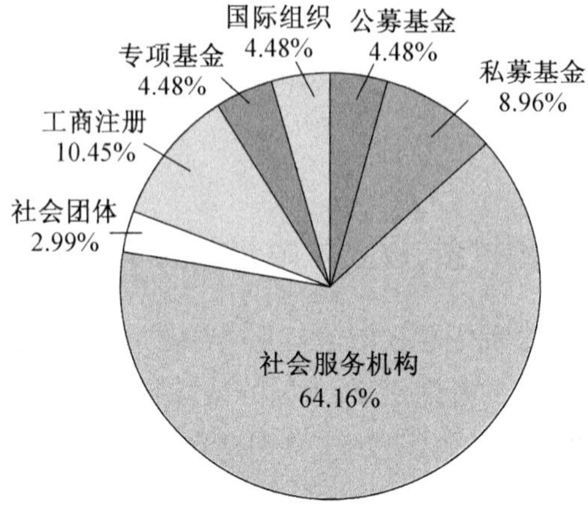

图 2.2　中国儿童公益组织注册形式(N=67)

三、跨地域项目运作及专注本地提供服务的机构数量整体相当

组织活动范围上，近半数儿童公益组织其项目活动覆盖某个特定的省、直辖市、自治区，专注于当地的项目运作及社会服务提供；同时也有相当比例的组织在全国范围内或是在多个省级区域内跨地域运作项目；而在特定项目点，即在较为局限的项目地区进行项目活动的儿童社会组织数量则最少。(详见图 2.3)这表明在活动区域的选择上，除了在战略层面上具有全国视角，项目规划能够覆盖全国的儿童公益组织，其余的则更倾向于聚焦在某一个省级区域，或是更为专注在特定地区。

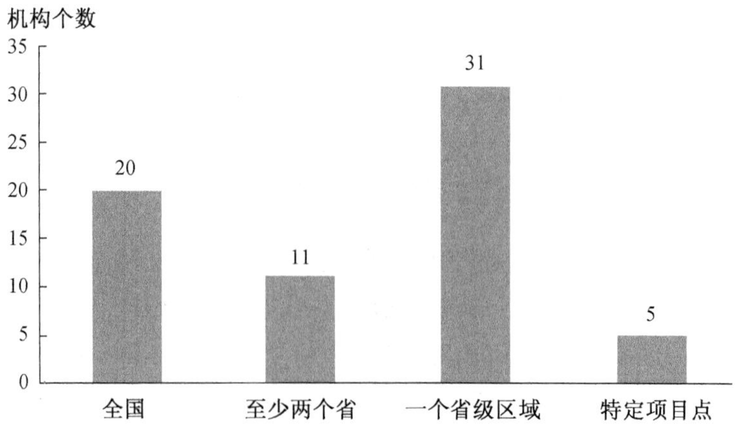

图 2.3　中国儿童公益组织活动范围频数分布

四、组织年度收入差异化显著，低于百万元的机构为数众多

机构资金收入状况方面，一方面机构间的差异较为显著，小于 100 万元人民币的儿童公益组织占多数，其次是 100 万元～500 万元。但值得注意的是大于 1 000 万元收入规模的儿童社会组织数量并非最少，下图非常直观地反映出国内儿童公益组织资金状况开始逐步呈现两极分化的现象。(详见图 2.4)另一方面，本次调研当中有相当一部分被访者对于所处公益组织的资金状况缺乏了解，无法提供年度收入情况。

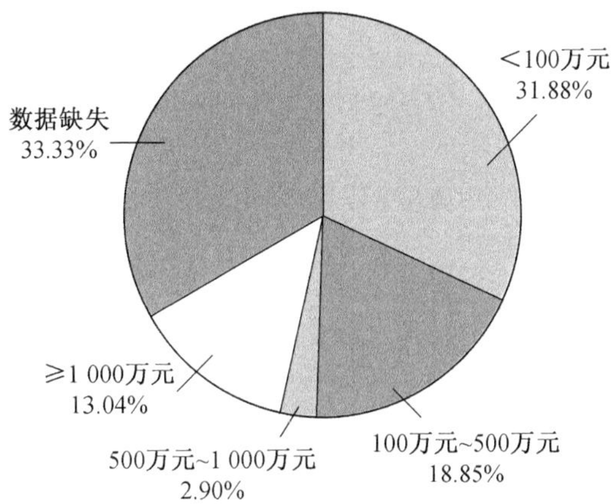

图 2.4　中国儿童公益组织 2015 年年度收入分布

第四节　儿童组织人力资源及团队建设：数据分析

一、六成组织团队规模少于 10 人，半数以上员工学历水平可达本科及以上

就组织的团队规模而言，绝大多数儿童公益组织的全职员工数量不超过 10 个，少数组织员工可达到 11～50 人的规模，极少数儿童公益组织全职员工人数超过 50 人，甚至达到 100 人以上；可见中小型儿童公益组织仍是当前行业发展中最普遍的状况。(详见图 2.5)在学历分布上，儿童公益组织近半数全职员工为本科学历，其次为大专学历，硕士及以上学历占比更低，而大专以下学历则占比最低。就团队整体的学历水平来看，目前从业者学历普遍较高，本科及以上学

历的团队人员接近六成。（详见图 2.6）

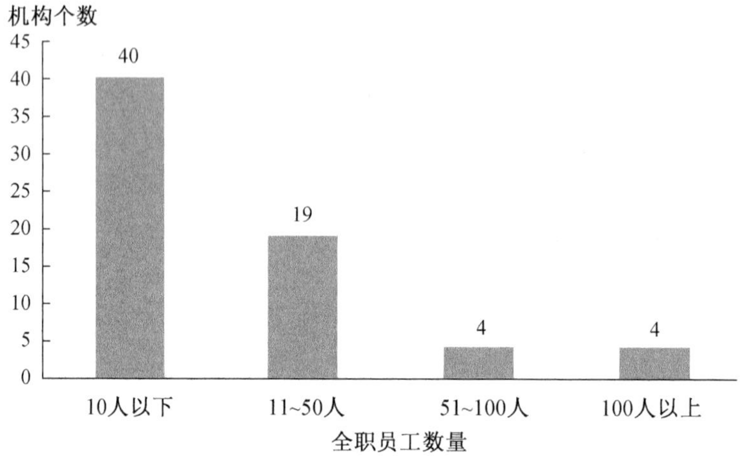

图 2.5　中国儿童公益组织全职员工数量分布

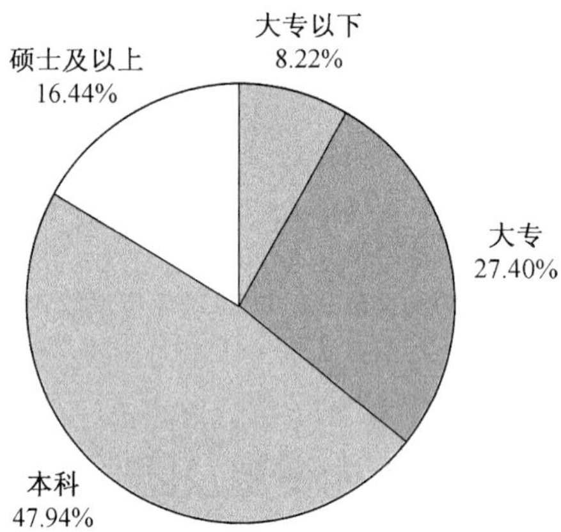

图 2.6　中国儿童公益组织全职工作人员学历分布

二、各类组织中工作经验不满三年的入门级员工普遍较多

儿童公益组织当中从事儿童领域相关工作的全职人员，随着人员工作经验的增长，相应的人数则逐步递减，即经验较少的工作人员占多数，而经验丰富的工作人员占少数，特别是工作经验不足三年的入门级员工平均占比超过四成，超过十年的则不足一成。由此可见，组织内从业人员经验不足是整个行业的普遍态势，也是必须要正视和予以应对的问题。

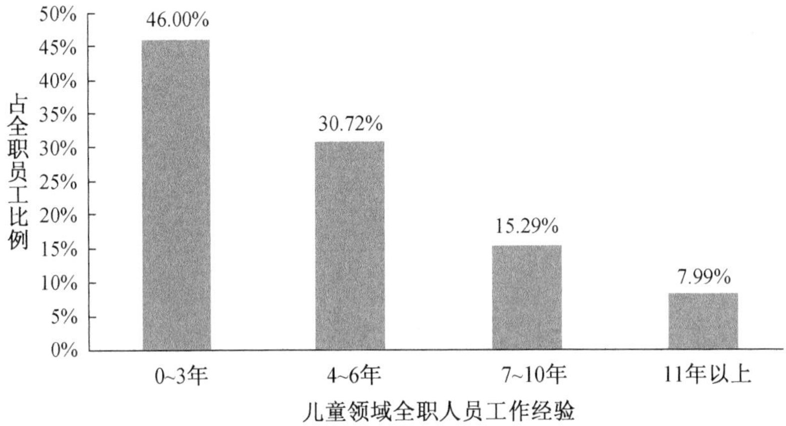

图 2.7 中国儿童公益组织儿童领域全职人员工作经验分布

三、机构对员工能力建设投入甚少，超半数机构年度预算不足万元

在为全职员工提供专业培训方面，近三成的儿童公益组织没有相关预算，占比最高；其次为预算 1 万元～3 万元水平的儿童公益组织，约占 20%；其后依次为5 千元～1 万元、5 千元以下、5 万元～10 万元、10 万元以上，比例最低的预算水平为 3 万元～5 万元。整体而言，年度能力建设预算低于 1 万元的机构占据半壁江山，这表明国内不少儿童公益组织对于人力资源的培养并无专门的资金投入，而有资金投入的儿童公益组织其预算金额也集中在相对较低的水平上。

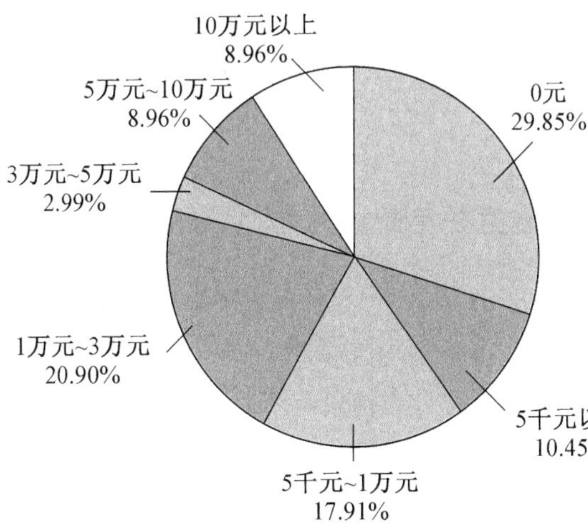

图 2.8 中国儿童公益组织 2016～2017 年度员工能力建设预算分布

四、员工能力建设以实务工作方法为主，鲜有涉及儿童权利相关内容

为了强化团队员工能力水平，儿童公益组织针对机构内的全职人员，开展了不同主题的专业培训。其中，大部分机构更为注重儿童的生理心理发育特点、与儿童一起工作的基本方法与原则等与实务工作直接相关的内容培训；对于儿童相关的政策法规、儿童保护及儿童暴力、行业发展现状及趋势等内容也会有所涉及；但对于联合国《儿童权利公约》及其体现的儿童权利四大原则等有关儿童权利视角的内容就鲜有涉及，或是深度不够。

表 2.2　中国儿童公益组织儿童相关内容专业培训情况

从未培训至 2 小时以内介绍	2 小时以内介绍	2 小时至半天培训
联合国《儿童权利公约》儿童权利的四大原则	儿童相关法律与政策 儿童营养、健康与保健 儿童保护及针对儿童的暴力 儿童项目管理理念与方法 国内外公益发展现状趋势 儿童权利的利益相关方筹资、传播基本方法	儿童生理、心理发育特点 与儿童一起工作的基本方法与原则

第五节　机构服务群体、工作领域与工作手法：数据分析

一、机构服务可覆盖各年龄段儿童，但普遍更集中于小学阶段儿童

在服务群体的年龄层上，从 0～18 周岁各年龄段的儿童群体均可被覆盖，并且多数机构的服务对象跨越多个年龄层段。但整体而言，关注不同年龄段的儿童公益组织数量大致上呈正态分布，即以小学年龄层为中心，关注其他年龄层段的儿童公益组织数量向两侧递减。绝大部分儿童公益组织将小学年龄层的儿童作为组织的服务对象，而关注 0～3 岁处于婴幼儿期及 16～18 岁即将步入成年阶段的儿童的专业机构则相对最少。（详见图 2.9）

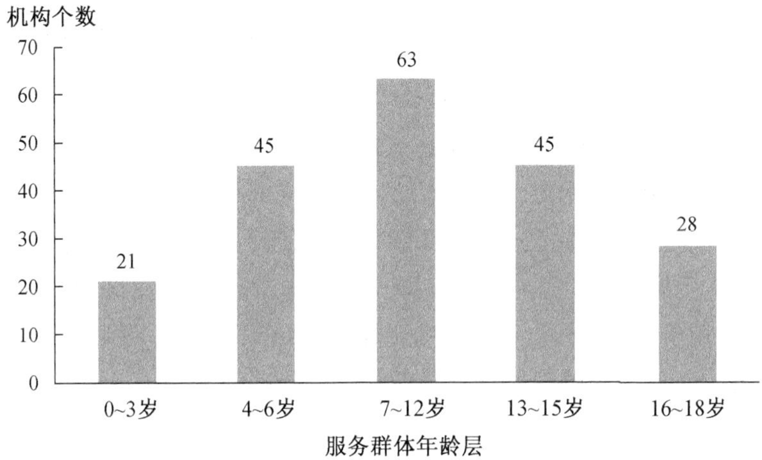

图 2.9　中国儿童公益组织服务群体年龄分布

二、机构服务普遍涉及多个群体，普通、流动及留守儿童群体关注度最高

就服务群体的特征而言，普通教育机构或社区当中的普通儿童受到数量最多的儿童公益组织关注；随着流动及留守儿童群体的社会问题日益受到重视，这两个群体也成为儿童公益组织普遍关注的服务群体。关注触法未成年人及受害未成年人群体，并为其提供少年司法相关服务的机构数量则最少。与此同时，大部分机构的服务群体也并不局限在一个儿童群体。（详见图 2.10）

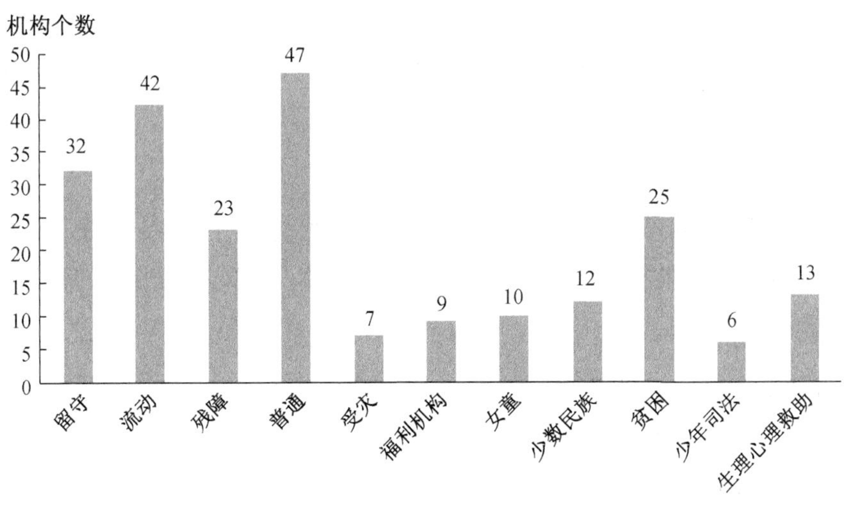

图 2.10　中国儿童公益组织服务群体特征分布

三、机构普遍以直接面向儿童的项目或活动作为常规服务模式

在工作领域的选择上，每个儿童公益组织的重点工作领域有可能不止一个，儿童公益组织有可能对多个重点工作领域进行统筹规划，也有可能针对不同的重点工作领域应用差异性的工作手法。由下表可得，国内儿童公益组织最常采用的工作手法是直接面向儿童开展项目活动。使用频率最低的工作手法为研究与政策倡导，资源平台的搭建，以及对儿童及家庭的直接物质援助，这些工作手法部分较常用于上述关注度相对低的工作领域，显示出工作领域与手法一定程度的相关性。

表 2.3 中国儿童公益组织工作手法使用频率分布

偶尔采用—有时采用	有时采用—较为常用	较为常用—常规方式
政策倡导 研究、信息披露 搭建资源平台 对儿童及家庭的物质援助	儿童理念的教育倡导 参与政府试点 面向企业合作 儿童监护人与教师培训 对儿童及家庭的专业服务	直接面向儿童活动 直接开展儿童项目

第六节 中国儿童公益组织特点

现阶段而言，中国儿童公益组织行业最为显著的特点，表现在行业资源对儿童公益组织发展层面的规划起决定性作用，而行业资源在不同层面、不同领域配置的有效性存在差异，整体而言尚待提高。

一、机构业务领域分布广泛，但不同领域的集中程度存在差异，专注于教育、休闲和文化领域的机构数量最多，从事儿童特殊保护的机构数量仍较少

儿童社会组织认为自身涉及最多的领域是“教育、休闲和文化活动”（见图 2.11），这与大众对于儿童社会组织的印象，以及 2014 年博源拓智机构研究结论类似。这种重点工作领域选择的偏好，有赖于两个重要因素：其一是儿童公益行业的内部自我调节机制，即机构发展与当地资源丰富程度及可及性的密切关联；

整体而言，目前社会上的教育、休闲和文化活动的相关资源较为充沛，获取途径众多，相对而言更易于机构开展工作。其二是机构主要业务更多从服务群体的普遍性需求出发，儿童、家庭和社会对普通儿童的非正规教育和课外休闲娱乐需求予以了高度关注和重视，因此也成为专业社会组织最容易获悉的群体需求。尽管这种对业务发展领域的选择在一定程度上有利于维持组织运营，为儿童群体和家庭提供持续性服务；但与此同时，不可忽视的是，这种以组织发展为先，关注显性需求的发展理念及工作思路，并未将儿童权利的实现放在首要位置，对于机构的长期发展，乃至整个儿童公益行业的健康稳定发展都会产生一些不利影响。

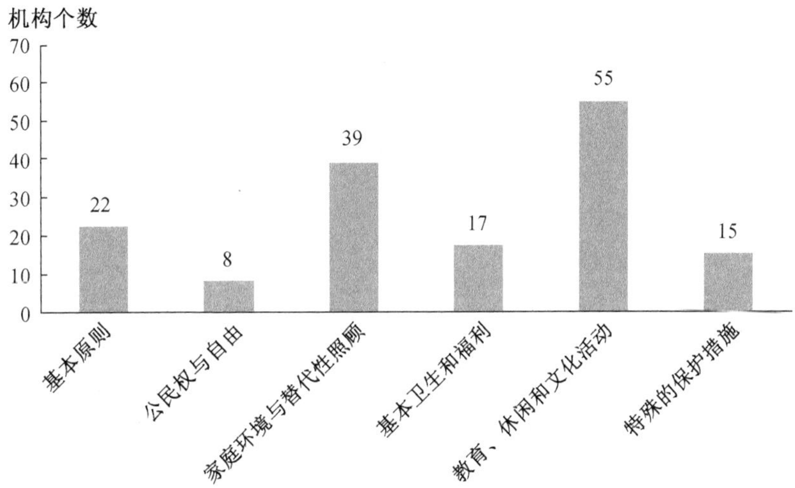

图 2.11 中国儿童公益组织重点工作领域（联合国《儿童权利公约》标准）分布

与儿童保护相关的"家庭环境与替代性照顾"是本次样本当中组织涉及数量第二位的重点工作领域，这反映出儿童公益行业具备趋向更专业化发展的内部动力。相对于"教育、休闲和文化活动"领域工作的开展，"家庭环境与替代性照顾"则对于服务干预手法和深度都有着相对更高的要求；同时对于这一领域的介入意味着，在关注儿童自身发展需求（非正规教育与休闲娱乐活动）之外，家庭环境业已被作为与儿童密切相关的要素被纳入专业机构的工作考虑及规划，而非单纯服务于儿童本身。然而，我们也遗憾地看到，由于儿童特殊保护的专业门槛较高、可及资源相对匮乏等因素限制，从事儿童特殊保护工作的机构数量仍处于低位。在对儿童社会组织专业性要求逐步提升的当下，行业的整体进步就需要更多支持型、枢纽型组织在其中发挥助力作用。

二、项目干预模式呈现多元化发展，但囿于多种因素，仍以直接服务为主，干预模式欠缺宏观政策倡导、干预模式有效性欠缺完善的监测评估机制

“直接面向儿童开展项目活动”是儿童公益组织最为常用的干预模式，其中一个重要原因在于目前儿童公益组织的资助方对于这类型干预模式存在偏好，而对于绝大多数儿童公益组织而言，是否有利于维持组织运营对于项目规划、设计与执行有决定性的意义，资助方的偏好在这种情况下对于儿童公益组织项目干预模式的选择产生了不可忽视的限制，例如有被访对象提到：

> 很多基金会它的支持还是要我落地[①]，要看到效果，也就是改变了多少孩子……机构的首要需求还是生存发展，这会衍生出来对于资源、信息、资金的需求，以及在提供服务的过程中对于服务、管理、理念等支持的需求。
>
> ——某儿童心理健康领域平台型机构负责人

如果从儿童权利的视角出发，项目干预模式的选择，应该根据具体的工作领域、儿童群体、权利缺口及其原因、利益相关方等方面的综合考量而进行。但是在资助方对直接型干预模式有偏好，而儿童公益组织为维持组织运营而需要迎合资助方偏好的情况下，儿童权利视角的缺失就成了难以避免的现状。从理论层面而言，这种现状与儿童公益组织存在的初衷——改善儿童权利实现状况——存在落差。

进一步而言，在造成儿童权利缺口的诸多原因之中，政策环境与社会环境是其中相对更为本质的影响因素，直接面向儿童开展项目活动难以改变政策环境或社会环境，只能停留在对现存儿童权利缺口的需求表现进行补充性满足，无法针对儿童权利缺口的根本原因进行干预。政策倡导、研究等是目前儿童公益组织使用程度较低的干预手法，进一步凸显了儿童公益行业对于显性问题的聚焦，以及对于隐性、深层问题的失焦。实际上，当我们认同政策环境与社会环境是不少儿童权利缺口的根本原因这个前提时，儿童公益组织对于维持组织运营以及相应资源的依赖性，在现有行政环境下便在更大程度上成为它们选择政策倡导、

① 落地，结合实际、看到实效。

研究等干预模式的阻力，因为稍有不慎，儿童公益组织便可能受到政府监管部门关注，而如何能够把握好政策倡导的尺度，在不同时期、不同地方都有着不同的答案，这种不稳定性对于儿童公益组织而言显然不利于其组织发展。在这种视角下，避免选择政策倡导与研究等干预方法便不难理解。

另外，监测评估机制的欠缺，也使得各种干预模式之间有效性的对比目前只能停留在理论层面，难以进入实证领域。儿童公益行业乃至整个公益行业，长久以来缺乏与企业市场领域类似的有效的监测评估体系。就目前而言，同类干预模式下不同工作手法的监测评估体系尚未标准化，更无法进行不同干预模式之间的对比。以“直接面向儿童开展项目活动”这一干预模式为例，以此为主要工作手法的大部分儿童社会组织并没有对项目活动影响力进行评估，对项目活动有进行影响力评估的，大部分也只是停留在其项目覆盖人数这一指标上。以各种“营养餐”类型的项目为例，其项目目标主要集中在改善某地区儿童的营养状况上，然而一般的影响力评估方式仅体现在“一个项目周期为 X 名儿童送上了 Y 份营养餐”这样的人数统计上。据笔者所知，并没有项目组针对项目执行前后某地区接受营养餐的儿童身体素质（如身高、体重等基础生理指标）进行了解，也缺少与非项目地区的儿童进行对比，以此科学评估营养餐项目在多大程度上改善了项目地儿童的营养状况。项目目标与生理指标相关程度高的项目活动尚且如此，其余项目活动更加缺乏科学的测量评估机制。

三、组织专业性有待提高，人力资源是关键

根据调研儿童公益组织发展风险的自我评价可知，较多儿童社会组织认为自己目前运营中最大的风险可能来源于：团队专业能力不足、缺乏稳定充足的资金、人员流失、外部合作机会少。（见图 2.12）虽然据前文分析所得，目前儿童社会组织将相对较多的精力集中在维持组织运营与组织发展上，而将如何更好地改善儿童权利实现状况放在稍微次要的位置，但这种对于组织发展的重视还是引起了儿童社会组织对于自身专业能力不足的担忧——这表明行业内部能够意识到专业化对于组织发展的重要性。

对于人员流失，有被访者特别提到：

> 社工在这个地区已经发展了很久，还是会有人才流失的情况。培养好的人，能够留下来的人，也越来越少……优秀的人才依然优秀，但是要培养起优秀的人才是需要时间的。新进的年轻社工非常多，他们

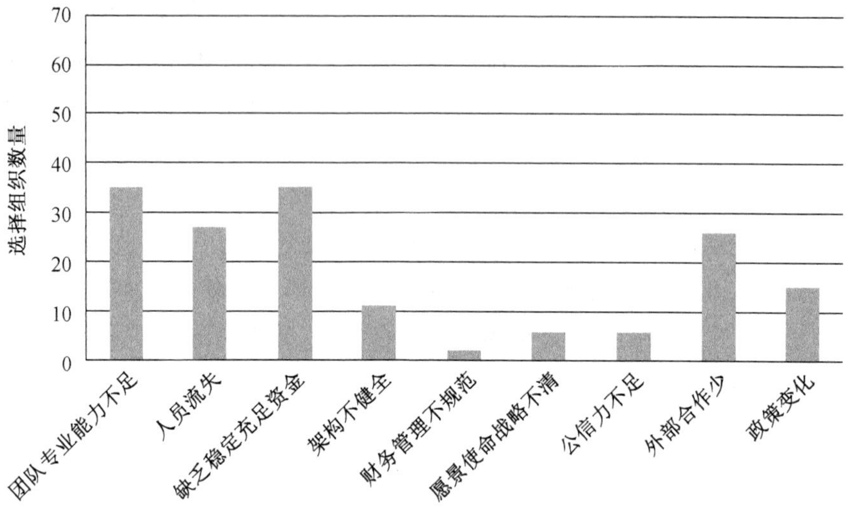

图 2.12　儿童公益组织发展风险自我评价

的跳槽率也非常高，因为也没办法，这个行业的收入确实低，入职薪酬低……社会对于社工的需求是有的，但是社工对于他的薪酬也有需求，他毕竟是一个社会人……社工的生态系统变得更好，也需要大环境的改善与支持……社工的职业发展也存在困难，（管理层）对于一线社工的管理压力是很大的，怎么留住他们也是我们很大的一个课题。

实际上，人力资源管理与儿童公益组织的专业性有重要的联系。儿童公益组织的专业性其中一个重要方面体现在人力资源的专业性上，这不仅意味着儿童公益组织需要在人力资源的来源（专业培训背景）上有所选择，也需要注重职位设置、人才培养、职业发展、员工满意度等方面。然而与公益行业整体情况类似，儿童公益行业人力资源管理能力亟待提高。最直接的方面体现在薪酬上，公益行业整体薪酬到目前为止依旧难以达到一般商业领域的平均水平。另外一个更值得关注的现状，是儿童公益行业从业人员的职业倦怠情况。前文提到，大部分儿童公益组织全职员工人数不足 10 人，人数少意味着日常工作的专业性难以保证，并且工作负担很容易出现超负荷的情况，导致职业倦怠。薪酬难以匹配商业领域，以及职业倦怠的常态化，是儿童公益组织人员流失率高的重要原因，而高人员流失率伴随而来的是儿童公益组织发展的低可持续性及碎片化，组织积累难以实现，遑论实现专业化发展。

第七节 儿童公益组织对儿童保护工作的探索与推进

一、经由多方探索,我国儿童保护工作取得阶段性成果

近几年来,我国在儿童保护工作方面进行了不少探索,取得了阶段性成果。其中一项重要举措是民政部于 2013 年发布了《民政部关于开展未成年人社会保护试点工作的通知》,在全国 20 个省市地区对于"政府主导,社会参与"的儿童保护工作进行探索,也有部分省级区域根据本地的实际情况另行确定了省级社会参与儿童保护的试点地区;这次试点工作旨在对适合中国本土的儿童保护体系建设进行探索。在充分了解民政部的文件精神以及结合各地实际情况的基础上,各试点地区政府在不同程度上与儿童公益组织进行了合作。例如,江苏省南京市、四川省仁寿县、湖北省荆州市、贵州省凯里市自 2013 年开展试点工作起,当地政府便与国际救助儿童会深度合作,近年来,在救助站向儿童保护中心的转型,以及各地儿童保护工作社会服务体系的建设等方面有了长足发展。

在法律与政策层面,最为显著的阶段性成果便是前文提到的《反家暴法》《留守儿童意见》与《困境儿童意见》。《反家暴法》是我国第一部针对家庭暴力预防与处置的专门性法律,这对于我国儿童保护工作具有里程碑式的意义,它的出台至少意味着在国家层面,家庭暴力不应该再是免受外部干涉的家庭内部事务,而是应被纳入法律规范的公共事务。政策上,先行出台的《留守儿童意见》有针对性地对留守儿童的保护工作提出了指导性意见,也特别提到鼓励各地政府通过政府购买服务的方式推动公益组织深入农村社区向留守儿童提供专业服务;目前,全国省级区域已相应出台《留守儿童意见》省级层面的指导性意见。2016 年中发布的《困境儿童意见》,则首次利用"困境儿童"对特殊保障领域的儿童保护工作进行了统筹,并表明了对于公益组织在困境儿童保护工作中扮演更重要角色的进一步期待。2019 年发布的《留守困境儿童意见》则进一步强调了社会组织在服务弱势儿童群体方面发挥的重要作用,对社会组织的专业化、精细化和精准化服务提出了更高层次的要求。

无论是自 2013 年已经开展的儿童保护试点工作,还是有待进一步规划与落实的儿童保护法律法规、政策意见,在目前缺乏专门的儿童保护政府部门的情况下,都离不开众多政府部门之间的合作与联动,这源于儿童保护工作在现有行政

与社会体系之下与多个政府部门及社会各界密切相关，而以联席会议等方式建立的合作模式对于政府部门而言也并不陌生。在实际操作层面，儿童保护领域政府的多部门联动机制如果能够与社会力量的多专家团队结合，将能使儿童保护网络更为完善。

二、儿童公益组织以多元化项目手法有效探索儿童保护模式

儿童公益组织对于儿童保护相关的工作领域关注程度相对于教育、休闲与文化活动而言并不高，但仍不乏在该领域——特别是就完善儿童保护的政府多部门合作机制方面——进行积极探索者。一些儿童公益组织通过向儿童及家庭提供专业服务参与儿童保护领域的工作，另外一些则通过参与政府试点、政策倡导、搭建资源平台等方式进行儿童保护体系建设的探索。以下部分将总结不同机构组织规划和实施儿童保护项目的经验，进一步探讨基于当前环境有效且值得推广复制的项目经验和手法。

(一) 广泛动员社会力量，搭建信息资源共享平台

“宝贝回家志愿者协会”(以下简称“宝贝回家”)作为民政部门注册的民间志愿者组织，以“关爱儿童，共筑和谐”为宗旨，旗下的“宝贝回家寻子网”是为被拐儿童及其家庭提供信息共享与交流的网络平台，网站服务包括：为失踪儿童家庭与被拐儿童提供免费寻人服务、协助发布寻人信息、协助被拐儿童寻找家人、协助流浪乞讨儿童回归家庭等。“宝贝回家”主要通过其志愿者协助寻人：一方面，“宝贝回家”志愿者在日常生活中遇到疑似被拐儿童时，会尝试报告公安机关，发挥对于被拐儿童的“发现—汇报”作用。另一方面，志愿者协助失踪儿童家庭在网站论坛发布被拐儿童信息，对寻获的被拐儿童进行信息比对，缩短被拐儿童回归家庭的等候时间。从网站被拐信息登记到寻获被拐儿童，时间最短的一个案例仅用了约 1 个小时。

除了直接面向儿童及其家庭的服务，“宝贝回家”在政策倡导、与政府合作方面也有所尝试。早在 2009 年，“宝贝回家”便与公安部刑侦局建立了合作联动打拐机制，多次参与公安部刑侦局召开的座谈会。座谈会的一些成果包括公安部对于失踪儿童立案相关规定的修改，例如以前失踪儿童立案必须在失踪二十四个小时后，并且需要有证据证明儿童被拐才予立案，然而这很有可能错过了寻找被拐儿童的黄金时间；在“宝贝回家”的提议下，公安部要求各地接警后立即立案调查，并迅速启动快速寻找机制，这对于拐卖儿童案件侦破率的提升有重要贡献。“宝贝回家”也积极关注和参与儿童保护方面的立法。2009 年年初，“宝贝

回家”志愿者代表向全国政协提交了关于强制救助被拐卖、卖艺、乞讨、流浪儿童的提案，这份提案促进了公安部牵头联合五部委下发打击利用儿童乞讨专项行动的文件，进一步强化了对街头流浪乞讨儿童的救助行动，扩大警方警力应用范围。

(二) 依托政府采购专业社会服务模式，共建社区儿童保护机制

新家园社区服务中心在广东省佛山市里水镇进行的“事实孤儿救助”项目，则通过承接政府购买服务的方式与政府进行合作，进行儿童社会保护的探索。项目主要为游离于政策保障体系之外的困境儿童群体——“事实孤儿”提供支持性服务。中心通过对项目地本土化服务的探索与创新，形成一个“专业社工＋社区妇联工作者”相结合，以“个案介入”为轴心，同时以搭建社区为本的社区资源支持体系为保障的儿童保护本土化服务模式。此模式介入专业化社工个案干预系统，并将社区非正式资源“正式化”，内外联动，建立内生型社区儿童保护生态系统，从而保障高危“事实孤儿”的福利。

项目通过政府采购社会服务，确立里水镇妇联为项目主管部门，以 0～18 岁的居住在里水镇内，并面临疏忽照顾、身体虐待、性侵害和情感虐待等问题而父母一方或双方不能履行抚养义务的“事实孤儿”为目标群体，进行儿童保护本土化模式的探索。该项目以“事实孤儿”的个案介入为轴心，充分调动社区资源开展专业化的集“预防、识别、预估、干预、结案与评估”为一体的个案处理程序。项目首先通过建立“聚爱社区联盟”宣传儿童保护意识，组建“非强制报告制度”，鼓励社区居民发掘疑似个案并转接到项目之中；随即由专业社工与社区妇联工作者共同对上报的疑似个案进行“识别”，基于对疑似案主的情况调查做出判断——转介绍其他机构或者归类为本项目的咨询个案；对于成功归类为本项目的个案，启动个案预估与介入，借鉴英国官方的预估系统分别针对 0～2 岁、3～4 岁、5～9 岁、10～14 岁和 15 岁及以上的儿童制订详细的预估，对危险程度做出判断并订立介入计划，制定介入策略，从儿童自身需求、父母的能力、家庭及社会环境三个维度维护“事实孤儿”的权益；最终对案主状况进行跟踪及状况测评。

“社区高度参与”为本项目的巨大创新，社区居民以人力、物力、财力的形式直接参与到个案的介入过程，这不仅弥补了资源不足的状况，也在更大程度上提高了居民的社区参与感，无形中增强了社区居民的儿童保护意识，为居民自身发展、家庭建设及社区治理创造不菲价值。“社区高度参与”主要以“聚爱社区联盟”的方式进行，成员在初始阶段“宣传儿童保护意识”并“发掘疑似个案”，于个案介入阶段提供人力、物力及财力支持；甚至部分成员在接受培训后志愿以“个

案助理”的身份与社工共同跟进个案，介入整套的服务体系。上述举措有效地将社区非正式化资源“正式化”，不仅弥补了“事实孤儿”的政策及资源空窗，也提高了社区居民的融合度与参与感。

(三) 充分发挥公益组织专业优势，构建社区综合性预防及干预体系

在直接面向儿童及其家庭提供专业服务方面，深圳鹏星家庭暴力防护中心也有丰富的实践经验。深圳鹏星家庭暴力防护中心是深圳市也是国内首家专业的民间家庭暴力防护研究中心，旨在通过预防宣导、家暴危机因子的介入、危机干预三个级别的服务，以及在受暴者、施暴者、目击者、救助者及社会五个层面的服务，预防和减少家庭暴力事件的发生，帮助受害者走出困境，协助受困人群重建美好生活，促进社会和谐。目前机构曾运作“反家庭暴力社工援助项目”“坂田街道馨宁之家家暴防护项目”“儿童零暴力成长救助项目”“小熊猫儿童零暴力成长计划”“反家庭暴力社工援助项目”等。

中心基本建立综合的家庭暴力综合预防和保护体系，该体系分为预防宣导、危机因子介入及危机干预三级，即三级防治体系。

预防宣导，就是通过各种宣传活动增进社会大众对家庭暴力的认识，倡导营造“暴力零容忍”的社会氛围，提倡以正确的方式解决家庭问题，同时普及正确解决家庭问题的技巧以及正确辨别、应对家庭暴力的知识与技巧，形成反家暴的强大的社会基础，从源头上减少家庭暴力的发生。

危机因子介入，就是关注存在家暴风险的家庭，特别是发生首次家暴后的处理与干预。倡导正确解决和处理家庭、人际交往问题的方法与技巧。对于初次遭受家庭暴力的受害者或存在家庭危机的人士，中心可为其提供咨询服务，在一定程度上帮助他们应对可能发生的下一次暴力状况。

危机干预，就是探索预防、发现、求助、干预和后续跟踪服务等在内的反家暴项目流程图和运作模式，针对遭受家暴的受害者以及家暴的施暴者的个案提供服务，包括法律层面与心理层面双重干预。

中心坚持以社工为主导，进行日常管理与统筹工作，通过志愿者队伍来协助具体工作的开展，采用优势互补的方式组建了认同度高、专业性强、职业素质高、知识结构合理、实务经验丰富的心理咨询师义工队伍、律师义工队伍、活动义工队伍，并形成了职责分明、协同配合、深度互动的运作模式。中心逐渐形成了社会工作手法结合心理咨询、法律援助等技术的工作手法，并致力于整合社区、学校、公安部门、医疗部门、司法部门、民政部门、社工机构和相关公益组织等资源，构建综合性的家庭暴力防护资源网络，为受害者提供一站式服务。

（四）强化公众倡导和动员，完善儿童保护支持网络

与前述几个儿童公益组织有所不同，广州市海珠区君诺未成年人保护公益服务中心侧重从法律的角度进行介入。在项目规划阶段，项目组结合以往服务个案及相关文献，梳理了当地未成年人权益受到侵犯及权益保护所面临的若干实际问题，明确当地未成年人权益保护的现状及群体具体需求，亦了解到关注这一问题所涉及的多个利益相关方，包括社区及机构、社会及政府部门。项目以强化公众倡导和动员，完善未成年人保护支持网络为目标。项目主要的干预手法包括完善未成年人保护教育体系、扩大公众倡导、组建专家团队、强化志愿者团队建设，具体而言：通过公众宣讲、发行出版物、搭建网络交流平台等形式引发公众对未成年人权益侵害事件的关注并强化法制宣传；强化核心志愿者团队培训，促进社区未成年人防侵害教育课程宣讲，动员公众参与到未成年人保护团队中来；借由组建多学科专业人士的专家库，以研讨会等形式探讨完善未成年人救助体系的策略与措施。

项目第一个阶段工作集中于建立培训体系，研发培训课程。项目在强化未成年人保护工作团队及志愿者队伍方面，以扩大宣传相关法律知识、提升儿童保护及救助技能为核心。首先整合目前零散的未成年人防侵害教育、权益侵害救助课程，建立未成年人保护培训体系，结合珠三角未成年人被侵害实际，研发全面系统的未成年人及其延伸群体的防侵害意识、权益侵害救助教育课程。其次面向 12355 平台社工、青年地带和家综社工、社区志愿者等参与一线处理未成年人权益侵害案件的人群开展针对性培训，帮助其了解已建立的未成年人保护及救助体系，提升其专业服务能力，强化应急处理。

第二个阶段，项目筹划组建多领域儿童保护专家库。考虑到未成年人保护及救助是一个综合性问题，项目积极致力于建立由不同学科专业人士组成的专家团队，包括心理、法律、社工及医疗等领域，涉及未成年人救助过程的多个环节。项目基于实证论述来支持当地救助体系的建立与完善，这支专家团队围绕救助流程方案以及相关配套文件的制定，通过讨论为救助体系的建立提供重要决策论证及咨询服务，协助救助工作的开展。同时，项目重视未成年人保护领域的资源与经验共享，通过召开未成年人权益保护研讨会，研究如何完善现有个案转介处理机制，并发布研究成果。

除此之外，项目在推进多方联动，完善儿童社会保护支持体系方面也有所发力。项目在强化已有团队专业能力、协助完善现有个案处理和救助机制的同时，还非常重视对于儿童群体本身及普通公众的宣传倡导，以及与相关政府部门的

联动，旨在广泛提升未成年人保护意识和法制常识，逐步促进政府各部门明确相应职责，深化多部门联动合作，从不同层面完善未成年人社会保护支持体系。项目深入学校，面向学校师生开展针对性的普法教育：面向学校少先队辅导员普及儿童保护相关法律知识及日常安全知识；面向学校体育教师强化儿童自我保护技能；面向在校学生，以征集宣传口号及海报活动引发儿童对校园欺凌的关注。通过核心志愿者团队到其所在的社区进行未成年人防侵害教育课程宣讲，引发公众对未成年人权益侵害事件的关注，增强未成年人保护意识，并积极动员更多公众参与到未成年人保护工作中。通过机构公众号，广泛宣传未成年人保护相关知识和法律法规以及 12355 未成年人救助专线，促使公众了解可求助的救助渠道。此外，项目还向政府相关部门提供法律相关支持，为试点区县公安部门培训 5～10 名专门负责儿童侵害案件的女警，提升工作人员应对和处理儿童侵害案件的专业能力，借此推动已有联动机制有效、顺畅地运作。

北京市协作者社会工作发展中心（以下简称协作者），在其以专业社工服务为主要干预手法的困境流动儿童救助计划项目中，除了对于困境流动儿童及其家庭的直接干预外，还十分重视社会资源的联动，积极构建多方参与的社会支持网络。项目通过社区联谊、社区宣传活动等形式，加强了困境家庭与不同社会群体之间的交流，促使更多群体关注困境家庭的社会问题，促进不同群体间的相互了解；组织开放式市民论坛，将困境流动儿童及家庭、社区干部、企业管理者、青年学生、媒体从业者等利益相关方纳入，共同就困境家庭在生活、健康、教育、社区保护等问题加以探讨和观点分享；搭建志愿者平台，鼓励和支持更多的企业员工、高校学生参与社区志愿服务，拓展多元的社会资源，逐步构建多方参与的社会支持网络。

经过十年的项目实践和探索，在以儿童服务为切入点的基础上，逐步构建了“困境儿童—家庭—社区—社会”四位一体的救助服务模式。首先通过开展流动书桌助学计划和流动书桌助康计划，帮助困境儿童返学，强化其健康服务的提供；其次针对困境流动儿童及其家庭面临的在法律、健康、亲子、婚姻关系等方面的问题，制订针对性的服务计划，开展个案辅导，提升家庭改善困境生活的信心；再次通过开展儿童成长互助小组、家长能力建设等活动，拓展困境流动儿童及其家庭的人际交往，提升其城市生活适应能力，强化社区支持；最后整合多方资源，联结企业、高校学生、社会爱心人士等群体，扩大各方对困境流动儿童及其家庭的关注，逐步构建多元主体参与的困境流动儿童及其家庭社会支持网络。以此实现儿童、家庭、社区、社会的全方位能力建设，在改善困境儿童及其家庭当下困境的同时，着眼于协调社会资源建立起社会支持系统，在长远意义上提升困境儿童及家庭的生活质量。

三、完善项目监测评估机制，助力项目模式的有效评估及宣传推广

尽管如前文所述，在项目规划时即考虑到设计项目的监测评估机制，对于大多数儿童公益组织而言，还是比较凸显的短板。但幸运的是，儿童公益行业内的一些公益组织业已关注并重视项目监测评估工作，同时逐步往专业性更强的方向进行探索，用以客观地评估项目模式的有效性。而一系列专业的项目评估，不仅有效地总结了项目经验、模式、成效及其干预原理，为后续更有效地进行项目改善和项目推广奠定了基础。

就目前而言，广州市海珠区蓝信封留守儿童关爱中心（以下简称“蓝信封”）是这方面积累经验较为丰富的儿童社会组织之一，值得我们进行深入的了解。在项目的监测与评估上，“蓝信封”采取了以下的方式：

一方面在予以通信双方最大自由参与限度的情况下，项目组对于通信频率及质量也做到了严格把控。具体展现在：为每名参与项目的儿童建立项目档案；由项目组统一收发信件，通信大使在接发信件后通过微信群进行工作打卡汇报；对于通信出现异常的状况，项目团队会及时通过学生所在班级的班主任获取学生相关信息；在建立通信往来的第二年，项目组会对参与项目的儿童进行回访，对通信质量进行评估与反馈；第三年进行系统的回访及案例整理。除了达成对项目质量的监督外，这些回访和案例资料为留守儿童相关问题研究提供了大量实证资料。

另一方面，项目组分别与高校心理系和社工系合作，开展项目效果评估研究。“蓝信封”携手唯品会，于 2016 年 12 月 3 日举办“唯爱陪伴，呵护成长”关爱留守儿童研究成果暨公益项目发布会，华南师范大学社会工作系陈香君博士发布了其团队的研究成果《书信陪伴：社会组织参与下的农村留守儿童心理介入——科学评估、作用机理及行业启发》，该研究历时三年，抽样了 4 所学校 1 000 多名学生，在有效数据分析的基础上，系统解读了“书信陪伴”这种留守儿童心理介入手法及其效果；该成果被收录于《中国公益发展报告 2015》中。

花旦工作室开展的“儿童梦想戏剧团”项目面向城市流动儿童，关注这些儿童在陌生社区的融入、个人发展以及家庭氛围，通过“个人发展”“人际关系”和“参与式艺术”这三个主要内容来激发儿童的潜能，帮助促进儿童多方面的能力提升，增进儿童的人际关系和团队协作，增进亲子交流，营造相互理解、更为和谐

的家庭氛围，最终促使儿童更好地融入社区。针对项目活动的开展，项目设计了一套清晰且比较系统的效果评估方案，包括适用在项目实施不同阶段的评估方法。在项目前期，便设定了用以衡量儿童群体态度和行为变化的重要指标，通过定量和定性的方法，采用多种方式向项目活动的服务对象和活动协助者广泛收集信息，用以确保信息的全面性和可信度，进而评估项目的实际成效。具体的评估手段包括：

(1) 针对儿童的前后测问卷；

(2) 协助者及志愿者意见反馈表；

(3) 项目前后的个案观察；

(4) 活动参与者的案例故事；

(5) 照片记录及视频影像资料；

(6) 活动参与者的电话访谈及面谈等。

最终收集到的监测评估信息，不仅帮助项目组获悉项目活动对于不同群体的实际影响，包括直接服务的流动儿童及家庭成员，还包括参与志愿服务的工作人员，乃至社区普通公众都被一一纳入，以基于实证的方式对项目干预模式的有效性进行了客观、系统的评估。同时，项目活动中的个案故事及影像资料对于项目模式的总结及推广亦有积极作用。

第八节　中国儿童公益行业未来展望

一、加强发展枢纽型组织，提高行业资源配置有效性

通过行业支持平台的搭建，枢纽型公益组织能够在信息共享的基础上，从儿童权利的视角出发，改善行业资源目前在地域上、工作领域上、干预模式上存在的倾向性。一方面，通过联合国《儿童权利公约》、儿童权利视角的项目规划等基础性培训，提升儿童公益组织工作人员的儿童权利意识，建立儿童公益组织的儿童权利视角。另一方面，还需要进一步通过资源的协调，向目前儿童公益组织具备资源与关注程度较少的地区、工作领域做一定倾斜。

二、积极联动多方社会资源，强化机构公众倡导实践

通过儿童公益组织在儿童保护方面的探索不难看出，各类保护项目在不同

程度上都会涉及面向公众的宣传教育，一方面这有助于从源头降低儿童保护恶性事件的发生率；另一方面，有效而广泛的倡导能提升大众的儿童保护意识，提高对儿童保护恶性事件的敏感性，进而提升案件的汇报几率。公益组织在儿童保护的公众倡导上，如果能够加强与政府、企业的跨界合作，将有助于进一步获得更好的传播效果。按下“罗尔事件”[①]的是非评判暂且不论，其中折射出的企业策划与参与下新媒体强大的传播能力，如果能被儿童公益组织合法、妥善地利用，将对于儿童保护的公众倡导起到极大的促进作用。从这个角度而言，儿童公益组织在传播上加强与企业的合作，以及提升新媒体应用的专业性，是未来的发展趋势。

三、提升公益组织专业能力，强化其在构建儿童保护体系中的角色及职能

基于儿童权利视角的工作理念及方法，对于提升儿童公益组织的专业能力水平有着不可言喻的重要意义。而在政策环境不断变化的当下，儿童公益组织的专业能力就是机构实现自我造血与长足发展的命脉。对于置身于儿童保护领域的公益组织而言，仍须进一步提高专业性，联动儿童保护领域内不同专业性质的其他组织，在更大程度上扮演儿童保护个案与社会多专业资源，以及政府多部门合作机制之间桥梁的角色。儿童保护的多维度性决定了无论是儿童保护整体而言，还是儿童保护具体个案，往往涉及社会各界的力量以及政府的多个部门。目前在儿童保护领域有所探索的儿童公益组织，在搭建专业平台、推动政府多部门合作机制的常态化运作上有了初步的尝试。在未来一两年时间内，伴随《反家暴法》《留守儿童意见》《困境儿童意见》《留守困境儿童意见》等儿童保护领域的重要法律政策各地实施细则的出台，儿童公益组织如果能抓住法律政策利好的环境机遇，在提升自身专业性的基础上进一步完善儿童保护网络的建设，将能在更大程度上促进儿童受保护权的实现。

四、建立儿童权利视角下的监测评估机制

一方面，利用行业支持平台协助儿童公益组织建立儿童权利视角的项目规划，建立儿童权利形势分析、儿童权利视角的战略与项目规划、项目执行、项目监测与评估的螺旋式项目闭环。在此基础上，提高儿童公益组织对于项目监测评

① 详见：https://www.huxiu.com/article/172885.html? f=retweeted。

估的重视程度，着重协助儿童公益组织初步建立各自的监测与评估机制，从项目运作、项目效果、项目可持续性等角度进行介入，提升儿童公益组织的专业化发展能力。另一方面，通过更为有效的资源配置方式，协助儿童公益组织进一步联动可用于进行监测评估实践的资源。同时从意识层面与资源可获得性两方面入手，才能更有效地形成儿童公益行业对于儿童权利视角下监测评估的共识，为下一步了解儿童权利实现状况打下坚实的基础。

第二部分

促进儿童发展：社会组织何以可为

第三章　乡村儿童阅读能力提升的行动研究——以桂馨书屋项目为例

桂馨书屋项目是桂馨基金会成立后的首个项目，从第一个书屋落成至今，项目已运营超过九年。桂馨基金会关注欠发达地区乡村儿童的基础教育；桂馨书屋项目通过一个个建立在乡村小学的图书室，以及对小学教育工作者阅读推广理念与技能的提升，以期培养乡村儿童的阅读兴趣与阅读习惯，改善乡村教育状况、促进乡村儿童发展权实现。桂馨书屋项目运营至今，在各利益相关方的合作与努力下，项目团队积累了大量的项目工作实践经验。

2018 年年初，桂馨基金会与北京博源拓智儿童公益发展中心联合开展行动研究，旨在回顾桂馨书屋项目发展历程，评估项目引发的变化与效益，探讨乡村儿童阅读推广项目的共性及差异化发展路径。同时，通过对项目团队过往工作实践经验的系统性整理，以及对以儿童为核心的项目利益相关方的信息收集与分析，梳理桂馨书屋项目的成效、优势及不足，为桂馨书屋项目未来的发展规划提供建议。此章基于对北京博源拓智儿童公益发展中心研究团队撰写的《桂馨基金会桂馨书屋项目行动研究报告》整理成文，研究过程得到桂馨基金会项目开蔚县所在县教育局、项目学校及对照学校的鼎力支持，特此表示衷心感谢！另外，对于桂馨基金会桂馨书屋项目团队在研究工作中的全力配合与协调，也表示由衷的谢意！以下将重点介绍本研究的过程和结果。

第一节　研究框架及主要研究方法

本次行动研究主要采用问卷调查、实地走访、深度访谈、文献回顾等研究方法。前期回顾桂馨书屋项目材料及行业其他阅读推广项目公开信息，此后于 2018 年 3～4 月到湖南省、河南省、贵州省 6 个县(每个省份各 2 个县)进行实地走访，向走访学校学生发放调查问卷，对学校校长、教师及县教育局项目负责人进行深度访谈；2018 年 5 月向部分其他阅读推广项目负责人进行电话访谈。

一、研究框架

本次行动研究的框架如下：

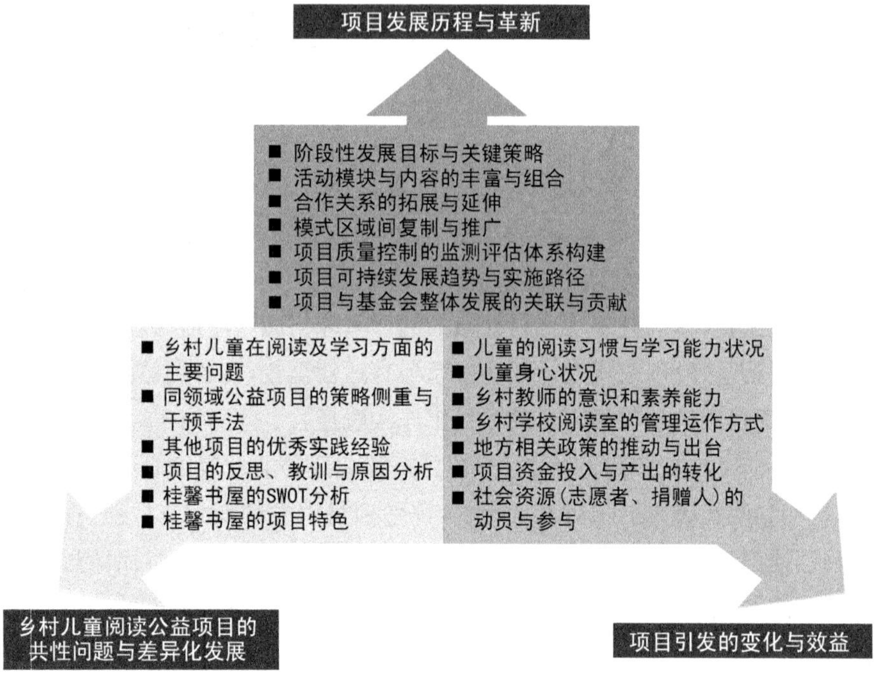

图 3.1　行动研究框架

二、研究方法

(一) 主要的研究方法一：问卷调查

在项目组协调下，本次行动研究向湖南省、河南省、贵州省 3 个省份 6 个县(每个省份各 2 个县)共 19 所小学四至六年级的学生发放问卷。共回收 12 所项目学校儿童问卷 1 312 份(女童占比 46.34%)，7 所对照学校儿童问卷 794 份(女童占比 48.74%)，对照学校全部为已提交 2018 年桂馨书屋项目申请但未建立书屋的学校。其余人群分布情况详见表 3.1。

表 3.1 项目干预组及对照组样本人口统计学变量分布对比

		项目学校(n=1 312)	对照学校(n=794)
年龄		均数 11.53 岁 (标准差 1.20)	均数 11.25 岁 (标准差 1.11)
年级	四年级	33.00%	36.52%
	五年级	37.35%	37.03%
	六年级	29.65%	26.45%
民族 *	少数民族占比	55.18%	38.16%
来源省份 *	湖南	32.08%	14.74%
	河南	24.31%	36.78%
	贵州	43.59%	48.49%
是否在学校住宿 *	住校生占比	28.05%	16.88%
双亲外出打工情况 *	双亲外出	50.61%	42.19%
	一方外出	25.76%	26.70%
	双亲在家	23.63%	31.11%

注:* 表示项目干预组及对照组样本在该人口统计学变量的分布上存在显著差异。

通过表 3.1 可以发现,项目学校学生年龄比对照学校稍长,少数民族占比更高,住校学生占比相对更高,双亲外出打工的比例更高。这些人口统计学变量分布的差异在一定程度上反映了项目组在选择项目学校上的潜在偏好,在后续统计中通过将人口统计学变量纳入模型的方式予以考虑。

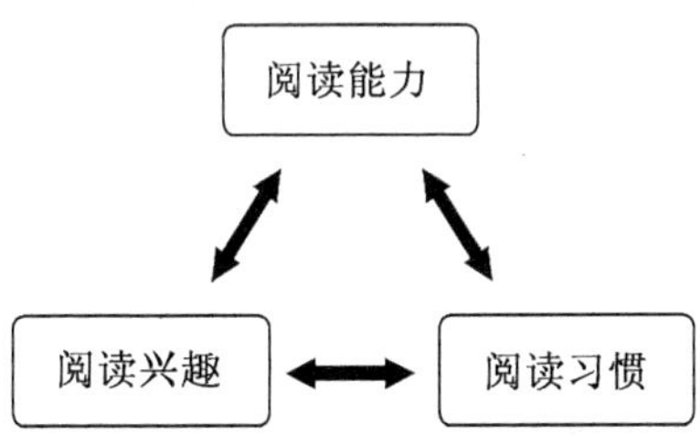

图3.2 "国际阅读素养进展研究"理论框架

除人口统计学变量外,本次行动研究的儿童问卷还涉及阅读相关的内容。该部分的框架主要参考"国际阅读素养进展研究(PIRLS)"[①]进行设置,以阅读

① 具体见官方网站:http://www.pirls.org/。

兴趣、阅读能力、阅读习惯为主要测量对象。

在实际问卷设计中，考虑到本次行动研究的儿童群体特征，拟以“阅读能力自我效能感”“自主学习动机”的测量，替代上述框架中以阅读理解形式进行的阅读能力测量；“阅读能力自我效能感”是儿童对于自己阅读能力的主观评价，“自主学习动机”则对应儿童主动进行学习行为规划的意愿。此外，问卷也涉及桂馨书屋满意度、桂馨书屋项目模块参与程度的测量，以便进行更为详细的数据分析，了解不同项目模块对阅读相关指标的影响。

问卷具体量表构成如下：

1. 阅读兴趣量表

采用谢美华(2014)[①]中的阅读兴趣量表，该量表考察儿童对阅读所抱持兴趣的浓厚程度，以 4 级里克特量表进行评分，1——非常不符合，2——不太符合，3——比较符合，4——非常符合。研究者对原问卷因应本研究样本(小学生)进行了一定的修改，以适应其理解能力。修改后量表共 9 个条目，该部分项目干预组及对照组儿童均填写。

2. 阅读自我效能感量表

采用谢美华(2014)中的阅读自我效能感量表，该量表考察儿童对自己阅读能力的主观评价，以 4 级里克特量表进行评分，1——非常不符合，2——不太符合，3——比较符合，4——非常符合。研究者对原问卷因应本研究样本(小学生)进行一定的修改，以适应其理解能力。修改后量表共 7 个条目，该部分项目干预组及对照组儿童均填写。

3. 阅读习惯量表

参考过往各类型阅读习惯的测量工具，本研究中使用“每周课外阅读书本数量”“每周课外阅读小时数”作为阅读习惯的测量。该部分项目干预组及对照组儿童均填写。

4. 自主学习动机量表

采用李健怡(2015)[②]“小学生学习自主性量表”中“学习动机分量表”中关于自主学习自我效能感及学习兴趣的两个部分共 11 个条目。该量表考察儿童自主学习动机方面的现状，以 4 级里克特量表进行评分，1——非常不符合，2——

① 谢美华. 初中生现代文阅读理解能力的认知诊断评估研究[D]. 江西师范大学博士研究生学位论文，2014。

② 李健怡. 小学生课外阅读中自主学习能力现状调查与提升策略[D]. 四川师范大学硕士研究生学位论文，2015。

不太符合，3——比较符合，4——非常符合。研究者对原问卷因应本研究样本(小学生)进行一定的修改，以适应其理解能力。该部分项目于预组及对照组儿童均填写。

5. 桂馨书屋满意度量表

了解儿童对于桂馨书屋硬件设施、开放形式、教师管理员等相关内容的满意程度，以 4 级里克特量表进行评分，1——非常不满意，2——不太满意，3——比较满意，4——非常满意。该部分仅项目干预组儿童填写。

6. 桂馨书屋项目模块参与状况

了解儿童关于"悦读周夏令营""悦读空间""新馨世界"等项目子模块的参与状况及了解程度，以及儿童到访书屋频率、学校阅读课程开展频率、儿童接触桂馨书屋起始时间等信息，协助分析各项目子模块对项目成效的潜在差异性影响。该部分仅项目干预组儿童填写。

此外，研究组面向教师发放问卷①，共收集 152 份教师问卷(女性占比 58.55%，书屋管理老师占比 42.76%)。教师问卷涉及教师参与桂馨书屋项目培训状况、教师自身阅读兴趣及阅读习惯、教师开设阅读课程情况、教师阅读推广技巧自我评价、教师教学技巧自我评价、教师对学生变化的主观评价，以及教师人口统计学变量等内容。

(二) 主要的研究方法二：参与式小组访谈及关键人物访谈

表 3.2 访谈人物及人数

利益相关方	角色	人数
项目学校	儿童	109
	家长	11
	教师	19
	校长	12
县教育局	项目联系人	6
大学生志愿者	骨干志愿者	5
桂馨基金会	秘书长	1
	项目总监	1
	桂馨书屋项目组	1
总计	165	

① 教师问卷网：https://www.wjx.cn/jq/21566108.aspx。

研究组对发放问卷的12所项目学校的校长、教师进行关键人物访谈，对儿童(每所学校8～12名儿童)、部分家长进行参与式小组访谈。访谈重点关注儿童参与桂馨书屋的情况、阅读状况、学校阅读推广活动情况、学校阅读课程开展情况，项目为儿童、教师、学校带来的改变，以及关于项目的改善建议。

研究组对走访的县教育局项目工作联系人进行了关键人物访谈，着重了解桂馨书屋项目在所在县的执行情况、与教育局的合作模式、项目对当地教育状况及相关政策的影响、项目未来发展建议等方面内容。

研究组对5名至少参与了2次桂馨书屋“悦读周夏令营”的骨干志愿者进行了小组访谈，重点了解志愿者参与夏令营的状况、志愿者视角下的夏令营组织流程、对儿童及自身收获的评价、夏令营未来发展建议等方面内容。

研究组对桂馨书屋项目组成员、桂馨基金会项目总监、桂馨基金会秘书长进行了关键人物访谈。对于桂馨书屋项目组成员，着重了解桂馨书屋项目设计、运作上的情况，试点区域的潜在差异、项目面临的困难与挑战、项目模式及其可持续性，以及项目未来发展设想。对桂馨基金会秘书长及项目总监，重点关注基金会愿景、基金会团队整体状况、基金会3大项目筹资模式、桂馨书屋项目发展路径、桂馨书屋项目特色、基金会及书屋项目未来规划等方面的内容。

(三) 主要的研究方法三:儿童阅读同行代表机构访谈

研究组对4家其他儿童阅读推广机构的负责人或项目负责人进行了关键人物访谈，着重了解其他儿童阅读推广项目的设计、整体运营模式、特色活动、未来发展设想等内容，以增加对儿童阅读推广行业的基础性了解。结合对桂馨书屋项目及其他儿童阅读推广机构相关资料的文献综述，通过桂馨基金会桂馨书屋项目与其他儿童阅读推广项目的对比，分析桂馨书屋项目的优势与特色，为桂馨书屋项目未来发展规划提供基础性信息。

受资源及可操作性所限，本研究仅在项目周期中的一个时间点进行测量，参与研究的项目学校及对照学校由项目组进行选择，因此本次行动研究中项目评估的部分未采用同时具有前后测量、随机分配、对照组对比的“随机干预试验”评估设计。作为应对，在进行项目成效分析时，研究组检验“桂馨书屋接触时长”(对照组为0)与阅读相关指标之间的相关性，若存在“接触时长越长，阅读指标越好”的趋势，则表明受益群体因项目干预时间增加而在阅读表现方面随之相应提升。

第二节　乡村儿童阅读现状和挑战

中国新闻出版研究院2018年4月18日发布的《第十五次全国国民阅读调查报告》显示，2017年我国农村0～17周岁未成年人的图书阅读量为人均7.44本，显著低于城镇未成年人的10.10本[①]。一项样本量超过2万(小学三至六年级)的国内研究显示[②]，中国儿童的阅读表现欠佳，其中男生、住宿生、农村户口、家庭经济条件较差的儿童表现相对更差；此外，城市户口儿童的阅读表现随年级增长而逐渐提升，然而农村户口儿童的阅读表现仅在三至五年级随年级增长而提升，六年级农村儿童的阅读表现倒退至三至四年级之间。

城乡儿童阅读状况的差距及不同的变化趋势可能有多方面的原因，本研究从乡村教师的视角出发，发现乡村儿童阅读状况欠佳最为重要的两个原因分别是：家长没有培养子女阅读习惯的意识、家长不清楚如何给子女选书；此外，家庭贫困、缺少课外读物、缺乏良好的阅读环境、儿童对其他事情(如手机游戏)更感兴趣，与乡村儿童阅读状况欠佳的现状也有所关联。

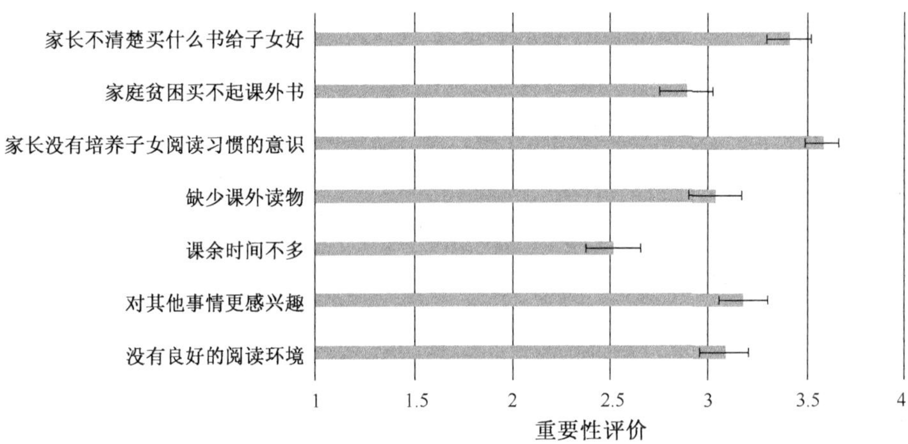

图3.3　乡村儿童阅读情况欠佳原因的教师评价(*N*=152)

① 具体见：http://culture.people.com.cn/n1/2018/0419/c1013-29935435.html，《人民日报》，2018年4月19日12版。

② Gao et al. Reading Achievement in China's Rural Primary Schools: A Study of Three Provinces. REAP Working Paper, 2017:325, Retrieved from: http://reap.fsi.stanford.edu/docs/working-papers.

如果仅从上述情况出发,面向家长进行干预从理论上而言是改善乡村儿童阅读状况较为有效的手段。然而,如果考虑作为乡村儿童首要监护人的父母他们进城打工的现状——以本研究样本为例,项目干预组儿童仅23.63%双亲在家,对照组儿童仅31.11%双亲在家,不难发现从家庭入手并非改善乡村儿童阅读状况的最佳路径。在此背景下,乡村学校作为乡村学龄儿童在家庭之外的一个重要场所,便成为阅读推广的不二选择。

另一方面,国外研究显示①,小学阶段是改善阅读最关键的时期。如果错过了这一时期,不同群体儿童之间的阅读表现差距将难以缩小,而会随着阅读习惯的差异而逐渐扩大:阅读表现差的儿童丧失对阅读的兴趣,甚少主动进行阅读,进一步影响其阅读能力的提升,形成了"读不好—不想读—不去读—更读不好……"的恶性循环。本章节起始部分提到的农村户口六年级学生阅读表现倒退至三至四年级之间,在一定程度上表明六年级学生已初步形成这一恶性循环。如果希望避免该恶性循环的形成,在小学阶段对儿童进行阅读干预,并且根据高低年级小学生不同需求提供不同类型的图书,是最为合适的选择。

在此背景下,众多机构将目光投向了乡村小学,"向乡村小学捐书"成了不少早期慈善行为的热门之一,捐献新书、回收二手书捐到乡村学校是常见的做法,试图解决乡村儿童缺少课外读物的状况。随着公益行业的专业化发展,逐渐出现了项目化运作的图书相关硬件捐建,如捐建班级图书角、学校图书室、社区图书馆等,以图书捐赠及设施捐建为主要干预手法;后期逐渐形成了不同类型的捐赠图书书单,以期通过书单结构的改善提高儿童对于图书的阅读率。随着项目经验的进一步积累,部分希望将乡村儿童阅读工作专业化发展的公益机构,开始关注乡村儿童阅读的软性环境——学校老师,通过教师培训改善教师的阅读理念,提升其阅读推广技能,鼓励教师向学生开展阅读推广活动。

对于阅读推广项目的成效,目前有初步的研究。农村教育行动项目(REAP)对"担当者行动"的阅读推广项目进行了初步评估,结果显示,只有同时具备班级图书角(硬件)及公益机构组织的教师培训(软件)才能有效提升乡村儿

① A Summary of the Studies on Reading and Educational Performance in Elementary Schools. REAP Working Paper, 2015. Retrieved from: http://reap.fsi.stanford.edu/sites/default/files/reading_backgrounder.pdf.

童的阅读表现，仅有班级图书角无法改善儿童阅读表现。① 然而，关于以学校图书室为硬件捐赠形式的项目其成效如何，教师实际阅读推广行为的差异如何影响项目成效，目前并未有公开的研究成果。

第三节 桂馨书屋发展历程和项目模式

一、项目发展历程

2001 年 6 月，爱心人士刘桂女士和康典先生在中国香港注册桂馨教育基金有限公司。2008 年汶川地震后，首个桂馨书屋于 2008 年 6 月落成，为灾区儿童提供一个阅读友好的空间。一批具有类似理念的金融界人士加入发起团队，于 2008 年 11 月在北京市民政局登记注册"北京桂馨慈善基金会"，"桂馨书屋"作为桂馨基金会的首个项目，于 2009 年开始正式项目化运作。截至 2017 年年底，桂馨书屋在全国 15 个省 40 个县 228 所乡村学校落成。项目学校最为密集的省份分别是：河南省（4 个县，56 所学校）、江西省（3 个区县，33 所学校）、贵州省（4 个县，33 所学校），以及湖南省（4 个县，31 所学校）；这 4 个省份的项目点数量占书屋总数约 67.11%，其余 11 个省/自治区/直辖市的书屋数量占比约 32.89%。

自 2008 年 6 月第一所书屋建成至今，桂馨书屋项目经历了如下几个重要的发展节点：

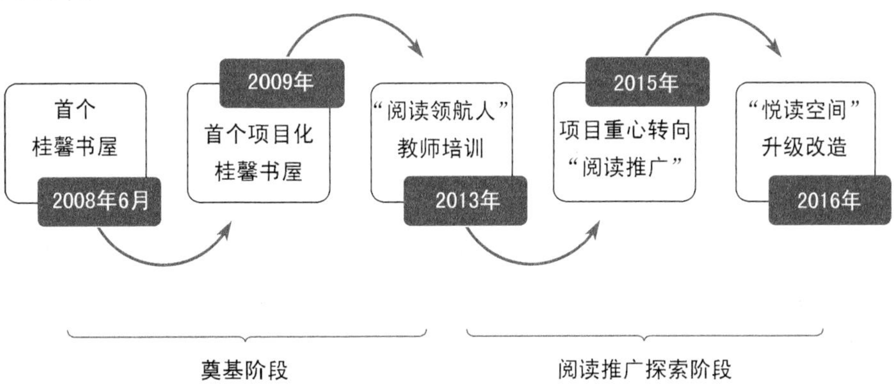

图 3.4 桂馨书屋项目重要节点

① Gao et al. Can Reading Programs Improve Reading Skills and Academic Achievement in Rural China. REAP Working Paper，2017：326. Retrieved from：http://reap.fsi.stanford.edu/docs/working-papers.

2009年，首个以“桂馨书屋项目”形式建立的书屋在河南省洛阳市嵩县一所小学落地。项目初期，桂馨书屋项目组的主要工作重点集中于建立适应学校环境的桂馨书屋管理制度，包括图书借阅、教师图书管理员制度、书屋开放时间与形式等内容。经过约一个周期的项目实践及经验总结，桂馨基金会于2013年起启动面向乡村小学校长及教师的阅读推广培训，以期改善校长及教师的阅读理念及阅读推广技能，以推动乡村小学学生的阅读状况改善。2015年，桂馨书屋项目的重心从“搭建书屋”向“阅读推广”转移。2016年，桂馨书屋项目组启动“悦读空间”升级改造计划，面向阅读推广实践积极的乡村小学，为其打造儿童阅读友好的环境及配套的电子借阅系统，作为桂馨书屋项目的进阶模块，在原有项目基础上为项目学校进一步提供3年的持续支持。

从桂馨书屋发展的重要节点不难发现，项目基本上在每个周期结束前后会有较为重要的项目元素加入，这在一定程度上体现了桂馨书屋项目组定期回顾项目实践、总结经验后的成果，即在下一个项目周期进行新的探索，以更好地完善桂馨书屋项目。例如，2009～2013年的项目实践经验表明，仅向项目学校提供适合小学儿童阅读的图书及相应的图书室管理制度，并不足以有效地培养项目学校儿童的阅读习惯；这一直观的项目经验与后来REAP为“担当者行动”进行的初步项目评估结果相吻合，即单纯为项目学校配备班级图书角并未能有效改善儿童的阅读能力。这表明桂馨书屋项目组在一定程度上具有对于项目的内部发展机制，能够不断进行项目迭代，在维持项目规模的同时，推动项目进一步的深度发展，提高项目的干预深度。

二、项目管理模式

（一）项目流程体系初具雏形

桂馨书屋项目经过多年的项目实践，目前形成了如下项目流程：

（1）提交申请

各县的乡村小学校长通过县教育局、与县内其他校长交流、互联网等渠道获取桂馨书屋项目相关信息，填写桂馨基金会桂馨书屋申请书，根据不同县域差异化的项目模式，校长个人直接或经县教育局汇总间接向桂馨基金会提交书屋申请。

（2）实地走访

桂馨书屋项目组工作人员到县域集中走访本年度提交申请的学校，考察项目学校校长及教师在阅读推广理念、意愿以及学校管理方面的情况，项目组根据走访结果决定本年度新建书屋项目学校名单。

(3) 悦读周夏令营

同步筹备悦读周夏令营大学生志愿者招募及培训工作，在新建书屋项目学校名单及大学生志愿者团队均确认后对两者进行匹配。暑假期间大学生志愿者团队(一般每个团队 12 人)到新项目学校进行书屋搭建工作(包括图书拆封、分类上架、书屋环境营造等方面)及以阅读推广为主题的夏令营活动。

(4) 书屋运营

新建书屋于秋季学期开始正式运营，秋季学期、春季学期、暑期皆有面向项目学校校长及教师的不同形式的阅读推广培训，协助校长及教师结合桂馨书屋在乡村小学进行阅读推广，改善学校儿童阅读状况。

图 3.5 桂馨书屋项目基本流程

(二) 逐步探索形成多样化的项目子模块

在 2013 年启动阅读推广理念及技能教师培训的同时，桂馨书屋项目组也开始了对项目内部各类子模块的探索。子模块一般面向书屋建立 1 年以上且运作良好的学校开放申请。自 2013 年至今，桂馨书屋项目形成了以下几个子模块：

(1) 小种子绘本计划

该计划是在桂馨书屋配书原有绘本的基础上，进行绘本图书更新，提供可放置于室内或走廊的专业绘本书架，进一步提高绘本的可获得性，提高低年级小学生的阅读参与率。至 2017 年年底共 41 所学校实施。

(2)“新馨世界”

这是为申请学校持续 3 年提供约 10 种适合学生及教师阅读的杂志刊物，类型包括儿童文学、绘本等。2017 年 22 所学校申请；至 2017 年年底共 66 所学校实施。

(3) 学校自主运作金

该运作金每所学校每学年可申请 1 次，每次金额 5 000 元以内，可供学校运用于校园阅读环境改善、图书自主更新、阅读活动开展等方面。2017 年 21 所学校申请了该运作金。

(4) 世界读书日主题活动

该活动为桂馨基金会倡议,项目学校自主参与的年度主题阅读推广活动,每年围绕不同主题开展创意活动。2017 年 189 所学校开展了主题活动。

(5) 悦读空间

从 2016 年起在小范围内进行推进的“悦读空间”,则可以视为桂馨书屋的进阶版本。“悦读空间”的室内设计由专业建筑设计师负责,建立以儿童为中心的儿童友好阅读环境。此外,“悦读空间”配备电子借阅系统,提升儿童借阅归还书籍的便利性;落成后 3 年的图书配合持续更新,进一步改善校园阅读氛围。

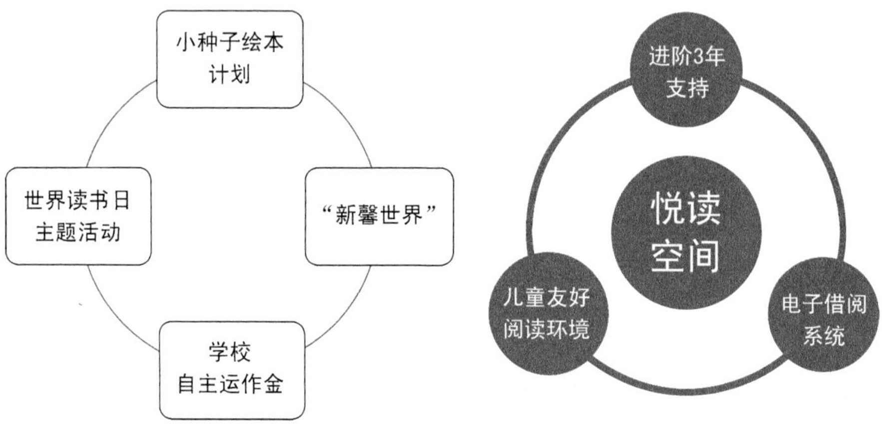

图 3.6　桂馨书屋项目子模块

(三) 与专业型合作伙伴建立了稳定关系

伴随 2013 年启动的“阅读领航人计划”乡村教师阅读推广培训,桂馨书屋项目组与不同类型的专业机构或个人建立了深度合作关系。近年来,在“悦读周夏令营”大学生志愿者培训方面,也进行了类似的探索。

在乡村教师阅读推广方面,桂馨基金会与名师工作室——如胡红名师工作室、攀·灯名师工作室——建立合作关系,提高乡村教师培训导师资源的多样性。此外,桂馨基金会也与江苏省南京市两家以母语教育为主要研究主题的研究机构及其实际运营机构建立了较为良好的合作伙伴关系:凤凰母语及亲近母语为桂馨书屋县域的乡村教师培训提供专家及课程的技术支持,也为乡村教师外出交流提供机会。

此外,近年来桂馨书屋项目组在“悦读周夏令营”大学生志愿者培训上也引入了外部的技术支持。桂馨书屋项目组在大学生志愿者培训中负责书屋搭建这一部分的指引及体验，而夏令营组织、活动设计等内容则由北京益微青年公益发展中心这一类在大学生志愿者培训及乡村夏令营领域有丰富经验的机构负责提供技术支持。专业合作伙伴的引入，提高了桂馨书屋项目能力建设环节的专业性，也提高了项目组的工作效率。

（四）建立并运营活跃度较高的项目社群

桂馨书屋项目组通过 QQ 群、微信群将项目学校的校长、书屋管理员老师、其他老师组成项目社群。项目社群主要有如下功能：

（1）项目组工作人员发布桂馨基金会及桂馨书屋项目相关信息；

（2）项目学校校长及教师围绕书屋管理、阅读推广活动等内容进行日常交流；

（3）由项目组工作人员协调，每周三晚上教师进行阅读分享活动。

其中，每周三晚上由项目组工作人员协调进行的教师阅读分享活动，有效地使项目社群在长时间内保持相对较高的活跃度。项目组工作人员定期向教师推荐阅读书单，教师从中选择自己感兴趣的书籍进行阅读，并自主认领日期进行分享。阅读同一本书的其他教师能够在分享期间通过文字、语音等方式进行互相交流。

可以认为这是桂馨书屋项目组面向项目学校教职员工开展的阅读推广活动。通过这样的日常活动培养校长及教师的阅读兴趣及习惯，结合县域培训对其阅读推广理念及技能的提升，两者结合能在更大程度上促进面向学生的阅读推广实践。此外，活跃的项目社群也能在一定程度上充实乡村学校校长及教师的社会支持网络，不仅为其在学校进行阅读推广提供灵感及实际操作的参考，也能为其相对孤单的乡村教学及日常生活带来更多的色彩，以及能够彼此理解、沟通交流的同伴。

> 感觉群里其他老师的分享让我挺有收获的。例如有些老师会分享自己看绘本的感受，也会分享自己怎么和学生讲这个绘本。自己听完会想原来绘本还可以这么讲，之后就能自己在阅读课里尝试一下。
>
> ——项目学校受访教师

> 其实乡村小学的老师真的挺辛苦的，学校老师少，一个人要教多门课程，放学后多数住在学校，没有太多人能够交流。书屋这个群里老师能互相交流一下，多少会好一点。
>
> ——项目学校受访校长

（五）对不同项目地区的差异化发展模式进行了初步探索

项目组在不同地区采取了不同的项目推进模式。

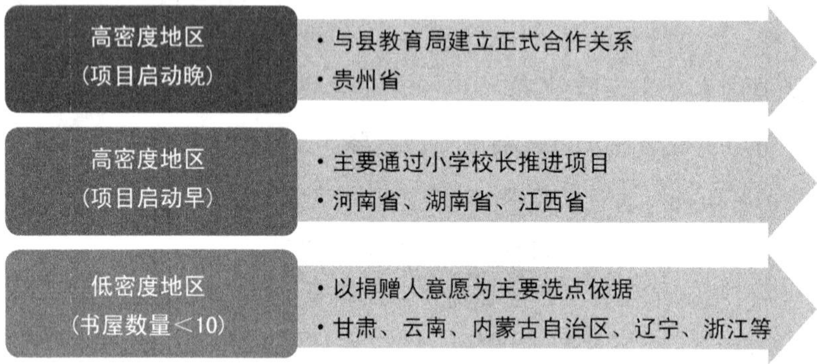

图 3.7　不同地区差异化项目推进模式

1. 捐赠者导向模式

在项目学校相对较为稀疏的 11 个省份中，大多数项目学校的选择多为依据主观意愿较为强烈的捐赠人而决定。后期项目跟进未能进一步挖掘所在项目地区其余有意愿落成桂馨书屋的项目学校，也未与县教育局建立合作关系。

项目学校密集的省份，则先后通过两种方式进行项目推进。

2. 自下而上逐步发展模式

在河南省及湖南省两个书屋落成较为早期的省份，项目组人员主要通过直接与学校接洽的方式推进书屋建设。项目人员在县内提高覆盖学校数量的方式主要通过县内乡村小学校长之间正式与非正式的交流及引荐。由于河南省、湖南省首个书屋落成的时间较早（分别为 2009 年、2010 年），因此通过长时间的积累，这两个省份的项目点数量达到了密集水平。

3. 县教育局合作推广模式

项目组在贵州省则采取了不同的项目推进模式。桂馨书屋项目组与贵州省内具体县域的县教育局建立正式的合作关系，双方就项目学校的选择标准、校长阅读推广意愿等内容进行交流，共同协商决定每个年度的书屋数量及具体落成学校。由于贵州省内达成合作的 4 个县教育局对桂馨书屋项目理念认可程度较高，与项目组的沟通较为顺畅，因此贵州省在 2 年内就成为项目点最为密集的 4 个省之一。

第四节 项目对推动乡村教育产生的影响和成效

作为一个将近10年的项目，桂馨书屋在受益群体层面、在社会影响层面都产生了一定的积极影响。在受益群体层面，桂馨书屋项目有效提升儿童的阅读兴趣，促进儿童阅读习惯的逐渐养成，切实改善乡村儿童的阅读状况；此外，桂馨书屋项目也影响了一批项目学校的校长及教师进行阅读理念的推广，协助校长及教师掌握了一定的阅读推广技能。在社会层面，桂馨书屋项目以乡村小学为切入口，同时进行教师阅读推广培训及儿童友好阅读书籍配备及环境建设，有效回应乡村儿童阅读议题，改善乡村儿童发展权的落实状况。

一、受益群体层面

(一) 儿童：阅读兴趣及自我效能感有所提升，阅读习惯逐渐养成

总体而言，桂馨书屋项目对儿童的以下方面产生了积极的影响：

(1) 阅读兴趣：儿童的阅读兴趣随接触桂馨书屋时长增长而提高。

(2) 阅读自我效能感：整体而言，儿童的阅读自我效能感随接触桂馨书屋时长增长而提高；进一步分析显示，四年级、五年级学生的阅读自我效能感随接触桂馨书屋时长增长而提高，但六年级学生无变化。

(3) 自主学习动机：项目未能在整体层面上提升儿童自主学习动机；仅参加了夏令营的学生其自主学习动机随接触桂馨书屋时长增长而提高。

(4) 阅读习惯：儿童每周阅读小时数随接触桂馨书屋时长增长而增加，频率为“每周1次”的阅读课对于提高儿童每周阅读数量效果最好。

项目学校样本儿童接触桂馨书屋时长平均为21.06个月（中位数13个月，众数7个月），标准差16.68个月。

对照学校样本儿童以“与桂馨书屋接触时长为0”的形式呈现于图3.8中。

通过将对照组视为“与桂馨书屋接触时长为0”的群体，与项目组进行比较可以发现，如图3.8所示，儿童接触桂馨书屋的时间越长，他们的阅读兴趣就越为浓厚，阅读自我效能感（对自己阅读能力的主观评价）越高，每周阅读时长也随之增长。这表明，把桂馨书屋项目作为一个整体看待，总体而言项目能够通过干预提升目标儿童群体的阅读兴趣（体现为阅读兴趣量表得分的提高），提升儿童对于阅读的自信，培养儿童的阅读习惯（体现为儿童每周阅读的时长增加）。

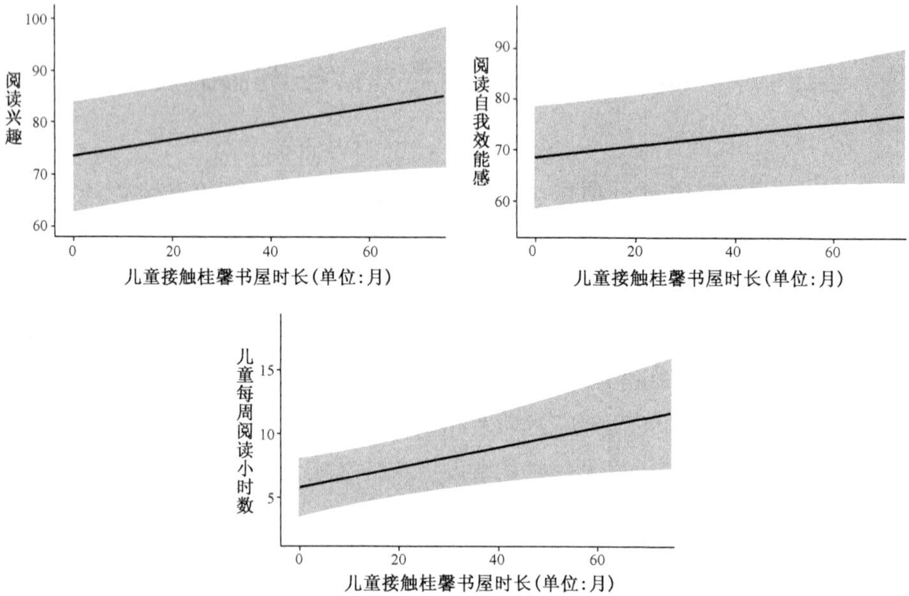

图 3.8　儿童接触桂馨书屋时长与阅读兴趣、阅读自我效能感、每周阅读时长的正向关系①(N=2 106)

如果将项目学校与对照学校两个样本以组别划分进行对比，如下表所示，项目学校学生在阅读兴趣、阅读自我效能感、每周阅读书本数量、每周阅读小时数这 4 项指标上显示出比对照学校学生表现更好的趋势，但由于项目学校内部、对照学校内部的差异(即统计定义上的标准差)较大，项目学校与对照学校两个组别在各指标上的差距未能达到稳定的、统计显著的水平。简而言之，如果不考虑儿童接触项目时间的长短，仅将项目学校、对照学校作为两个组别进行对比时，两个组别在各阅读指标上的表现是类似的。

表 3.3　各项阅读指标的组间对比②

	阅读兴趣	阅读自我效能感	自主学习动机	每周阅读书本数量	每周阅读小时数
项目学校—平均值(n=1 312)	75.90	71.61	62.96	2.42	7.22

---

① 阅读兴趣：β=0.17，95% CI=[0.11，0.24]；阅读自我效能感：β=0.11，95% CI=[0.04，0.18]；每周阅读时长：β=0.20，95% CI=[0.13，0.28]。β越接近 1，表明项目效果越好；图中灰色区域为 95%置信区域。

② 本页表格所示的所有指标，在包含省份、学校的混合线性模型中均无显著的组间差异。

（续表）

	阅读兴趣	阅读自我效能感	自主学习动机	每周阅读书本数量	每周阅读小时数
对照学校—平均值（n=794）	71.84	67.06	63.40	2.23	5.98
项目学校—95%置信区间	[68.41，83.38]	[66.05，77.18]	[55.08，70.83]	[0，5.62]	[5.58，8.86]
对照学校—95%置信区间	[63.67，80.02]	[60.03，73.79]	[54.73，72.08]	[0，5.51]	[3.82，8.14]

1. 项目对不同儿童群体的差异性影响

进一步分析显示，桂馨书屋项目在不同细分群体儿童中对提升阅读兴趣、养成阅读习惯的影响有所差异。阅读兴趣方面，汉族学生阅读兴趣的提升幅度大于少数民族学生。（见图 3.9c）阅读习惯方面，男童每周阅读时长的增长速度显著高于女童。（见图 3.9b）住校学生每周阅读时长的增长速度显著高于走读生。（见图 3.9a）这表明目前的桂馨书屋项目对汉族学生、男童、走读生这些细分儿童群体的影响相对而言更为有效。如果希望提升在其余细分群体儿童上的影响效果，需要对项目做更为精细的质量把控。

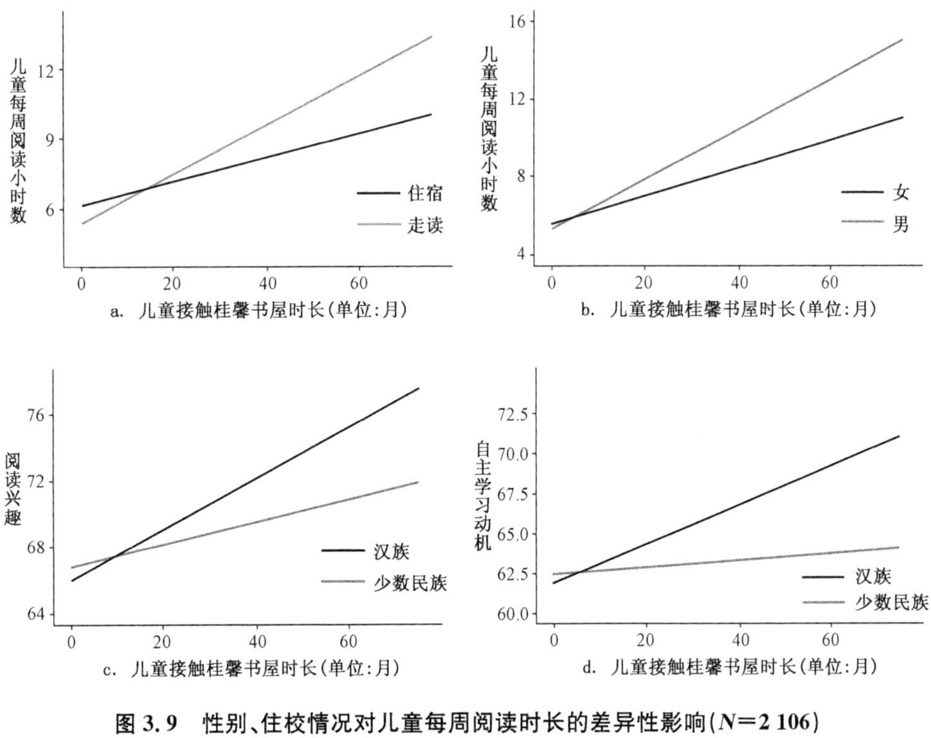

图 3.9 性别、住校情况对儿童每周阅读时长的差异性影响（N=2 106）

项目对不同细分群体儿童的差异性影响，在阅读自我效能感以及自主学习动机两项指标上更为明显。整体而言，项目未能改变儿童的阅读自我效能感，或改善儿童的自主学习动机。对于这两项指标，项目仅对一部分细分儿童群体有显著影响。自主学习动机方面，仅汉族学生的自主学习动机随接触桂馨书屋时长增加而提高，少数民族学生的自主学习动机并无显著变化。（见图 3.9d）

2. 项目对儿童的影响存在“年级越低，成效越大”的趋势

阅读自我效能感指的是儿童对于自己阅读能力的主观评价，阅读自我效能感较高表示儿童认为自己有较好的阅读能力。对四年级学生而言，随着接触桂馨书屋时长的增加，他们的阅读自我效能感随之显著提高。对于五年级学生而言，他们的阅读自我效能感同样随接触桂馨书屋时长的增加而提高，但提高幅度低于四年级学生。六年级学生的阅读自我效能感并没有随接触桂馨书屋的时长增加而有所变化。

结合项目对不同年级儿童每周阅读时长的差异性影响，以及项目对不同年级儿童阅读自我效能感的差异性影响（见图 3.10）可以发现，项目对儿童的影响存在“年级越低，成效更大”的趋势。造成这种现象的潜在原因有两个：

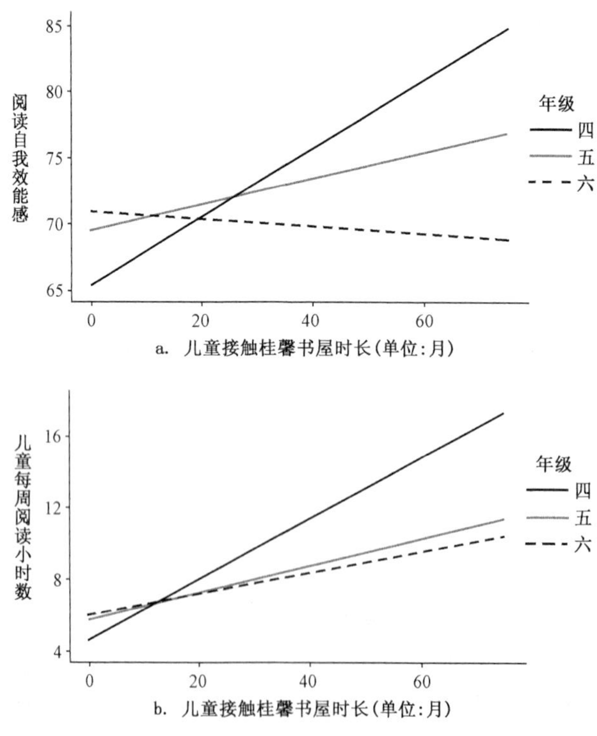

图 3.10　项目对不同年级儿童阅读自我效能感、阅读习惯的差异性影响（N=2 106）

一是，乡村小学学生的阅读相关指标——如阅读自我效能感、每周阅读时长，在项目干预前就存在年级差异，且趋势是年级越高、指标数值越高；而社会发展、儿童发展类型的项目干预，对基础较差的群体往往效果更好。对照学校的数据分析在一定程度上印证了这个推测：对照学校学生的阅读自我效能感得分随年级升高而提升，四年级平均为 65.53，五年级平均为 68.61，六年级平均为 72.18；每周阅读时长有类似的趋势，四年级平均为 5.68 小时/周，五年级平均为 5.61 小时/周，六年级平均为 7.93 小时/周，六年级显著高于四、五年级。因此，桂馨书屋项目干预对阅读相关表现相对较弱的低年级学生更容易产生较好的效果，而对于基础较好的高年级学生的影响程度则相对较低。

另外一个重要的潜在原因，是桂馨书屋目前的项目设计有可能对小学低年级学生更为友好。例如，“悦读空间”包含的 1500 册书籍(对应 200 名学生)中绘本占比约为 40%，普通的桂馨书屋书籍类型分布与之类似。绘本对于因为所在环境而缺乏阅读习惯、阅读能力尚待提高的乡村小学低年级学生而言，是培养阅读兴趣的极佳素材。桂馨书屋项目提供的大量绘本，结合对乡村教师的绘本课程相关培训，能为小学低年级学生提供较好的通过绘本接触阅读的机会，让低年级学生有较好的阅读体验，避免在阅读能力有待提高的情况下因阅读其他类型书籍而产生挫败感。可以认为，绘本书目的引入及相关教师培训的跟进，成功让小学低年级学生因良好的阅读体验而提升了其对于自身阅读能力的主观评价，促进他们养成阅读习惯，而不是因为感到阅读的困难而将课外时间用于其他事项。但是绘本对于高年级学生而言吸引力有所下降，其阅读需求与低年级存在差异。

在目前的项目设计下，小学高年级——尤其是六年级学生他们在桂馨书屋项目中的体验有进一步提升的空间。六年级学生在其中的体验比其他年级学生相对更差，因此影响了项目干预在他们身上的效果。对不同年级学生满意度差异的分析(见图 3.11)在一定程度上印证了这个推测。六年级学生的项目体验比四、五年级学生相对稍差，因而项目干预的影响对六年级学生而言不及四年级和五年级学生的程度。

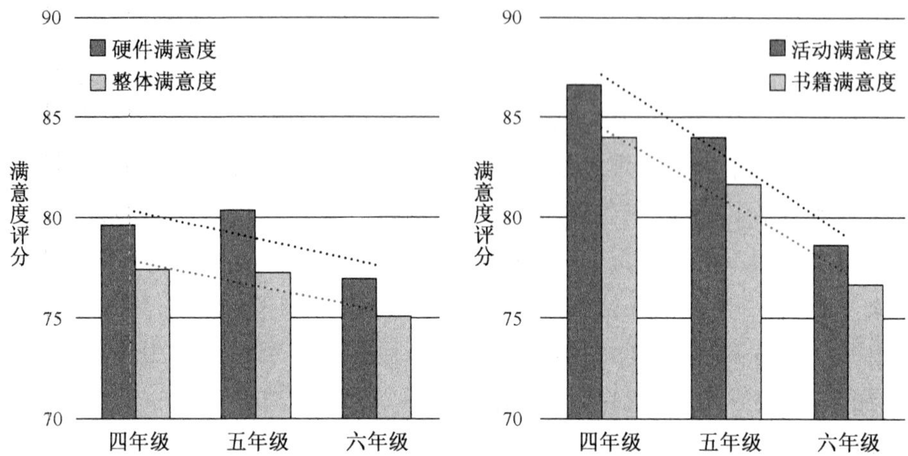

图 3.11　项目满意度评价的年级差异(n=1 312)

3. 频率为"每周 1 次"的阅读课程对儿童的效果最好

除了人口统计学变量对项目的干预效果有所影响外,项目具体内容的执行情况也为项目成效带来了变数。

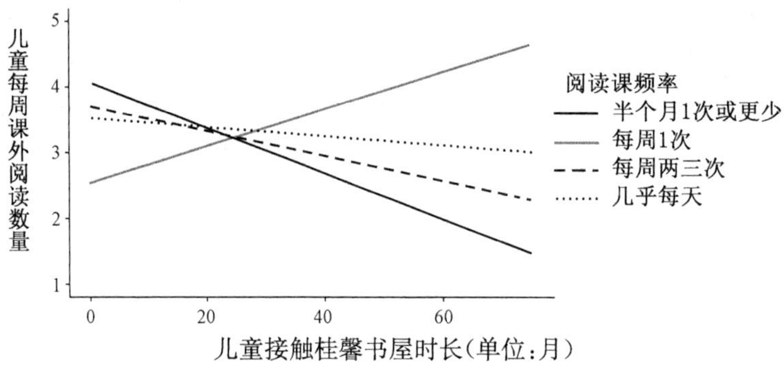

图 3.12　阅读课频率对儿童每周课外阅读书本数量的差异性影响(n=891)[①]

图 3.12 呈现了不同阅读课频率下儿童每周课外阅读书本数量的不同变化趋势。从培养儿童阅读习惯、增加每周课外阅读数量的角度出发,只有"每周 1 次"频率下的阅读课能有效地逐步提升儿童每周的课外阅读书本数量,"每周两三次""几乎每天"的阅读课频率则对儿童每周课外阅读的数量没有影响,"半个月 1 次或更低"的阅读课频率则会对儿童的阅读习惯养成产生负面影响。由此推测,阅读课频率过低并不利于儿童阅读习惯的养成,甚至会对本来的阅读习惯产生负面影响。

① 阅读课频率仅对河南、贵州两个省的项目学校学生进行了测量。

因此,从培养阅读习惯的视角出发,“每周 1 次”的阅读课频率能对儿童产生最为积极正面的效果。

3. 存在“最佳书屋运营模式”,最大化项目对儿童阅读推广的积极影响

除了由乡村小学教师负责的阅读课外,桂馨书屋其他元素的执行情况对儿童阅读的积极性和阅读效果也有显著的影响。表 3.4 呈现了书屋开放时间差异、儿童使用程度差异对项目成效的影响。表格内呈现的为对项目成效有积极影响的对应频率,例如,书屋开放时间为“每天几个小时”的情况下,儿童的自主学习动机随接触书屋的时长增长而相应提高,其余开放时间对儿童自主学习动机无影响或有负面影响。

表 3.4　对项目成效有积极影响的“桂馨书屋开放时间及儿童使用程度”(n=1 312)

	书屋开放时间	儿童到访频率	儿童借书频率
自主学习动机	每天几小时	无影响	每周两三次
阅读兴趣	每天几小时	几乎每天 半个月一次	每周两三次 每周一次
阅读自我效能感	每天几小时	几乎每天 半个月一次	每周两三次 每周一次
每周课外 阅读书籍数量	无影响	无影响	无影响
每周课外 阅读小时数	每天几小时 每周一两天	无影响	无影响

综合表 3.4 的各项内容以及儿童平均每周课外阅读书籍数量(约为 2.53 本)进行推测,以下形态的桂馨书屋,其阅读推广的效果最好:

- 开放时间:周一到周五开放,每天固定几个小时的开放时间;
- 借阅频率:学生每周可借 2 次书(归还旧书再借),每次可借 1~2 本书;
- 到访频率:建议学生每天去书屋 1 次。

4. 悦读周夏令营对项目成效的影响

此外,悦读周夏令营作为桂馨书屋的重要组成部分,对项目效果也有影响。

上图呈现的结果表明,悦读周夏令营对于以阅读推广为路径,提高儿童的自主学习动机有积极作用:曾经参加过夏令营的儿童他们的自主学习动机随接触桂馨书屋时长的增长而逐步提升,而没有参加过夏令营的儿童其自主学习动机则没有变化。

儿童没有参加过悦读周夏令营可能是因为学校有举办夏令营但自己因各种

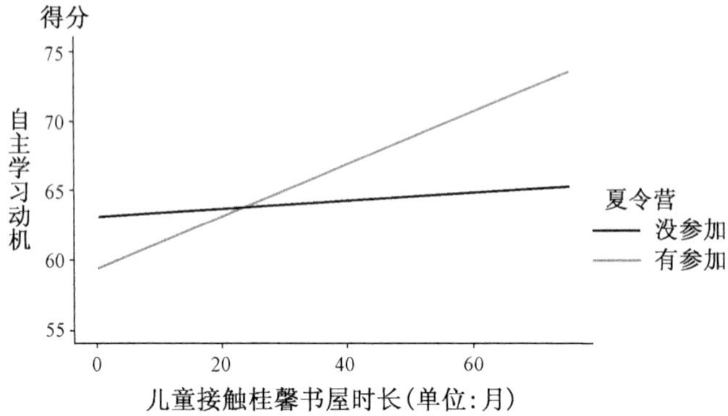

图 3.13　是否参加悦读周夏令营对儿童自主学习动机变化的影响(n=1 312)

原因无法参加,也可能是因为项目学校没有获得举办夏令营的机会。悦读周夏令营作为项目学校儿童接触桂馨书屋项目的首个模块,不仅奠定了学生对项目的第一印象,更能对儿童的自主学习动机产生长远的影响。从保证项目成效的角度而言,尽可能为每年新落成书屋的项目学校提供举办悦读周夏令营的机会非常必要。

5. 项目模块对项目成效的影响

在对于项目管理模式的回顾中,研究组认为桂馨书屋项目组逐步探索形成了多样化的项目子模块。这些子模块对于桂馨书屋的项目成效是否具有差异性影响,有待检验。

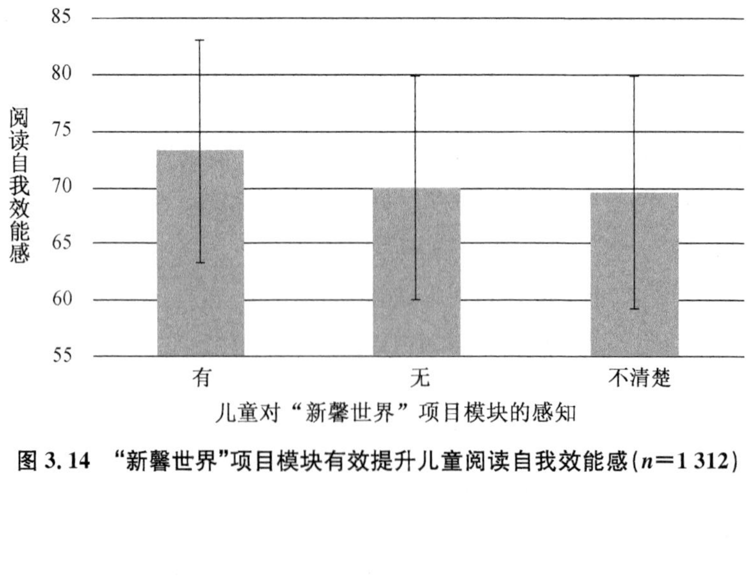

图 3.14　“新馨世界”项目模块有效提升儿童阅读自我效能感(n=1 312)

通过对于项目学校学生问卷数据的分析，研究组发现“新馨世界”子模块的加入，能够在一定程度上提升儿童的阅读自我效能感，前提是项目学校是该子模块的执行点并且让学生充分知晓“新馨世界”子模块提供的杂志等的存在。从图3.14可知，如果学生对于“新馨世界”子模块的存在是“不清楚”，其对于儿童阅读自我效能感的影响与无“新馨世界”子模块类似。

其他的项目子模块对于项目成效并无显著影响，在筹资状况相对欠佳的年份，可以考虑减少在其他项目子模块上的投入，维持“新馨世界”子模块的投入。此外，虽然目前“悦读空间”暂时未能在问卷数据上显示出对儿童更为积极的影响（相对普通桂馨书屋），但是这在一定程度上是因为目前“悦读空间”的数量比较少，覆盖的儿童数量也比较少。研究组认为应对“悦读空间”进行进一步的探索，在未来“悦读空间”覆盖的儿童数量更多的时期，再一次对其是否相对于普通桂馨书屋对儿童产生差异性影响进行验证。

总体而言，桂馨书屋项目能显著提高儿童的阅读兴趣，增加儿童每周课外阅读的时间。而在自主学习动机、阅读自我效能感、每周课外阅读书籍数量方面，项目仅对部分儿童有显著的正面影响，受人口统计学变量、项目内容执行情况所影响。

除了上述通过数据获得的结论外，与儿童的小组访谈让我们对于“桂馨书屋对儿童的意义”有了更多感性的认识：

> 如果让我给这个书屋打分的话，我会给它五星评价，因为它是我人生中的第一个图书馆，我会一直记得它。
>
> ——项目学校受访学生
>
> 阅读会让我心情变好。开心的时候看一下书就更开心了；难过的时候看看书，就会忘记不开心。特别是在晚上准备睡觉前，都要看几页书才能睡得着。
>
> ——项目学校受访学生

不难看出，无论是桂馨书屋这个物理载体，还是它所代表的阅读理念，对于项目学校的学生而言都有着重要意义，儿童能够从阅读中获得快乐，阅读成为儿童情绪调节的帮手，在他们开心的时候陪伴左右，在他们伤心的时候帮他们缓解情绪。凡此种种，都让研究组感受到了桂馨书屋在儿童心中埋下了热爱阅读、享受阅读的种子。

（二）校长与教师：逐步认同阅读推广理念，掌握初级阅读推广技能

“阅读领航人计划”阅读推广培训的两大组成部分互为补充，从不同的角度切入分别为项目学校校长及老师带来阅读推广理念及实践能力的提升，起到了相辅相成的作用。外出参访让参与其中的校长及教师身临其境，亲身感受优秀阅读推广理念及其落地成果。县域培训以其地点上的便捷性，最大限度地提高了阅读推广能力建设培训对于乡村教师的可获得性，让更多的乡村教师能够有机会参与培训。两者的有机结合，保证了培训的深度和广度，使得项目学校的校长及教师逐步认同阅读推广的理念，掌握初步阅读推广技能。

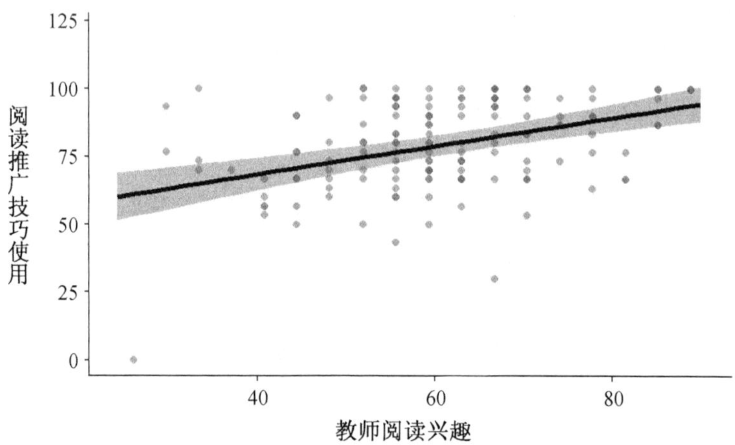

图 3.15　教师阅读兴趣与阅读技巧使用的正向关系(n=152)

1. 外出参访激发校长及教师阅读推广热情

项目学校校长对阅读推广理念的认同程度，以及进行阅读推广活动的意愿，在目前的项目设计框架中很大程度上决定了项目能够对项目学校学生产生多大的影响。桂馨书屋项目通过面向项目学校校长及教师提供多样化的“阅读领航人计划”阅读推广培训，在一定程度上有效改善校长及教师对于阅读推广理念的认同。在提高阅读推广意愿的基础上，进行阅读推广实际操作技能、课堂技巧等方面的能力建设，起到了事半功倍的效果。

目前“阅读领航人计划”培训的设计主要分为外出参访及县域培训两大组成部分。外出参访部分主要包括参加年度中国儿童阅读论坛、阅读推广名校参访等内容。有机会参与外出参访的校长或老师，大多数会在接触到相对成熟的阅读推广理念、做法、成果后被激发出较高的阅读推广热情：

在南京听到这么多大师的演讲，还有看到公开课上的老师和孩子的表现，真的会被震撼到，觉得好像打开了一扇新的窗户，自己也会想要试试看。

——项目学校受访教师

我也有和学校老师一起到外面去看看，看完会发现乡村和外面的差距还是不小的，就会想为缩小这个差距去做些事情，阅读当然会是其中一个途径。

——项目学校受访校长

2. 县域培训提升教师阅读推广技巧

“阅读领航人计划”培训的另一组成部分——县域培训，对于已经被激发出阅读推广热情的项目学校校长及老师而言，便是协助其将热情转化为行动的良好催化剂。县域培训一般有大规模的 2 天培训(参与人数从几十到上百不等)、5～10 天的种子教师研习营(参与人数一般 50 人以下)两种形式。大规模培训以导师技巧讲授及公开课技巧演示为主，为参与培训的教师提供了解阅读推广技巧的机会。种子教师研习营具有一定的参与式内容，参与研习的教师在营中组成不同的小组，进行阅读课程教研及试讲，为教师提供阅读推广的实践机会，协助其在自己的学校正式开展阅读课程或其他类型阅读推广活动前积累更多的实践经验，进一步提高对阅读推广技巧的掌握程度。

参加过在县城的培训，会有更多实操性的东西在里面，我听完更能知道回到学校自己可以怎么做，例如阅读课怎么安排时间，上课要讲什么内容之类的。

——项目学校受访教师

县域培训我也去过，确实收获不少，例如将日有所诵加入学校的日程安排，每天让学生进行朗诵。

——项目学校受访校长

乡村小学老师不多，所以如果是外出培训能安排去的老师很少，毕竟有老师外出就需要代课老师；在县里面办就会好很多，有更多老师可以参加，之后在学校里推广起来也更方便。

——县教育局项目联系人

(三) 志愿者:沟通交流能力提升,逐步关注乡村教育

每年的悦读周夏令营都有大量的大学生志愿者参与其中,到当年新建桂馨书屋的项目学校带来约10天的夏令营活动。表3.5呈现了近5年悦读周夏令营的相关情况。

表3.5　2014年至2018年悦读周夏令营相关数据

年份	志愿者人数	乡村学校数	乡村学校参与学生	志愿者(平均每校)	小学生(平均每校)
2014	803	70	近4 000	11.47	57.14
2015	649	62	3 410	10.47	55.00
2016	353	32	1 920	11.03	60.00
2017	348	28	1 735	12.43	61.96
2018	360	预计36	待统计	11.00	待统计

在此前的章节中已经呈现过悦读周夏令营能够对参与其中的乡村小学学生在自主学习动机方面带来长期的积极影响,而作为服务递送一方的大学生志愿者,他们在整个过程中的收获并不比乡村小学儿童要小。在不同的环境中、与背景不同的乡村儿童共同度过10天,悦读周夏令营本身对志愿者而言就是一种有意义的体验。

1. 不同角色志愿者在夏令营获得差异性体验

不同角色的志愿者,其感受也有所差异。作为与学生接触较多的一线队员,他们在这10天的夏令营中对乡村儿童这个群体有了更多的了解,也因为准备活动、执行活动等环节锻炼了沟通交流能力。作为志愿者团队领导者的队长,则更多在领导力、团队协调与协作上获得了提升。

> 因为队员和队长都当过,所以能比较明显地感受到两种角色的不同体验。作为队员能够和孩子直接接触,更多地会获得与孩子相处的感动。到了第二年做了队长,想的就会是怎么保证自己的队员能很好地完成这次夏令营,更多地和同为大学生的队员进行交流,会对自己在团队分工协调上有更多锻炼。
>
> ——受访骨干志愿者

2. 悦读周夏令营为志愿者带来关于乡村儿童教育的思考

除了个人能力的提升和对于乡村生活的体验外，悦读周夏令营在一定程度上也为大学生志愿者带来了关于乡村教育的思考。无论是桂馨书屋项目组为大学生志愿者带来的培训，还是后续与项目学校校长的沟通、夏令营期间与孩子的交流，都让大学生志愿者对于“乡村教育”这个之前他们可能不甚关注的话题，有了更多的感受。

> 其实对我个人来讲，更希望能和校长有更多交流，关于孩子的发展方面。我不希望说做夏令营，校长是抱着哄好这批大学生、让他们来体验一下这样的心态来和我们合作。如果仅仅是这样的话，我觉得夏令营会失去它的意义。我更希望的是能够以夏令营为契机，让孩子们感受到不同的学习的体验，和校长有比较深入的交流，为这所学校未来的发展真的带去一点不一样的东西。
>
> ——受访骨干志愿者

在悦读周夏令营种下的关于乡村教育的种子，有可能会对参与其中的大学生志愿者未来发展有所影响，促成他们中的一些人投入改善乡村教育、弥合城乡资源差距的行业当中，就如现在桂馨书屋项目组中的一员；即使不如此深度参与，也有可能会在看到乡村教育相关项目的募捐时捐上一些，分享到自己的朋友圈里，让更多的人关注这个领域。

二、社会层面

（一）有效回应乡村儿童阅读议题

从乡村儿童阅读面临的挑战而言，桂馨书屋项目选择了乡村小学作为切入口，将硬件书屋的搭建与软件教师培训相配合，可以说是一个非常切合实际的干预路径选择。在乡村儿童阅读现状简析的部分我们已经讨论过，由于作为首要监护人的父母大量离开农村到城市务工，以家庭为切入点对乡村儿童阅读进行干预并不合适；因而，选择学校这一乡村儿童在家庭之外的重要生活场所进行阅读推广，为项目的有效性奠定了良好的基础。

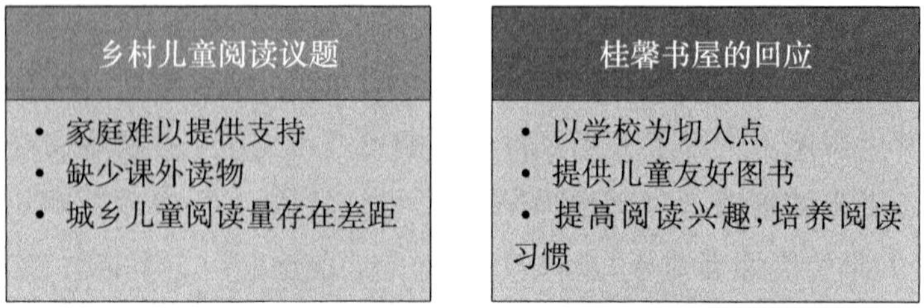

图 3.16　桂馨书屋项目对乡村儿童阅读议题的回应

在图书选择上，通过与在阅读推广领域具有深入研究的核心技术伙伴的合作，以及参考行业内具有一定使用范围的小学儿童书单，桂馨书屋项目组选取了适合乡村小学儿童认知水平、兴趣取向的图书书目，为项目学校的学生提供儿童友好的图书。作为桂馨书屋项目重要的书籍供应商，北京天下溪教育咨询中心联合心平公益基金会发起的“公益图书采购中盘”，适应桂馨书屋项目周期内多批次、中小批量、非标准化的图书采购需求；此外，天下溪对于乡村教育的长期关注及研究，为其参考书单与乡村儿童的相容性提供了保障。

在关于儿童的项目成效部分我们发现了项目对低年级学生更为有效的结果；这在一定程度上表明从理论上而言，阅读推广类型的项目对年龄越小的儿童其效果会越好。之所以不选择乡村幼儿园作为干预场所，是因为相比起由政府财政支撑的乡村小学，乡村幼儿园的数量、质量及可持续性都无法与乡村小学相比。因此综合考虑“年龄越小干预效果越好”以及干预场所的特点，将乡村小学作为切入点为有效回应乡村儿童阅读这一议题提供了保障。具备了上述项目干预路径层面的基础，桂馨书屋项目的成效自然有了保证。

（二）促进改善儿童发展权利的实现

儿童的发展权是联合国《儿童权利公约》（见图 3.17）中关于儿童的四大类权利之一，指儿童拥有接受一切形式（正规和非常规）教育的权利，拥有获得满足自己身体、心理需求的社会环境的权利。桂馨基金会在乡村阅读中的探索，正是指向了农村儿童教育资源匮乏这一影响儿童权利实现的现实问题，促进儿童发展权利的有效尝试。

桂馨书屋项目以儿童阅读为切入口，面向社会资源相对匮乏的乡村儿童进行阅读推广，无疑对促进乡村儿童发展权利的实现有所裨益。以桂馨基金会为载体，以桂馨书屋项目为落脚点，通过项目的形式将乡村地区之外的资源转移至此，在一定程度上缩小城乡儿童社会资源之间的差距。此外，阅读作为个体信息联合国《儿童权利公约》第 29 条：

1. 缔约国一致认为教育儿童的目的应是：

(a) 最充分地发展儿童的个性、才智和身心能力；

(b) 培养对个人权利和基本自由以及《联合国宪章》所载各项原则的尊重；

(c) 培养对儿童父母、儿童自身的文化认同、语言和价值观、儿童所居住国家的民族价值观、其原籍国以及不同于本国的文明的尊重；

(d) 培养儿童本着各国人民、族裔、民族和宗教群体以及原土著居民的人之间谅解、和平、宽容、男女平等和友好的精神，在自由社会里过有责任感的生活；

(e) 培养对自然环境的尊重。

图 3.17 《儿童权利公约》第 29 条

输入的首要手段，对于儿童当下及未来的发展都具有重要的意义。一方面在信息过载的时代里，个人信息获取的途径越来越多，然而信息质量却没有随着信息数量的爆炸性增长而有所提升，甚至出现了质量越为低下的信息增长速度越快的状况。另一方面，个人的信息输入越发碎片化，越来越少的人一天能够阅读一篇几千字的文章，毋宁说在几天的时间里进行整本书阅读。桂馨书屋项目能够通过儿童友好的方式，提高儿童的阅读兴趣，培养儿童良好的阅读习惯，这对儿童当下及未来的发展都非常重要。只有同时具备对于阅读的兴趣、阅读的技巧，以及阅读的习惯，才更有可能在信息过载的时代里获取有质量的信息，而非在信息的洪流中迷失自我，消磨时间。

从这个角度来看，桂馨书屋项目能够对儿童的长远发展奠定坚实的基础，是对于乡村儿童发展权利实现状况的有力促进。进一步而言，研究组认为桂馨书屋项目为弥合城乡教育资源不公的公益解决方案进行了一定的探索，通过基金会这一载体将城市资源转移至乡村地区，以硬件建设和软件培养的方式，摸索出了具有一定标准流程的项目干预路径。

第五节 项目特色

一、从阅读到“悦读”——探索以儿童为中心的阅读理念

桂馨书屋项目通过其“阅读领航人计划”乡村教师培训，有效传递其以儿童为中心的阅读推广理念，乡村教师在这种理念的指引下进行阅读推广活动。桂馨书屋项目对于从儿童阅读到儿童“悦读”的转化进行了积极探索。

以儿童为中心，是指认识到儿童发展的整体性与多样性，即儿童发展包括生理、情感、认知等各种元素，同时认识到儿童在不同的发展阶段有不同的发展任务，儿童的能力具有渐进变化的特点。

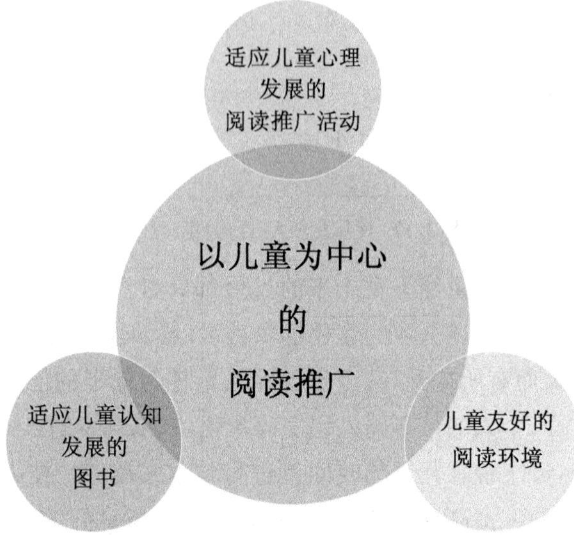

图 3.18　桂馨书屋项目儿童“悦读”理念

在“以儿童为中心”的阅读推广理念指引下，桂馨书屋项目从多方面为项目学校学生创造儿童友好的阅读条件。这些条件包括适合儿童阅读的硬件设施，例如适合其年龄段对应的认知能力与兴趣的图书，适应其年龄段心理发展特点的舒适的阅读场所（书屋、书架），还有方便学生借阅的电子借阅系统等。此外，还包括有助于培养儿童阅读兴趣、养成阅读习惯的软性条件，例如向乡村教师提供阅读推广理念及技能培训，使其能够设计以及向学生提供适应学生年龄发展阶段的阅读推广活动、阅读课程。凡此种种，都体现了桂馨书屋项目对于儿童“悦读”理念的传递与探索。

二、以学生及教师为项目的双重干预对象

随着项目的发展，桂馨书屋项目组逐渐意识到乡村教师在乡村儿童阅读推广中的重要性——尤其是在以乡村学校作为主要干预场所的情况下；因此，桂馨书屋项目对乡村教师在阅读推广方面给予持续的支持，在不同阶段给予差异性干预。此外，桂馨书屋项目组从 2017 年起开始尝试在同一县域的桂馨书屋项目学校教师建立“阅读联盟”，进一步增加县域内桂馨书屋项目教师彼此之间关于

阅读、关于阅读推广的沟通交流。组建县域为单位的阅读联盟已初见成效，2018年部分乡村教师县域培训中就出现了其他县域阅读联盟教师的身影，他们到其他县域为当地的乡村教师分享自己的阅读推广经验。同为乡村教师作为导师进行阅读推广经验分享，将能让接受培训的教师进一步建立自信。由此不难看出，乡村教师在桂馨书屋项目中是重要的干预对象。

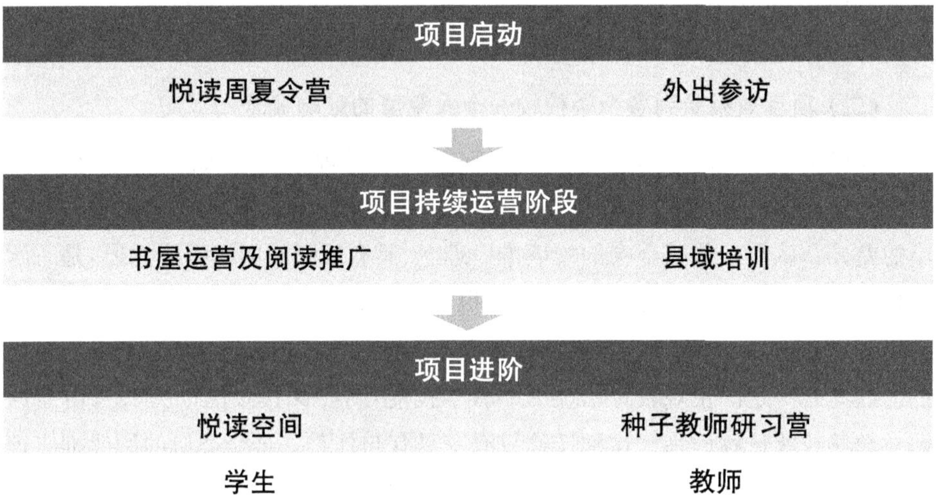

图 3.19 桂馨书屋项目的双重干预对象

同时，桂馨书屋项目并未减少对于乡村学生的关注，除了持续以悦读周夏令营作为项目启动环节引起项目学校学生对桂馨书屋的关注，并且参与桂馨书屋的搭建以增加其参与感外，桂馨书屋项目组也从2016年起探索为学生搭建更为儿童友好的阅读场所——“悦读空间”，通过专业的设计团队，为学生设计及落地自由阅读的场所。

第六节 挑战和方向

一、面临的挑战

（一）前期规划侧重项目操作层面，前瞻性全局规划有待提升

在桂馨书屋项目从开始至今的九年多时间内，基金会及项目组基于项目实

践对项目的发展方向进行了一些重要的调整，例如2013年启动“阅读领航人计划”教师培训，2015年将项目重心转向“阅读推广”，2016年开始探索“悦读空间”的升级改造。除了2016年才开始小规模探索的“悦读空间”升级改造效果还有待进一步观望外，前面两个重要的决策现在看来都让桂馨书屋项目更上一层楼。然而，仅依靠项目的一线经验而缺乏提炼于一线经验基础上对项目发展的宏观规划，所做出的决策有可能会具有一定的滞后性，未能预见性地对未来项目可能会面临的困境做出及时的反应。

（二）项目效果受到各个学校校长个人意愿的影响显著

通过实地走访以及与项目组的交流，研究组发现不同的项目学校校长及教师对于桂馨书屋项目的理解、阅读推广理念的理解，以及阅读推广的意愿存在不小的差异。认同桂馨基金会的阅读推广理念、具有较强的阅读推广意愿，是一所项目学校能够执行好桂馨书屋项目、取得一定成效的保证。然而遗憾的是，阅读推广理念的同步、阅读推广意愿的提升并不容易。对于校长或教师而言，由于他们已经具有一定的正规教育系统下的教学技能，对于阅读技能的提升可由普通课堂教学技能迁移而来。这种迁移只有在具有与桂馨基金会类似的阅读推广理念，以及较为主动的阅读推广意愿的情况下，才更容易发生——毕竟无论在何种程度上与日常教学工作融合，执行一个基金会的项目始终对于校长及教师而言是额外的工作，是否愿意付出这些努力，很大程度上取决于个人的意愿。

在实地走访过程中，一部分校长和教师表现出相对较弱的阅读推广理念，可能与学校自身的发展重心、发展趋势有关。校长如果难以认识到阅读对于学生个人发展的多方面积极影响，只是重视学生成绩提升，将会极大地影响校长的阅读推广意愿。

（三）教师阅读推广技能有进一步提升的空间

通过对项目学校教师的访谈得知，一些教师认为自己的阅读推广技能还有进一步提升的空间，在具体操作上，例如如何从多角度讲解绘本、如何给学生讲故事，缺乏可模仿的例子。也有部分教师反映桂馨书屋中的教师用书借阅率并不高。

教师用书的低利用率在一定程度上解释了为何教师在阅读推广实操上仍有进步空间。无论是外出参访还是县域培训，“阅读领航人计划”能起到的最大作用是激发教师进行阅读推广的热情、教授基础性的阅读推广技能；教师需要在此基础上，结合各自学校学生的特点，与学校其他老师一同进行阅读推广方面的教研活动，同时借助桂馨书屋中提供的教师用书，持续进行阅读推广技能的自我提升。只有综合利用“阅读领航人计划”教师培训、桂馨书屋项目社群支持与分享、桂馨书屋教师用书，项目学校教师才能最大化提升阅读推广技能，更好地改善学校的阅读氛围，培养学生的阅读兴趣。然而受限于教师参差的阅读推广意愿，或是桂馨书屋教师用书较低的利用率，目前项目学校教师的阅读推广技能仍有进步的空间。

二、针对未来发展和规划的思考

在今后的工作中桂馨书屋项目有充分潜力和能力进一步提升项目的社会影响，通过向公益行业及公众基于以儿童为中心的阅读推广理念——“悦读”——进行社会倡导，把桂馨书屋打造成我国乡村小学儿童阅读推广的示范空间和乡村教师阅读推广支持体系的载体，继而使桂馨书屋项目成为我国乡村儿童阅读最具影响力的公益品牌之一，进一步提升桂馨基金会在行业内的影响力。

在促进乡村教育的发展的层面上，项目当树立为乡村教师建立更为完善的阅读推广培养体系的目标，为乡村儿童提供更为友好的阅读环境，提升乡村儿童的阅读兴趣、能力，培养乡村儿童阅读习惯，改善乡村儿童发展权的实现状况。

在桂馨基金会层面，加强各项目之间的联系，可计划开展对应信息输入、信息处理、信息输出的三大核心项目——桂馨书屋、桂馨科学课、桂馨项目，配合桂馨乡村教师支持形成完整的项目矩阵。优化项目团队人力资源状况，探索项目学校梯度化管理模式，以“县域内扩张”的方式，进一步提高桂馨书屋高密度县域内的学校覆盖率。

基金会应当持续进行阅读与儿童发展的关系探索研究，积累长期、连续性的儿童阅读、儿童发展领域数据，在此基础上面向公众及阅读推广行业倡导以儿童为中心的阅读推广理念——“悦读”。

第四章 流动儿童社区融合的效果研究
——以常青藤儿童生活馆为例

第一节 研究背景

针对北京流动儿童社区融合这一核心议题，在中国香港嘉道理基金会与北京市西城区新街口街道的支持下，常青藤可持续发展研究所（以下简称“常青藤”）于 2014 年 5 月在新街口街道官园社区建立了社区流动儿童生活馆，随后在大兴区霍村建立了第二个生活馆，以协助社区流动儿童更好地融入北京。常青藤将社区儿童生活馆定位为从生活教育、家庭成长、社区营造三个方面构建的公益性社区支持网络。儿童生活馆每年开放 300 天，提供儿童友好开放空间、儿童功课辅导、图书阅览等社区公共服务。

通过儿童生活馆这一平台，常青藤还希望增加流动儿童与社会各类人群的接触机会，以儿童工作为契机，搭建社区各个家庭间的交流平台，增加亲子之间、家庭之间的交流，促进家庭成长；增进邻里互动，使年轻社区居民更多地参与社区活动，活跃社区氛围。项目通过社区流动儿童生活馆的活动，充分调动儿童与家长的能动性，并逐渐建立起由儿童、家长、其他社区居民自治管理的社区平台，积极引导社区家庭用多元化的方式回馈社区，营造一个邻里互动、可持续发展的和睦社区。

为更为系统深入地研究该项目的实施路径、项目成效及社会影响力，常青藤与北京博源拓智儿童公益发展中心联合开展项目评估，一方面检验项目活动在流动儿童及其家庭融入城市、社区可持续发展方面的效应，以及生活馆具体活动为参与者带来的影响；另一方面探讨项目模式和项目活动对利益相关方产生的积极促进和倡导效应，全面分析与总结项目模式与经验教训。本研究基于对北京博源拓智儿童公益发展中心研究团队撰写的《常青藤可持续发展研究所新市民成长助力项目评估报告》整理而成。本研究得到新街口街道办事处社会办、官园社区、花旦工作室、北京新途社区健康促进社的鼎力支持，并有幸与霍村与官园生活馆工作人员、儿童、家长深入交流，特此表示衷心感谢！另外，对于常青藤可持续发展研究所公益同仁在研究工作中的全力配合与协调，也表示由衷的谢意！

本评估秉承“参与式”工作理念，关注项目的利益相关方，特别是项目受益人群(社区流动儿童及其家庭)在评估过程中的参与。在具体执行阶段，评估组兼顾执行过程和社会效果评估的平衡，采用案头调研、问卷调查、参与式小组访谈和关键人物访谈等研究方法，通过量化与质性研究相结合的方法，确保信息收集的广度、深度与信效度。本次评估共对 14 名社区家长、19 名社区流动儿童、6 名生活馆工作人员、4 名项目组成员、4 名项目合作伙伴代表，及常青藤负责人进行了访谈。在综合考虑时间、资源与信息有效性的基础上，评估组通过项目组协调，于 2017 年 1～2 月经霍村、官园生活馆向所在社区儿童方便样本派发问卷，共回收 90 份有效问卷。受时间及资源限制，研究问卷样本数量不足；基线样本及评估样本未能一一对应，也是本研究的局限性。问卷样本女童占比54.44%；其中霍村 48 份，官园 42 份。样本平均年龄 10.76 岁(标准差 1.65)。

第二节 常青藤儿童生活馆的社会效应和影响路径

一、生活馆为流动儿童及家庭带来积极影响，推动社区营造

常青藤儿童生活馆的建设，是对《中国儿童发展纲要(2011～2020 年)》在“儿童与社会环境”领域提出“90%以上的城乡社区建设 1 所为儿童及其家庭提供游戏、娱乐、教育、卫生、社会心理支持和转介等服务的儿童之家”这一目标的响应，也是一种有效的儿童社区服务模式的探索。总体而言，儿童生活馆为社区流动儿童、社区流动儿童家长，以及社区整体带来了积极的影响。通过儿童生活馆这一平台，社区流动儿童有更多机会彼此之间进行交流互动，感受到了更多来自同伴、家人、社区给予的社会支持，扩展了社区流动儿童的社会支持网络，使其在遇到生活困难时有更多可以协助其解决困难的资源，这些都让社区流动儿童感觉自己的生活变得更为快乐。儿童生活馆的亲子活动改善了社区流动儿童及其家长的关系，也为社区流动儿童家长彼此之间的交流提供了更多的机会。部分社区流动儿童家长更以志愿者的形式协助儿童生活馆活动的执行，在更大程

度上参与到社区建设当中。此外，常青藤还通过从社区居民当中培养生活馆管理团队成员的方式，进一步促进生活馆与社区的融合，期望最终达到生活馆完全的社区治理。

（一）儿童生活馆运营及开展状况良好

一方面，自 2014 年下半年开馆至 2016 年 11 月底，官园生活馆平均每月服务约 774 人次（标准差 246 人次）。从开馆到 2015 年上半年，服务人次从 2 828 上升至 4 931，与项目原定目标相符；虽然 2015 年下半年相比上半年有所下降，但是以半年为单位，官园生活馆的服务人次整体呈上升的趋势，在 2016 年下半年达到最大值 6 602 人次，这表明官园生活馆的服务提供能力在项目周期内逐渐提升，服务人次的波动程度也相对较小。

另一方面，项目周期内霍村生活馆平均每月服务约 1 643 人次（标准差 771 人次），约为官园生活馆的 2.12 倍。与官园类似，从开馆到 2015 年上半年，霍村生活馆服务人次从 6 059 上升至 13 270，与项目原定目标相符。然而此后霍村生活馆的服务人次持续下降，至 2016 年下半年才重新回到接近 2015 年上半年的 13 162 人次；另外，无论以半年为单位，还是以月为单位，霍村生活馆服务人次的波动程度都要大于官园生活馆。

官园生活馆较好地达成了目标，服务提供能力稳步提升，但总量低于霍村，这在一定程度上与两馆物理空间差异有关。霍村生活馆在建馆初期与原定计划相符，但此后服务人次波动程度大，须在保证一定覆盖人群数量的基础上，提升服务提供能力的稳定性。

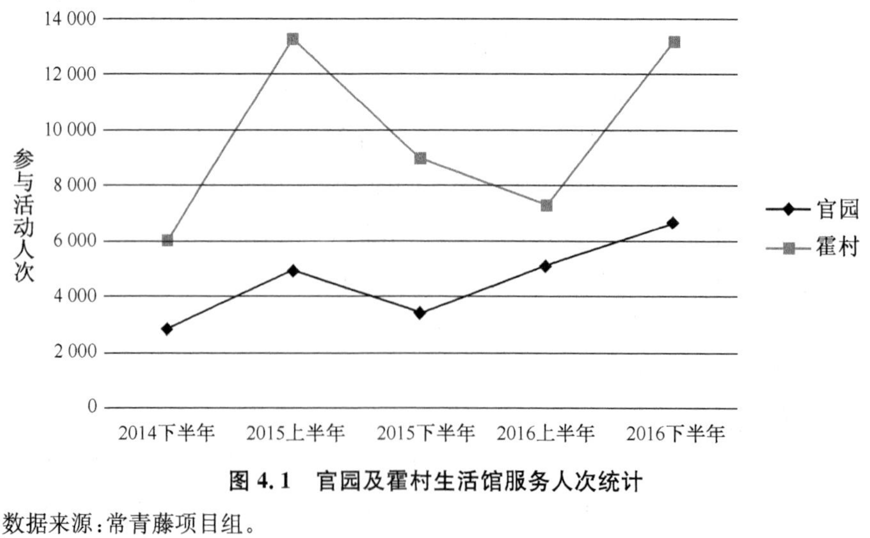

图 4.1　官园及霍村生活馆服务人次统计

数据来源：常青藤项目组。

(二) 社区流动儿童及家庭对儿童生活馆的认识及满意程度良好

调研数据显示,每周到访生活馆两至三次的儿童所占比例最高,达到了40.00%;合共76.67%的儿童每周至少到访生活馆一次,88.89%的儿童每个月至少到访生活馆一次。评估组通过儿童到访生活馆的频率,间接了解儿童对于生活馆的熟悉程度及归属感,继而推断出儿童对于生活馆的认识度。如果将"儿童每月到访生活馆一次"作为儿童对生活馆有所认识的近似标准,那么生活馆认识度相关的原定目标接近达成。

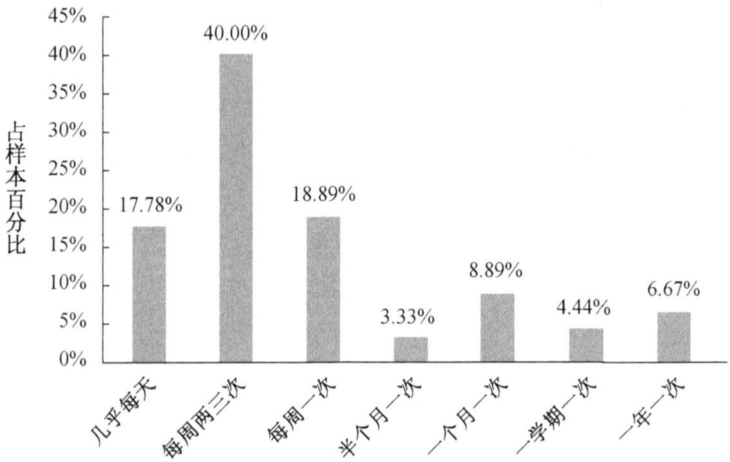

图 4.2 过去一年到访儿童生活馆的儿童频率分布

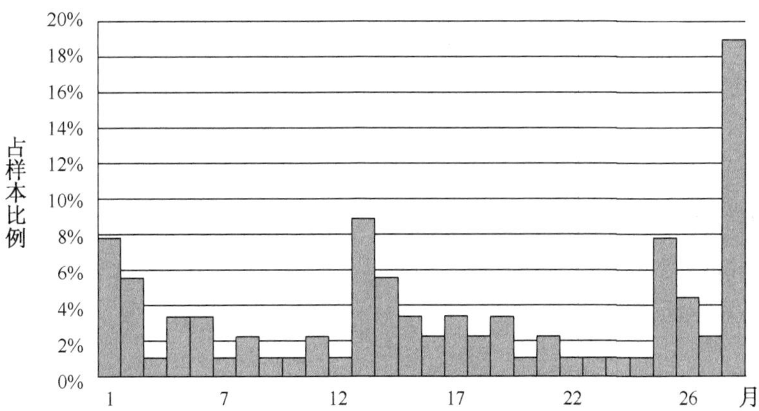

图 4.3 儿童会员接触生活馆时长分布

除了到馆频率较高外，社区流动儿童接触生活馆的时长也较长。最高比例(18.89%)的儿童自生活馆建立至今持续到馆；其次，8.89%儿童接触生活馆13个月，7.78%儿童接触生活馆25个月，同时也有7.78%儿童刚接触生活馆1个月。即使排除自生活馆建立至今持续到馆的数据，社区流动儿童平均接触生活馆也达到了13.85个月(标准差8.31)，超过一年。

综合上述两项指标——76.67%的社区流动儿童每周至少到访生活馆一次，平均而言他们持续到馆超过一年，评估组认为接触到生活馆的社区流动儿童普遍而言都成为生活馆的黏性用户。对于生活馆已经覆盖的儿童群体而言，他们对生活馆的满意程度良好。至少有90.00%儿童对生活馆的设施、课程活动、工作人员、开放时间、位置表示满意或非常满意，达成了原定目标。(详见表4.1)

表4.1 样本儿童对生活馆各方面满意程度

	设施	课程活动	工作人员	开放时间	位置
满意/非常满意	90.00%	90.00%	95.56%	93.33%	93.33%

(三) 社区流动儿童主观社会支持、抗逆力、主观幸福感显著提高

鉴于项目组在2016年12月评估开始前并无直接对社区流动儿童进行自信心、城市适应力的测量，评估组在评估阶段对此前进行过测量的主观社会支持①、抗逆力②、主观幸福感③再次测量进行对比，近似估计社区流动儿童心理变量的变化。在本次评估当中，主观社会支持表示“个体感受到的在社会中被尊重、被支持、被理解的情绪体验和对此的满意程度”，抗逆力表示“个体在身处恶劣环境下，能协助其做出更为适应性的反应的资源”，主观幸福感表示“个体对于其生活质量的主观感受”。

根据时隔接近1年的两次问卷测量对比，儿童生活馆对所在两个社区(霍村、官园)的流动儿童，在主观感受到的社会支持、抗逆力、主观幸福感三方面都产生了积极影响。总体而言，在0～100分评分标准下，社会支持的平均分从

① Zimet, G. D., Dahlem, N. W., Zimet, S. G., & Farley, G. K. The multidimensional Scale of Perceived Social Support[J]. Journal of Personality Assessment, 1988, 52(1), 30-41.

② Mu, G. M., & Hu, Y. Validation of the Chinese Version of the 12-Item Child and Youth Resilience Measure[J]. Children and Youth Services Review, 2016, 70, 332-339.

③ 马惠霞，白学军，刘璐. 个人幸福指数：中小学生版(PWI-SC)在中国的适用性兼与澳洲中学生比较[J]. 心理与行为研究，2013，11(4)，522-528.

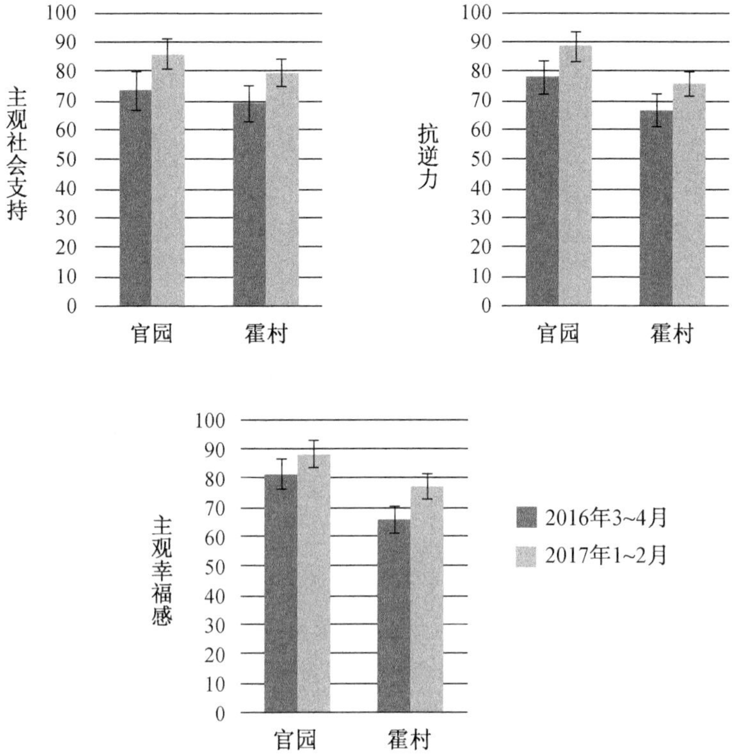

图 4.4 社区流动儿童主观社会支持、抗逆力、主观幸福感变化情况

2016 年的 71.18(标准差 21.37)提升到了 2017 年的 82.53(标准差 16.97),效应量 d=0.59,属于小型效应[①];抗逆力的平均分从 2016 年的 72.08(标准差 19.79)提升到了 2017 年的 81.79(标准差 16.83),效应量 d=0.53,属于小型效应;主观幸福感的平均分从 2016 年的 72.92(标准差 18.33)提升到了 2017 年的 82.22(标准差 16.20),效应量 d=0.54,属于小型效应。

进一步分析发现,社区流动儿童的年龄对主观社会支持、抗逆力的变化有所影响。主观社会支持变化的趋势显示,生活馆对于 8～11 岁社区流动儿童的主观社会支持产生了正向影响,即这个年龄层的社区流动儿童来到生活馆之后感受到了更多的尊重、支持与理解;然而 13～14 岁社区流动儿童却有感受到更少社会支持的趋势。对于抗逆力而言,其变化值与年龄呈线性负相关的趋势,生活馆提升了 8～12 岁社区流动儿童的抗逆力,但是提升程度随年龄增高而减少。

① 卢谢峰,唐源鸿,曾凡梅. 效应量:估计,报告和解释[J]. 心理学探新,2011,31(3),260-264.

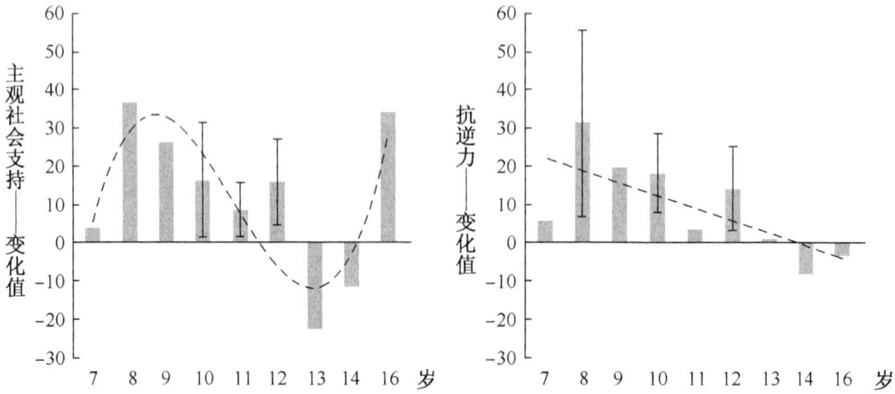

图 4.5 年龄对主观社会支持、抗逆力变化的影响

注:图中误差线为平均值的95%置信区间。

一方面,生活馆地点及活动类别对于社区流动儿童的主观社会支持、抗逆力变化也产生了差异性影响。简而言之,常青藤项目组或生活馆自主研发的活动,对于官园和霍村两个生活馆的社区流动儿童其主观社会支持、抗逆力都产生了较为稳定的正向影响,尤其是抗逆力方面。国际引进活动(例如"互动剧场")对于霍村流动儿童的主观社会支持及抗逆力都带来了积极影响,但是对官园社区流动儿童有负面影响的趋势。资源整合类型的活动则对官园社区流动儿童带来了相对积极的影响,而对霍村社区流动儿童几乎没有影响。

表 4.2 生活馆活动分类

活动类别	具体活动名称
常青藤项目组或生活馆自主研发活动	魔豆课堂、乐想自然、自然美育、绿色伙伴、绿艺童年、常小魔读书会、梦想课堂、烤箱故事会、游戏小组、儿童手工制作、城市之旅、小志愿者
国际引进活动	互动剧场、绘画工坊、图片故事、做给你看、融合音乐会、应激写作
资源整合活动	非遗体验系列课程、绘本阅读、美育入门、美育进阶、合唱团、安全教育、财商教育、电影鉴赏会

资料来源:常青藤项目组。

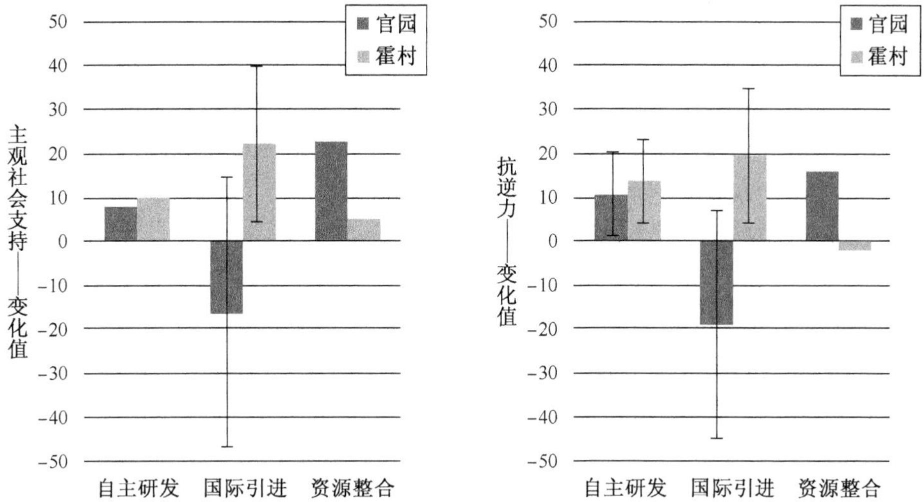

图 4.6 生活馆及活动类别对主观社会支持、抗逆力变化的影响

注:图中误差线为平均值的 95%置信区间。

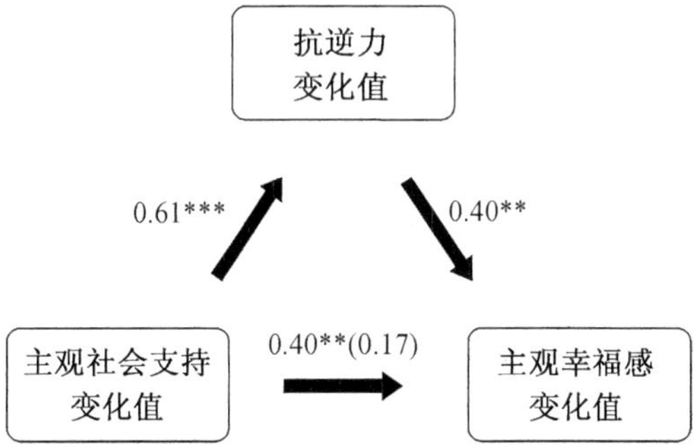

图 4.7 社区流动儿童主观社会支持、抗逆力、主观幸福感变化之间的关系

注:(1) 上图数字为线性相关系数,范围 0~1,数字越大,表示两者相关程度越高;

(2) * $p<0.05$, ** $p<0.01$, *** $p<0.001$。

另一方面,主观社会支持、抗逆力、主观幸福感三者的变化也互相关联。通过在儿童生活馆的日常参与,例如课后自习、接受功课辅导,与生活馆工作人员、儿童同伴的交流互动,以及专门性的课程、活动参与,霍村与官园的社区流动儿童在这个过程中感受到了更多来自同伴、家人以及其他社区居民给予的社会支持,儿童生活馆成为社区流动儿童社会支持网络的重要组成。更高的社会支持使得社区流动儿童在生活中遇到困难时有了更多可获得的资源,强化了社区流动儿童的抗逆力。更为丰富的社会支持、更强的抗逆力,提高了社区流动儿童对生活的满意度，使他们有了更高的幸福感。这在与社区流动儿童及其家长的访谈当中也有所体现：

> 在生活馆可以交到很多朋友，还有爸爸妈妈和我来了生活馆玩之后，他们对我说话好像也变得更温柔了。
>
> 我觉得自己变得比以前更开朗和乐观了。
>
> ——生活馆被访儿童
>
> 生活馆给我家孩子提供了和楼里其他孩子交流的机会，认识的朋友多了，交流能力更好了，小孩性格不会那么孤僻。
>
> 生活馆好像孩子的第二个学校。
>
> ——生活馆被访家长

虽然无法通过问卷测量对比了解社区流动儿童自信心的变化情况，但是从与社区流动儿童及家长的上述访谈摘录可以推测，社区流动儿童自己及其家长都不同程度地认为儿童到访生活馆一段时间之后，通过参与课程、活动以及期间与生活馆其他儿童的交流，变得更为开朗、乐观，更愿意与人交流，这些都是自信心提高的表现。

对于城市适应力，或者说城市融入程度来说，霍村社区流动儿童在这方面的需求相对而言更为突出。霍村位于北京南部，距离市中心三四十公里，流动人口占绝大多数(80%以上)，社区流动儿童大多就读于附近的民办学校，日常生活活动范围大多限制在霍村及周边几个行政村内，鲜有机会踏足市区。通过霍村生活馆的“小木屋”亲子户外快乐成长营、“兜圈子”玩转北京城等外出活动，霍村社区流动儿童有机会以自己的亲身体验增加对于北京城区的了解，有被访儿童提到：

> 我最喜欢生活馆的活动是到博物馆去，因为不仅可以在那里看到很多有趣的东西，在路上也很好玩，以前都没怎么见过。
>
> ——生活馆被访儿童

从生活馆作为流动儿童社区活动场所这个角度而言，其对于提高社区流动儿童的城市适应力有着积极的意义。有研究提到，缺少社区活动机会是影响流动儿童城市融入的负面因素；一方面是因为其居住的城中村或郊区环境条件不足，缺乏社区活动的空间；另一方面，为了方便照看，流动儿童家长大多让子女在课外时间在家做家务或到店帮忙打理家庭生意，流动儿童缺乏社区活动的时间。[①] 生活馆不仅为社区流动儿童提供了活动空间，其工作人员能在保证社区流动儿童安全的基础上，提供各种丰富的课程活动，为社区流动儿童课余时间参与社区活动创造了机会，这在一定程度上也为流动儿童进一步融入社区、融入城市提供了良好的机会。

二、亲子关系有所改善，家庭参与社区的程度加深

儿童生活馆明显改善了亲子关系和家庭关系，提升了以家庭为单位的社区参与程度。首先，生活馆开设的亲子类活动，为社区流动儿童及其家长之间的沟通交流提供了更为有效的技巧，直接促进了家庭关系的改善；其次，儿童在生活馆参与活动，家长因接送子女往来住所与生活馆，对后者也有所接触，生活馆为儿童及其家长创造了交流的话题，促进了双方的互动；再次，社区流动儿童因为参与生活馆的活动而带来的积极改变，社区流动儿童的家长也有所感受，在一定程度上间接减少了双方产生摩擦的可能性。

> 生活馆也算我们家一部分。我们家一般的聊天主题都离不开生活馆。孩子在这里学习、玩，在家里也都会讨论下今天在生活馆怎么样。例如在生活馆参加什么活动了，例如书法课写的东西，有时候还会拍照发朋友圈。
>
> ——官园生活馆被访家长
>
> 我觉得反家暴的那些课程对我影响挺大的，每一次上完这类型课程，自己都会有不同感受，会去反思自己过去是怎么做的，现在对孩子说话会温柔点。
>
> ——生活馆被访家长
>
> 之前和孩子参加过生活馆一个 6 天的夏令营，感觉还是学到了不少和孩子沟通的方法的；以前可能比较容易和孩子大声说话，很少会和孩子讲道理。在那之后会知道如果能心平气和地和孩子交流，效果其实会更好。
>
> ——生活馆被访家长

---

① 刘梅红，冯帮. 我国流动儿童城市融入研究述评[J]. 基础教育研究，2016(15)，17－20.

在社区参与方面，社区流动儿童家长通过其子女在生活馆的参与及变化，感受到了生活馆为其子女、家庭带来的积极影响，希望自己能回馈生活馆、回馈社区，促进了社区流动儿童家长的社区参与。

> 我老公有变化。他从我这里知道一些生活馆的情况之后觉得，大家都在奉献，自己也想做些什么。他是工程师，会技术，就和生活馆的老师商量一下，说可以自己来给这里的孩子上上课，让孩子可以了解一下这方面的东西，说不定可以启发孩子一些兴趣什么的……他主要是也觉得我们家孩子来了生活馆之后变化这么大，其实也挺感谢的。
>
> ——生活馆被访家长

三、儿童生活馆有效动员社区社会资本

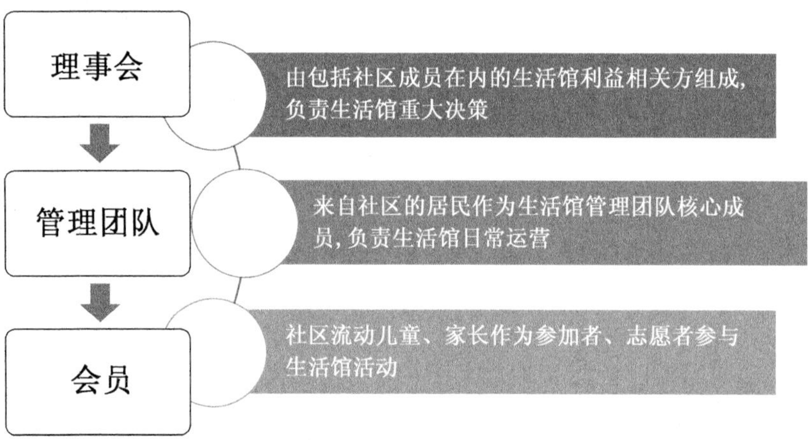

图 4.8　儿童生活馆三级社区自治结构

在现阶段，与生活馆的决策及运作有关的组织架构及人员如下：理事会、管理团队、课程/活动内容提供方、志愿者团队。理事会由生活馆更为广泛的利益相关方组成，包括常青藤项目组成员、生活馆管理团队代表、合作社会组织代表、社区居民代表、合作政府部门代表等。理事会一般每个季度召开一次理事会，就生活馆的发展方向进行讨论，热心社区居民代表以理事的形式参与生活馆的重大决策。课程/活动内容提供方目前主要由合作社会组织及常青藤另一项目组（“小木屋”生态教育）负责。

志愿者团队方面，霍村生活馆志愿者以所在社区家长为主，由于生活馆附近

几个行政村中新市民比例均较高，霍村生活馆的志愿者绝大多数为新市民；而官园生活馆的志愿者团队则相对较为多元，包括社区居民（本地市民、新市民皆有）及大学生志愿者，新市民志愿者在其中比例低于原定目标的 60%。虽然两馆志愿者当中新市民的比例存在差异，但是社区居民都在不同程度上以志愿者或活动参加者形式参与到生活馆当中；如上文提到，这一方面加深了社区居民的社区参与程度，另一方面也使得社区居民内部的关系更为融洽，这些都是生活馆有效动员社区社会资源的表现。

> 在生活馆做志愿者，可以不用整天待在家里，其实自己心情也会更好一点，在这里又能和其他家长聊天，认识一些朋友，挺不错的。
>
> 以前只是在家一边带孩子，一边做生意，有时其实会觉得有点烦，来生活馆之后能接触到新朋友，会比较开心。
>
> ——生活馆被访家长
>
> 通过和孩子参加生活馆的活动，能认识到一起来的其他家长，无论是本地的还是外地的，都能聊聊天，聊聊孩子什么的，感觉挺好的。
>
> ——生活馆被访家长

在管理团队方面，霍村与官园生活馆的发展呈现出较大差异。霍村生活馆在常青藤该项目开始前已经存在，由北京新途社区健康促进中心运营，当时已着手培养一名当地的新市民作为生活馆核心管理人员；常青藤自 2014 年接手霍村生活馆后，继续与这名生活馆馆长合作，并进一步挖掘社区资源；目前霍村生活馆核心管理团队 3 人包括馆长在内均为居住在霍村当地的新市民，管理团队实现全员本地化。

官园生活馆则是常青藤项目组与北京市西城区新街口街道合作自 2014 年起全新运营的项目点；官园生活馆初期由常青藤聘请的专业社工作为馆长进行运营，在此基础上通过社区流动儿童活动的开展联动儿童家长，培养社区居民从以志愿者协助生活馆课程/活动进行，逐渐到参与生活馆管理。以官园生活馆目前的副馆长 S 为例，S 最初在与子女外出时偶然通过社区的宣传栏发现了儿童生活馆的活动，随后与子女一同参与生活馆的亲子类课程活动，子女认为生活馆的活动具有趣味性，希望日后可以持续参加，而 S 也对生活馆留下了良好的印象，开始以家长志愿者的形式协助生活馆的日常运作及课程活动。经过一段时间的互动，生活馆原有工作人员与 S 彼此都有了更深的了解，进一步沟通之后，S成为生活馆的全职副馆长，协助馆长进行生活馆的管理。副馆长S的经历可以看作社区居民与生活馆互动发展路径的一种缩影。虽然目前官园生活馆3名核心管理人员仅副馆长为新市民，新市民仅占三分之一，未达成原定项目目标，但培养新市民成为副馆长对生活馆在其他社区的建立及运营有重要的借鉴意义。

总体而言，霍村与官园两个生活馆都在一定程度上动员了所在社区的社会资本，促进了社区社会资本更为有效的利用，这主要体现在生活馆带来了社区居民更多的社区参与，以及社区居民互相之间更多的互动。社区居民通过参与生活馆活动、成为生活馆志愿者协助活动进行、作为生活馆管理者运营生活馆这些方式，在社区生活当中变得更为活跃。不难发现，霍村与官园在志愿者团队及管理团队上具有不同的特点，体现了两馆动员社区社会资本的差异，这来源于两馆所在社区的差异，以及两馆发展历程的差异。霍村生活馆位于北京城郊，交通相对城区较为不便，社区居民中流动人口占绝大多数，常青藤从北京新途社区健康促进中心接手时生活馆已具备一定的基础，并非从零开始，常青藤引入的外部社会资源集中在理事会及课程/内容提供方层面，而在生活馆管理及志愿者团队则在原有基础上进一步挖掘当地社区资源，充分利用当地新市民人力资源。官园生活馆位于西城区，交通便利，社区居民中新市民与本地居民比例差距相对较小，常青藤在开馆初期需要外部引入资源到生活馆的各个层面，在维持生活馆运营的基础上开始鼓励所在社区居民在更大程度上参与生活馆的运营，因而社区居民参与官园生活馆治理的程度目前稍低于霍村生活馆。

第三节　儿童生活馆的管理模式和项目亮点

一、开创生活教育、家庭成长、社区营造三位一体的儿童之家独特品类

常青藤生活馆在面向儿童的基础服务、儿童家庭成长、社区营造方面，开创了三位一体的儿童之家独特品类。生活馆在这三个维度上与其他类型儿童之家的差异，凸显了常青藤基于前期调研及项目实践中挖掘出的对于生活馆的独特定位。

1. 基础服务：生活教育

常青藤生活馆向城市流动儿童提供的基础服务，侧重于培养他们的社会技能，以及一种可持续的生活态度与生活方式。这种定位一方面来源于常青藤前期针对城市流动儿童的调研所带来的对于流动儿童现状及发展需求的了解，另一方面与常青藤的组织基因——生态教育——也有所关联。这与其他类型的儿童之家提供的基础服务——例如儿童早期养育，针对农村儿童的福利递送、艺术体育教育——在服务群体和服务性质上均有明显的差异。

2. 直接目标：家庭成长

常青藤生活馆是为数不多的希望以儿童作为切入口，通过儿童带动其家庭有所成长的儿童之家。儿童及其家人不仅能够参与生活馆的亲子活动，在活动当中以参与者的身份增加彼此之间的交流；他们还有机会成为生活馆课程/活动的志愿者，以有别于参与者的身份投入其中，获得不同的体验。这种多元化的体验能够从不同的角度活跃家庭成员之间的关系，继而带来家庭关系的改善。在众多儿童之家当中，有类似功能的仅有億未来儿童运动馆。常青藤生活馆聚焦的群体为城市 6～12 岁流动儿童，与前者的目标群体——城市 0～3 岁儿童——并不相同。

3. 项目影响：社区营造

常青藤生活馆希望通过儿童带动家庭，家庭带动社区的方式，活跃社区社会资本，以生活馆为平台，提升社区居民的社区参与程度，营造更有生活气息的社区。有别于 0～3 岁儿童带动的祖辈社区居民，常青藤生活馆关注的 6～12 岁流动儿童能够带动中青年家长更多地参与到社区当中，对于活跃社区氛围而言更有价值。

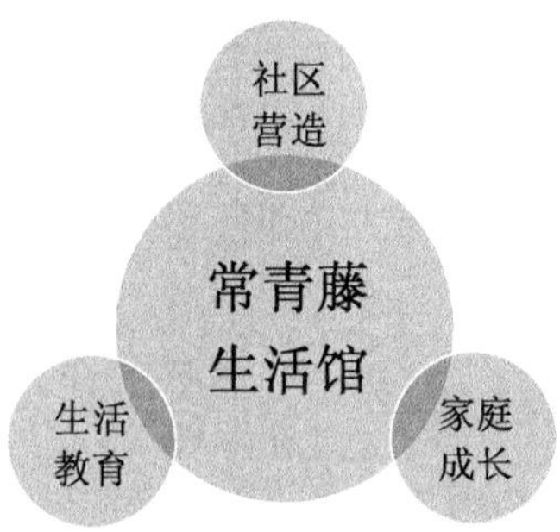

图 4.9　常青藤生活馆的独特品类

常青藤将社区儿童生活馆定位为从生活教育、家庭成长、社区营造三个方面构建的公益性社区支持网络。儿童生活馆每年开放 300 天，为社区流动儿童及其他社区居民提供常规化基本服务，包括：开放空间、儿童功课辅导、图书阅览等。在此基础上，根据社区流动儿童不同的需求，结合各个社区居民的差异化特点，常青藤整合相应的社会资源，为不同的儿童生活馆的儿童与家长引入针对性的课程活动。上述三位一体的定位，是其区别于其他类型儿童之家的关键所在。在上述不同类型儿童之家的比较中，国际性组织更多地聚焦在农村社区，提供更为偏向儿童基本福利方面的基础服务，家庭成长方面聚焦于儿童早期养育，社区营造上依托现存的村民小组协助这类型儿童之间的管理。而本土具有基金会性质的大型社会组织——如壹基金和億未来，则不约而同地采用了社会性连锁的方式，即与全国各地不同地区的社会组织以类似加盟合作的形式运营儿童之家，提供艺术、体育教育或儿童早期养育方面的基础服务，也有针对教师与家长的培训，但是与常青藤生活馆相比，更多地聚焦于教师/家长自身的知识培养，而非家庭整体氛围的改善；在社区营造上，億未来与常青藤类似，存在程度差异性的社区参与方式(即社区居民参加者—志愿者—管理者的演化路径)。常青藤生活馆的重点人群、基础服务、家庭成长、社区营造和现存其他形式的儿童之家均存在明显的差异，这表明了常青藤对于生活馆定位的有效性。在未来发展上，与常青藤生活馆相对较为类似的億未来运动馆，其社会性连锁运营的模式值得常青藤在结合组织自身情况的基础上进行参考。

二、初步创立儿童生活馆阶段性运营模式

	初创期	发展期	成熟期
日常运作	常青藤工作人员	常青藤工作人员＋社区居民	社区居民为主 常青藤为辅
内容开发	常青藤	合作社会组织＋常青藤	生活馆＋合作组织＋常青藤
服务提供	常青藤工作人员及志愿者	合作社会组织及社会专业人士	多元化服务提供者
社区参与	社区儿童参加活动	社区儿童及家长作为参与者、志愿者	社区居民参加活动，并参与生活馆治理
可持续性	常青藤资源	社会＋常青藤资源	社区＋社会资源为主 常青藤资源为辅

图 4.10　运营模式

儿童生活馆从一个外部引入的社区流动儿童活动场所，到深层次融入社区成为社区生态的一部分，大致上会经历三个阶段：初创期、发展期、成熟期。在这三个阶段，儿童生活馆在日常运作、内容开发、服务提供、社区参与及可持续性上有着各自不同的特点。常青藤项目实施的接近三年的时间，正是生活馆三个阶段的探索和发展过程，这其中积累的项目经验为日后生活馆的扩展提供了重要参考。

1. 初创期

儿童生活馆进入一个社区的初期，常青藤在儿童生活馆的运营上占绝对性的主导地位。儿童生活馆的日常运作由常青藤外部招募的全职生活馆馆长主要负责，基本服务由馆长及常青藤项目组招募的大学生志愿者提供，课程、活动由常青藤的“小木屋”自然生态教育项目团队根据已有框架，应儿童生活馆所处的社区情况进行内容开发与调整，由常青藤工作人员及其招募的志愿者执行。流动儿童或其家长一般通过社区当中的宣传栏了解到儿童生活馆，周末参加常青藤“小木屋”生态教育类项目活动，部分流动儿童成为生活馆会员，更为周期性地在日常放学后到馆自习、活动。在这个阶段，儿童生活馆作为常青藤接触社区流动儿童的渠道，依靠常青藤的资源投入维持运营。

2. 发展期

一方面，在这一阶段，儿童生活馆成为常青藤汇集社会及社区资源的平台，开始融入社区生态。社区居民开始以更多样化的方式参与其中，如流动儿童家长以参与者的形式与子女参与生活馆开展的亲子课程，以志愿者形式协助生活馆活动的顺利执行，以馆长助理的形式协助生活馆的日常运作。另一方面，常青藤根据前期与社区居民互动积累的对社区特点及需求的理解，引入社区所在地及其他针对性的社会资源，与常青藤合作的社会组织及其他社会专业人士进行内容开发并在儿童生活馆这一平台上进行服务提供。在这一阶段，社区居民对于儿童生活馆的认知度、认可程度及参与程度比初创期有明显的升高；儿童生活馆的运营也具备了除常青藤之外更为多样化的社会资源的投入。

3. 成熟期

在与其适应性更高的社区，儿童生活馆有机会进入成熟期。在这个阶段，社区在儿童生活馆的运营上占主导地位，儿童生活馆深度融入社区，成为社区生态的有机组成部分。社区居民、社区居委会成员及其他利益相关方组成儿童生活馆理事会，对生活馆发展规划及其他重大事项进行决策。社区居民成为生活馆的核心管理成员，负责儿童会员管理、资源协调、活动组织等日常运作；除此之外，还负责一部分课程、活动内容开发及服务提供，在发展期的基础上进一步本地化生活馆向社区提供的内容服务。流动儿童及其家长在更大程度上作为志愿者以生活馆为平台自行组织活动、维持互动。

上述阶段性儿童生活馆运营模式，是常青藤新市民成长助力项目组积极探索的成果。该运营模式中不同阶段的差异主要体现在社区参与的程度上。从儿童生活馆的初创期、发展期至成熟期，常青藤的参与程度从主导逐渐转变为辅助，而社区参与程度从“基本无参与”到逐渐主导儿童生活馆的治理及日常运作，甚至参与到内容开发与服务提供当中。常青藤建立的具有社区参与差异性的儿童生活馆运营模式，对于日后进行儿童生活馆的规模化发展有积极的意义。一方面，阶段性的运营模式有助于在与社区进行合作时向社区提供多种合作方案，有利于社区根据各自的运营能力进行选择，可有效提高与社区的合作效率；另一方面，对于常青藤项目组而言，他们在儿童生活馆不同阶段存在的投入程度差异，也有利于在规模化阶段侧重对初创期儿童生活馆的投入，而对处于成熟期的生活馆则主要扮演督导的角色，在一定程度上优化项目组人力资源与项目投入之间的关系，提高儿童生活馆规模化发展的效率及成功率。

对比霍村及官园两个生活馆，评估组认为两馆都处于发展期向成熟期演化的阶段。一方面，霍村生活馆在日常运作上完全由所在社区居民负责，虽然内容开发与服务提供主要由合作社会组织、其他社会专业人士以及常青藤“小木屋”生态教育项目组负责，但是不少社区居民积极以参加者、志愿者的方式参与到这些活动/课程当中，具有较高的社区参与程度；在可持续性方面，霍村生活馆具有大兴区科学技术协会、北京阳光未来艺术教育基金会以及来自常青藤的资金及技术支持，生活馆管理团队初步具备进行项目申请、资金资源协调的能力。虽然在内容开发与服务提供这类型资源协调上常青藤仍然扮演比较重要的角色，生活馆未来还可以进一步在这两方面发挥主导性作用，但总体而言可以认为霍村生活馆已开始踏入成熟期阶段。另一方面，常青藤从零开始打造的官园生活馆在日常运作上，主要依靠作为馆主的常青藤外聘专业社工以及来自所在社区、从志愿者发展而来的新市民副馆主，在内容开发及服务提供上与霍村生活馆较为类似，但相对而言与高校志愿服务相关社团有更为紧密的合作；社区参与上，活动/课程参与者及志愿者是主要形式，较少涉及生活馆治理；可持续性上，目前官园生活馆具有新街口街道办事处、北京市民办教育协会以及来自常青藤的资金与技术支持，相对于霍村生活馆，官园生活馆与政府的合作关系更为紧密。

可以看出，即使同样处于发展期向成熟期转化的阶段，霍村与官园两个生活馆具有不同的特点，这是常青藤应不同社区特点进行生活馆运营差异化探索的有益尝试。

三、创新社区公共服务的供给渠道，与居委会优势互补

无论是霍村生活馆所在社区的村民委员会，还是官园生活馆所在社区的居民委员会，虽然其本来的定位是基层群众性自治组织，但是村(居)委会实际上扮演的角色却成为最为基层的行政性管理单位，日常工作绝大多数为行政性事务工作，只能为辖区居民提供基础性社区公共服务。常青藤生活馆的出现，有效地改善了这一状况，为所在社区的居民提供了更为丰富的社区公共服务。官园生活馆通过与新街口街道、官园社区居委会的合作，彼此优势互补，生活馆在居委会的协助下更为有效地融入社区，了解社区居民的需求，提供更为针对性的服务，居委会也在一定程度上减轻了工作负担。

> 常青藤、生活馆与街道、社区居委会可以说是互促互进的关系。专业人员解决专业问题，补充社区服务功能，社区居委会也可以充分利用生活馆这个平台，丰富居民生活。
>
> ——街道办事处工作人员
>
> 生活馆的出现不仅没有增加我们的工作，还减轻了负担。例如说居委会需要开展一些儿童活动的时候，就可以通过生活馆来找到孩子参加这些活动，比以前方便多了。
>
> ——社区居委会被访工作人员

四、鼓励社区自治，探索创新性社会治理

积极鼓励社区参与的生活馆，具备与社区社会组织类似的特质，这使得生活馆的可持续性较强。所谓社区社会组织，是指由社区组织或个人在社区范围内单独或联合举办的、在社区范围内开展活动的、满足社区居民不同需求的民间自发组织。虽然常青藤在生活馆运营初期扮演不可或缺的角色，但随着生活馆的发展，社区参与程度不断加深，生活馆便越来越具备了社区社会组织的性质。常青藤生活馆进行的这种探索，与中共中央办公厅、国务院办公厅在 2016 年 8 月

21日印发的《关于改革社会组织管理制度促进社会组织健康有序发展的意见》[①]中“大力培育发展社区社会组织”的方向不谋而合：

> 发挥社区社会组织在创新基层社会治理中的积极作用，推动建立多元主体参与的社区治理格局……支持社区社会组织承接社区公共服务和基层政府委托事项，开展社区志愿服务。建立社区社会组织与社区建设、社会工作联动机制，促进资源共享、优势互补，把社区社会组织建设成为增强社区自治和服务功能、吸纳社会工作人才的重要载体。

五、搭建平台链接社区差异化的针对性资源

自项目设计阶段起，常青藤对于儿童生活馆的定位便是一个汇聚社会资源的平台。例如，项目设计书中提到：

> 为了回应社区不断变化的需求，项目团队会整合一些有经验、专业的社会组织来设计和开展专业化的活动，而不仅仅是常青藤自身带领新市民开展简单的活动。我们也会让合作的社会组织与社区居民多接触，调查他们的需要，让社区家庭参与活动设计，以改善合作社会组织提供的服务。

这一理念在项目的执行过程中得到了贯彻。自项目开始至今，常青藤项目组、霍村生活馆、官园生活馆与以下各类型的机构进行了不同程度的合作，包括但不限于：新街口街道办事处、大兴区科学技术协会、西城区体校、北京市大兴区向阳小学、北京阳光未来艺术教育基金会、北京新途社区健康促进中心、北京市民办教育协会、花旦工作室、北京红枫妇女心理咨询服务中心、北京师范大学教育学社、北京师范大学生命科学学院实拓部、双闪爱心车队等。常青藤项目组因应不同合作伙伴的差异化优势，开展了不同层面的合作，调动丰富的社会资源，充分发挥不同合作伙伴的作用。例如，和政府及相关事业单位的合作，主要作用是为生活馆在社区的落地及日常运营提供基础保障；与高校社团的合作侧重挖掘志愿者资源，协助生活馆的日常运营及部分活动执行；与花旦工作室、北京红

① 全文详见 http://www.gov.cn/zhengce/2016-08/21/content_5101125.htm.

枫妇女心理咨询服务中心等社会组织的合作则侧重为生活馆所在社区居民提供专业服务。合作伙伴对于与常青藤的合作，以及通过生活馆这个平台提供服务的模式表示认可。

> 作为一个合作伙伴，如果让我从常青藤的角度来看，通过引入合适的合作伙伴，建立亲密合作关系，将生活馆打造为社区服务提供的平台，引入更多其他机构的项目落地，对项目的可持续发展是有积极意义的。
>
> ——花旦工作室被访工作人员
>
> 当时新途之所以会想要和常青藤合作，主要看重的是双方理念的契合，以及常青藤开放、信任的态度。在这段时间的合作里，我们双方可以说是互相学习、互相促进、互相帮忙。
>
> ——合作机构的工作人员

第四节　面临的挑战和对策

一、社会组织项目设计和实施受到政策环境的明显影响

2016 年 11 月 23 日发布的《北京市“十三五”时期社会治理规划》[①]中提到，在“社会管理”这一发展指标上，其中一项“约束性指标”是指“城六区常住人口比 2014 年下降 15%”，即在“十三五”五年间，北京市石景山、朝阳、丰台、海淀、东城、西城六区的人口要减少约 200 万人；而所谓“约束性指标”，是指政府在公共服务和涉及公共利益领域对有关部门提出的工作要求，政府要通过合理配置公共资源和有效运用行政力量，确保有关指标的实现。这表明，至少在未来五年，疏解流动人口是北京市的其中一个工作重点。位于城六区的官园生活馆的发展空间、与街道及社区居委的合作关系在今后几年可能因为市级层面的流动人口疏解政策而受到影响。因此，常青藤目前在其他社区开展的生活馆，将目标人群定位于社区更广大的儿童群体的策略，是对这一政策性限制的有效回应，也适合今后社区建设的趋势。

① 全文详见 http://zhengwu.beijing.gov.cn/gh/dt/t1459653.htm.

二、落地社区对社会组织的态度影响儿童生活馆运营

儿童生活馆所在社区对于生活馆的态度，在很大程度上会影响生活馆的运营情况，尤其是在运营初期。官园生活馆自建馆初期便与新街口街道办事处进行了深度合作，在此基础上，官园社区居委会对于官园生活馆的运营给予了场地支持（目前官园生活馆的场馆由官园社区居委会免费提供），另外在初期了解社区居民需求、入户调查等过程中，居委会的协助在很大程度上促进了社区居民对于常青藤及生活馆的认识，加快了生活馆融入官园社区的速度。相对而言，霍村生活馆在项目初期的运营就面临着更多困难。一方面，霍村生活馆场馆由常青藤支付租金租下使用；霍村生活馆初期举行活动时，村委会曾由于对此类型活动了解不深，对生活馆的活动并不支持，为生活馆活动的举办带来了消极影响，这在一定程度上造成了霍村生活馆服务人次的波动；后来常青藤通过与大兴区科学技术协会的合作，减轻了霍村村委会对于生活馆的疑虑，才使得霍村生活馆的运营比早期更为稳定。另一方面，居住在霍村的新市民此前对于社会组织的了解并不多，对常青藤、生活馆的接受所需时间相对较长，也在一定程度上影响了霍村生活馆的发展。

三、儿童生活馆工作人员儿童服务和保护的专业能力有待加强

生活馆的主要服务对象是社区流动儿童，儿童由于其处于身心快速发展阶段等与成年人不同的特点，在与儿童互动、策划儿童相关活动时需要相对更为专门的理念、知识作为支撑，才能在更大程度上保障儿童利益的最大化；这对于源自社区、社会工作及儿童相关培训背景较少的生活馆工作人员而言，是一大挑战。

四、关于未来发展的建议

在北京市未来5年主城区流动人口疏解的政策背景下，将生活馆扩展至国内二三线城市，是项目未来发展的其中一种备选路径；在这条路径下，在二三线城市推广模式比较成熟的儿童生活馆，并进行相对标准化的运营，对于组织的发展和组织宗旨的实现，将具有积极意义。无论是与二三线城市当地社会组织合作建立、运营生活馆（与霍村生活馆更为类似），还是常青藤作为主导在二三线城市与政府合作从零开始建立、运营生活馆（与官园生活馆更为类似），均是可以探索和尝试的运营模式。

生活馆的标准化设计有助于生活馆规模化初期快速扩展到大量社区，但是由于每个社区必然存在一定程度的差异化特点，生活馆在进入社区之后需要因应不同社区的具体特点——包括社区人口类型、社区居民需求、区域经济发展条件等——进行调整，以更好地融入社区，提供更有针对性的社区公共服务。霍村及官园生活馆两者的社区差异及随之而来的两馆不同的发展路径，对于儿童生活馆社区差异化的运营策略具有重要的借鉴意义。一方面可以尝试在生活馆标准化设计的基础上，总结出与不同社区类型契合程度更高的儿童生活馆差异化运营方式，以使生活馆的社区自治更为适应其所在社区。另一方面，项目组可以从改善儿童权利实现状况的视角出发，加深对位于资源相对更为匮乏社区的儿童生活馆的项目干预程度，尝试缩小社区资源差异对社区流动儿童带来的影响。

第三部分

社会组织类型化与儿童发展

第五章 智库与儿童发展

第一节 智库发展概述

一、智库的概念与内涵

智库也称思想库(Think Tank)、智囊团(Brain Trust)、头脑公司(Brain Corporation)、咨询机构(Consultant Institute)等,是利用科学的调查研究方法和理论为政府、企业或社会组织及各类团体提供智慧与思想的"仓库"。我国著名智库问题研究专家、中国行政体制改革研究会会长魏礼群认为,所谓智库,泛指一切以战略问题和政策研究为中心,以影响公共决策为宗旨的非营利性研究咨询机构(魏礼群,2015)。上海社会科学院智库研究中心于 2014 年 2 月发布的第一份《中国智库报告》写道,智库主要是指以公共政策为研究对象,以影响政府决策为研究目标,以公共利益为对象,推动高校智库发展完善,深化高校智库管理体制改革的思想仓库(沈开举、余艳敏,2014)。

世界知名智库美国兰德公司(RAND)创始人之一 Franklin R. Collbohm 提出,智库不但是一个智慧基地,更是一座思想工厂,是一个充满智慧和挑战的"战略思想中心"和有着明确目标与坚定追求的"头脑风暴中心"。《世界知识大辞典》中写道,"智库是一种为政府机关、企业、公司、社团提供研究咨询的智力劳动集团,一般由多学科、多专业的专家组成"。美国宾夕法尼亚大学詹姆斯·麦肯在 2014 年《全球智库指数报告》中提出,智库是一个协助决策者对公共政策做出决策的机构,智库人才致力于研究和分析国内外问题,积极提出政策性意见和智慧,为政策的制定做出贡献(詹姆斯·麦肯,2014)。

二、智库发展背景

（一）国外智库发展

“智库”一词最早出现在美国，兴起于第一次世界大战期间，发展于第二次世界大战后期。第二次世界大战后，国际形势多变，各国经济迅速发展，国际关系更加复杂，市场竞争日趋激烈，各国政府面临的问题更加复杂化和综合化，决策环境呈现出紧张化趋势，人民群众对决策科学化、民主化的呼声日益增长，在政府、市场和群众的多重压力的推动下，独立于政府和企业决策的公共咨询机构智库应运而生（许共城，2010）。

第二次世界大战期间，美国把智库作为提供战略和制订军事计划人员的聚集场所。美国前总统杜鲁门首次使用“思想库”这一名词，随后“智库”“智囊团”等名词术语也应运而生，这些与智库紧密相连的专业术语被广泛用于从事独立研究、为国家和社会决策服务的各类机构（张志强、苏娜，2016）。随着社会的发展与进步，研究院、研究所、基金会、论坛、研究中心、学会等智囊团队和机构逐渐发展起来，形成了一种新型的社会组织团体——智库。智库的意见提供与决策服务对社会经济、政治文化和军事外交的发展起了巨大的推动作用（张志强、苏娜，2016）。由国家精英阶层组成的咨询团队和智囊机构目前已成为企业甚至国家决策的重要力量，是当代国家软实力的象征，成为继立法、行政、司法和媒体之后的“第五种力量”，也被称为“影子政府”，更是“思想和行动的催化剂”（沈开举、余艳敏，2014）。

国外智库发展主要经历了以下四个阶段：

第一个阶段，第二次世界大战期间，大环境推动下，美国最先建立了对外关系委员会来为国家关系和外交政策做出贡献，随后英国也成立了皇家国际事务所来处理国际事务，智库热潮在美国兴起（许共城，2010）。

第二个阶段，第二次世界大战结束到20世纪60年代是智库发展的第二个阶段，世界格局多级化局面持续，美苏冷战、两大集团和阵营对峙、核战争阴云笼罩全球，为适应时代的变迁，这一阶段军事智库得到了迅速发展。为了应对世界格局多极化局势，日本成立了国际问题研究所，与此同时美国成立了兰德公司、赫德森研究所来稳定战后局势，英国在伦敦也成立了国际战略研究所，为了战后经济的复苏，亚洲经济研究所等智库也因此应运而生（许共城，2010）。

第三个阶段，20世纪70年代到80年代国际社会经济开始蓬勃发展，国际智库发展进入第三个蓬勃发展时期，各国政治经济、科技文化、外交和国际化等问题成为政府和公众关注的焦点。随着大量智库蓬勃兴起，智库的运行方式也发生了改变，相关研究领域逐渐丰富和发展起来，例如日本建立了全球论坛，美国建立了公共政策研究所，欧洲的世界经济论坛也随之成立（沈开举、余艳敏，2014）。

第四个阶段，国际智库从 20 世纪 80 年代至今进入第四个发展阶段。当今世界的主题是和平与发展，经济全球化把世界变成了一个有机整体，经济发展、国际化和全球化已经成为人们的主要议题，围绕这些问题，全球智库快速发展并诞生了大批新型智库，智库发展呈现繁荣之势。

在经济社会高速发展的今天，世界各国不同类别的智库不断涌现。1990 年之后呈现爆炸式增长，1990～2000 年之间全球新成立的智库数量高达 2 600 多家，2010～2013 年期间，全球智库数量以每年上百家的速度在增长，比之前的增长速度有所下降（刘恩东，2014；张志强、苏娜，2016）。美国宾夕法尼亚大学智库和公民社会研究项目发布的《全球智库报告》中指出，2008～2013 年期间，全球智库数量呈持续增长态势，而 2014 年全球智库数量首次出现下滑（刘恩东，2014）。美国是智库数量最多的国家，影响力较高，欧洲智库发展虽然没有美国迅速，但是欧洲一体化进程带动了相关智库的发展，其影响力也不断呈上升趋势，近几年，亚洲智库发展也呈高速上升趋势，但智库的质量和影响力还需不断提高（魏礼群，2014）。

（二）我国智库的发展

随着推进全面深化改革的进程，智库的资政模式逐渐发生改变，资政模式由内参式变为互动式，政智互动模式逐渐成为主体模式，形成了具有中国特色的智库思想市场。中国现代意义上的智库建设始于改革开放之后，我国智库的发展大体经过了五个阶段（徐晓虎、陈圻，2012；李占峰，2018）。

第一个阶段从 1978 年改革开放到中国共产党第十三次全国代表大会召开，是智库体系初步建立时期。1977 年中国社会科学院成立和 1980 年国务院发展研究中心的成立大大促进了我国智库的初级化进程。智库建立初期，我国军事智库有了一定的萌芽和发展，党政智库逐步建立，社科院也在迅速发展（徐晓虎、陈圻，2012）。

第二个阶段是中国共产党第十三次全国代表大会到 20 世纪 80 年代末期，是智库发展多元化时期。邓小平的南方谈话使得体制外智库脱胎于体制内，扫除了禁锢的思想，加大了思想交流空间。在此期间，中国经济体制改革研究会、综合开发研究院、中国国际公共关系协会等我国最早一批社会智库相继成立（李占峰、金家厚、鲍宗豪,2011)。

20 世纪 80 年代末期到中共十六大召开,我国智库进入第三个发展阶段,智库体系基本形成。在此期间,以北京大学中国经济研究中心、清华大学国情研究中心为代表的大学智库蓬勃兴起,高校教育理论工作研究者的加入丰富了研究理论和方法,高校智库应运而生并蓬勃发展(徐晓虎、陈圻,2012)。随着经济的发展和社会的进步,医疗、教育、就业等公共问题也被提上日程,相关领域智库研究不断完善,为智库的全面广泛化提供了基础和保障。

第四个阶段从中国共产党第十六次代表大会(简称中共十六大)结束到中国共产党第十八次代表大会(简称中共十八大)召开前夕,不少地区相继成立决策咨询委员会,2006 年底我国开始举办"中国智库论坛",咨询体制的标准化和体制化进一步提升,政智的沟通方式开始出现实质性变化(李占峰,2018)。

中共十八届三中全会以来,智库的发展进入第五个阶段,党的十八大和十八届三中全会为中国特色新型智库建设指明了发展方向。随着传统智库发展的弊端逐渐显现,顶层设计和公众诉求的矛盾也不断加深,新型智库的创新之路亟待开拓与发展(徐晓虎、陈圻,2012)。党的十八届三中全会明确提出了中国特色新型智库的 22 字发展方针,即"加强中国特色新型智库建设,建立健全决策咨询制度",使决策咨询向科学、法制和民主的台阶迈进,公共政策、民众诉求、媒体社交、高校参与、社会问题、军事问题与国际合作等组织形态与运行规则的改变,给新型智库的发展提供了广阔平台,专家的介入也给政智互动模式注入了新的血液(赵若锦、陈锐,2018;荆林波,2018)。

三、智库的类型

(一) 国外智库的类型

1. 按照智库发展的基本特征分类

按照智库发展的基本特征可以将国外智库分为四个类别,分别是国家拨款型的纯官方智库,政府资助型的半官方智库,民间及学会、基金会类型的智库,以及大学附属的智库四类(权衡、洪民荣,2016)。

首先是国家拨款型的纯官方智库,这种智库的经费来源于国家,目的是促进国家和社会的发展,在政府部门和执政部门的决策中发挥着重要的作用,直接隶属于政府部门或执政党组织。这类智库的代表主要是美国国会研究部、美国总统科学咨询委员会、俄罗斯战略研究所等。

其次是政府资助型的半官方智库。这种智库的经费大部分来源于政府或执政党，主要是为政府和企业开展相关研究工作并获得相关酬金，与国家拨款型的纯官方智库的不同之处在于，政府资助型的半官方智库不隶属于政府或执政党，但是对社会的影响较为深远。该类智库以美国兰德公司、斯坦福国际咨询研究所、日本的综合研究开发机构和野村综合研究所等为代表（杨瑞仙、权明喆、魏子瑶，2017）。

再次是民间组织及学会、基金会类型的智库，这种类型的智库经费大多是自筹，一般主要靠赞助、捐赠等方式进行筹集，还有一部分资金来自服务或研究报酬，智库研究人员主要是由各类专家学者、研究者组成，民间组织及学会、基金会类型的智库主要是由私人或民间团体创立，属于独立性研究机构。这类智库的主要代表机构为卡内基国际和平基金会、布鲁金斯学会、企业研究所、天则经济研究所等。

最后一类智库是大学附属的智库，这类智库主要由大学创办，经费或来源于校方拨款，主要依靠校内学者、教授等研究人员进行一系列的科学研究。清华大学国情研究中心、北京大学中国经济研究中心、美国乔治大学的华盛顿战略与国际问题研究中心、斯坦福大学胡佛研究所、哈佛大学东亚研究中心是大学附属智库的主要代表。

2. 其他分类方法

依据智库的政治立场，可以分为中立型及倾向型智库。中立型智库通常没有较为分明的政治取向，倾向型智库一般具有明确的政治立场，表现出对某个政党理念的拥护与支持。

依据智库的基本形式与性质，可以将智库分为官方智库、学术性智库和商业性智库。官方智库主要是指政府组建的智库；学术性智库属于非商业的独立社会团体，侧重于学术研究，研究成果的学术性强于实用性，一般都与科学院机构和各种学会有关联；商业性智库的客户包括政党社团、政府机构、商业机构、政界和商界精英等，主要业务包括提供竞选技术咨询、民意调研、公关服务等。

(二) 国内智库的分类

1. 按智库发展的基本特征分类

根据智库发展的基本特征可将智库划分为官方智库和民间智库。官方智库由政府出资，并存在于政府体系之内。官方智库分为两类：一类隶属于国家机关或行政部门，并为所属部门提供相应的决策咨询和服务，比如党政军智库；另一类是由政府出资，但独立于政府的智库，例如科学院智库和高校智库。我国智库大体分为党政军智库、科学院智库、高校智库和民间智库四大类型（朱锋，2016）。

首先是党政军智库，党政军智库隶属于党政军系统，主要存在于党、政、军内部，智库资金一般来源于国家和政府，是依据我国相关法规所成立的政策研究、咨询机构。我国的党政军智库具体分为中央党政军智库和地方党政军智库。国务院研究室和国务院发展研究中心、国家发改委宏观经济研究院、国家行政学院等都是属于中央党政军智库。地方人民政府发展研究中心、地方行政学院等都是地方党政军智库的代表。

其次是科学院智库，由独立于政府的科学研究机构组成，通过委托授权等方式，为政府部门、社会组织、企业和公司等开展研究、出谋划策、提供咨询服务，是极富中国特色的智库，中国科学院、中国社会科学院都是科学院智库的代表。科学院智库的资金来源主要是国家财政拨款和资助建立，在名义上与政府体系是独立的，但是在实际上会受到政府部门的较大影响，对政府政策制定具有重要的意义（谢晶仁，2012）。

再次是高校智库，中国的高校智库同国外的高校智库一样，由大学设立或在其他机构、团体协助下创建，经费主要来源于校方拨款或者政府支持，另外基金会、企业和个人也会进行一定的捐款来支持研究。研究人员主要是从事科研工作的教授和学者等，包括校内科研人员和校外聘用人员等，是高校中政策研究和决策咨询的主体。高校智库具有较高的人才密集度，相较于党政军智库来讲具有更大的灵活性（王健，2015）。

最后是民间智库，民间智库是由民间出资、体现社会公众呼声和政策需求的公共政策研究机构，研究人员大多由专家、学者或前政府官员组成，整个组织体系也比较松散（薛澜，2014）。基于服务对象的角度来分析，民间智库具有的突出特征体现在其研究对象是具有可选择性的，而且主要是围绕社会公平等进行研究，在很大程度上为社会公众发声，立足该角度就政策制定提出建议。

2. 其他分类方法

根据智库规模的大小可将智库分为小型智库、中型智库和大型智库。小型智库一般由十人以下的研究人员组成，中型智库研究人员的数量在 10 人到 100 人之间，大型智库的研究人员数量在 100 人以上。

依据智库的研究领域，可以分为综合性智库和专业性智库。综合性智库所研究的课题涉及内政、外交的各个方面，甚至还可能包括为武器开发、更新科技等提供技术支持；专业性智库的研究范围较为集中，重点关注政治、军事、外交、商业或科技中的某一方面。

四、智库发展特征

世界各国的智库具有公益性、专业性、独立性、稳定性和影响广泛性等特点。智库集咨询、培训和研究功能为一体，采用专业性研究人员与兼职性研究人员相结合的研究模式，在思想生产、人才储备、理论教育、民意调查以及舆论推动方面发挥了重要的作用。根据国内外对智库的界定，智库的特征包括以下四个方面：

第一，智库研究通常是一种公益性的研究，除企业智库外，大部分智库都是致力于公共政策研究，不以营利为目的，积极影响和号召公共政策的制定，服务于公众与政府的公益性研究(王健，2015)。

第二，智库研究是一种专门性与专业性的研究，智库也是一种专业的公共政策的研究机构实体，拥有专业的研究方法与工具。智库结合专业理论与数据依据，利用有效的人才培养和交流机制，通过具体项目研究经济社会发展过程中与决策相关的问题，为政府及政策制定者提供政策咨询和决策建议。

第三，智库研究是一种独特性的研究，同时智库研究还应保持自身的独立性。智库的独立性，本质是研究的独立性，研究必须遵循客观、公正、实事求是的原则，并以此不断提升智库影响力，确保研究内容、研究方向、研究方法和研究成果能够科学客观和中立，不应受到决策部门和利益团体的影响。

第四，智库是人民群众和决策者之间的桥梁和纽带，智库不仅从事公共政策研究，也推动研究成果的扩散和传播，是连接研究与决策、连接公众与决策者的桥梁和纽带。因此，智库不仅有助于科学决策，也有助于提高公众对政策的理解和接受(王荣华，2013)。

2015 年 1 月，中共中央办公厅、国务院办公厅印发了《关于加强中国特色新型智库建设的意见》，要求党政部门、社科院、党校行政学院、高校、军队、科研院所和企业、社会智库协调发展，旨在形成定位清晰、特色鲜明、规模适度、布局合理的中国特色新型智库体系。中国特色新型智库不但是国家治理体系和国家软实力的重要组成部分，还承担着提升国家治理能力现代化的重要使命。中国特色智库的特征主要包括两个方面的内容，分别是“特色”和“新型”(王志永、张亚勇，2018)。

十一届三中全会后，我国走上了改革开放的道路，在改革开放的进程中，我国智库也在不断地更新观念转变结构。进入 21 世纪以后，我国在智库发展方面形成了不同的策略，以权力为中心的圈层结构不断显现出来(李佳、李帅，2018)。形成了党政军直属的政策研究机构，社科院、科学院等科研院所智库，高校智库和社会智库共同发展的圈层局面，党政军直属的政策研究机构处于内圈层，社科院、科学院等科研院所智库处于中圈层，高校智库处于外圈层，其他社会智库非均匀分布。

内圈层的党政军智库有组织保障，研究人员一般属于公务员或者编制，是体制内人员，党政军研究机构与决策者之间保持着天然密切的联系，一般会通过委托、项目招标和课题合作等方式，引导其他智库开展政策研究、评估和解读等工作，大多数党政军智库都具有一定的行政级别，一般能够直接参与政策决策。

中圈层与决策者之间的沟通和交流较为通畅，但是没有像内圈层一样与决策者有着天然紧密的关系，中圈层的研究人员一般属于事业编制，也具有一定的行政级别，但无法更加直接地参与决策。社科院、科学院等科研院智库的主要任务是对社会经济发展过程中遇到的重大问题进行调查和研究，把科学研究及成果转化为决策咨询服务。

处在外圈层的是高校智库，高校智库的研究人员较多，身份各异，部分专家、教师有事业编制，高校智库与决策者之间缺乏有效的连接桥梁，可以间接地为决策者提供决策方案，高校智库具有一定的灵活性，多以项目和课题为依托研究社会问题，利用高校资源、研究基地、实验室、办公室等现有资源，紧密地依托专家学者、资深教师、在校学生等人力资源，开展调查和研究工作。还有部分快速成长期的社会智库非均匀地分布在各圈层，是对体制内智库的有益补充。我国智库的资政模式正在由过去的以内参模式为主，逐步走向以政智互动模式为主，智库的思想市场主体地位正在形成，其发展路径与特点与欧美智库可谓截然不同（方茜，2018）。

第二节　我国官方智库与民间智库的发展

一、官方智库

（一）党政军智库

党政军智库是指通过立法或者行政组织条例组建的存在于党、政、军系列内部，为各级领导层提供决策服务的智库机构，多以党政机关和军队内部直属的决策咨询机构身份出现。其主要工作是通过内部渠道向领导人直接提供决策参考，在党和政府内部发挥决策“内脑”的职能。我国党政军智库主要分为三大模块，分别是党建智库、政府智库和军队智库。国务院发展研究中心、中共中央党校、国家发改委宏观经济研究院、上海市人民政府发展研究中心和中国现代国际关系研究院是我国综合实力较强的党政军智库（王嘉文，2016）。

1. 党建智库的发展

当前，全国各研究机构、大学、党校和行政学院成立了大量党建研究智库。目前党建智库在自身建设、对策研究、人才队伍等方面取得了许多有分量的研究成果，在学科体系建设、话语体系建设、国际视野、研究的前瞻性与预判性、人才队伍规范化建设、国际传播等方面也有了很大的提高（祝灵君，2017）。实现有质量的协商是参政党进行民主协商的主要目标，与一般协商形式相比，党建智库有更精准的理论支撑、更专业的智囊团队和更民主的决策平台，给传统单一的协商注入了新的活力，也提出了更高的要求。党建智库的产生和发展，强化了参政党的咨政建言和政治协商的功能，是多党合作政治特色的必要补充。

2. 政府智库的发展

政府智库作为政策的研究和咨询机构，承担着直接参与政策的制定和政府委托课题的使命，政府智库一般运用内部参考性刊物输送观点，并且有机会参与中央或者地方纲领性文件的起草和修订。政府智库聚集了各类专家学者和政策制定者，可以通过座谈会、研讨会针对我国目前存在的不同的问题提出意见和建议，共同商讨解决方案，提高了政策方案的可行性（章静，2016）。

在组织隶属机制方面，我国政府智库一般直接或者间接隶属于党委或者政府部门。不同的政府智库因其隶属系统的差异往往具有不同的组织行政级别，级别高低与其所拥有的地位呈正相关性，级别高的智库在政策制定过程中的影响力会更大（章静，2018）。

在经费保障方面，鉴于中国特殊国情和政府智库的特有属性，我国智库的经费来源相对单一，主要是来自政府资金的支持。政府资金提供的资金分别以常规性的财政拨款、专项经费、课题经费的方式发放（宋振超，2018）。

在人员选拔机制方面，我国政府智库对人才的任用主要有选任、调任、考任和聘任等形式。

在政府购买服务方面，智库购买决策咨询服务是积极探索社会智库参与决策咨询过程的有效途径，同时也是建立多元化决策咨询服务供给体系的内在要求（黄亮宜，2014）。

3. 军队智库的发展

军队智库的发展层次和方向可大致分为三个层面。

首先，从国家发展的宏观层面上看，军队智库的发展是以党的基本思想和理论为指导，围绕新形势下军队发展战略和国家安全战略展开的具有全局性、根本性和长远性问题建议咨询机构。因此军队智库需在全军层面建设一到两个顶尖智库，力图打造体现国家智库水平、具有国际影响力的专业化高端智库。

其次，从中观发展层面上来讲，每个战区以及每个军种在发展过程中应设立相应的中心智库，以本军种(战区)的战略任务为主攻方向，来为战区提供谋略与思想，积极促进战区之间协调发展、军种之间相互促进的局面。

最后，在微观层面上，军队智库的发展应当落实到相应战区及军种的所属院校及研究机构，党和国家通过积极进行军事院校的专项培训、理论教育和战术培养，聚焦相关专业，以至形成专业合力，打造具有特色和优势的专项智库(翟东航、孙德翔、钟新海，2017)。

(二) 社科院智库

社科院学科配置较全面，基础理论研究历史悠久，在为政府建言献策过程中起到了很大的作用。在智库发展的大环境下，社科院被寄予厚望。社科院科研人员规模庞大、素质较高，资金充足，政策影响力、学术影响力、社会影响力、国际影响力较大，在基础理论研究方面有着很大的优势，逐渐形成基础研究与应用研究平分秋色又相辅相成的局面(党俊，2018)。社科院将研究重点放在长期性、战略性研究上，着重解决一些需要理论和科学调查支撑的问题，利用学科齐全的优势，整合已有资料、数据、学术成果，更加高效、有针对性地进行研究，社科院智库建设在推动地方治理科学化、现代化过程中，发挥着不可替代的作用。

(三) 高校智库

高校智库是指充分整合利用高校资源，依托高校特色学科，汇聚高校专家、学者，以国家发展战略为导向，紧密围绕国家发展和建设中的实际需求，为政府提供专业报告、政策咨询等智库产品，解决经济社会发展的重大理论和实践问题，促进经济社会发展的综合性科研机构(刘辉、李柯凝，2018)。

教育部《中国特色新型高校智库建设推进计划》和中共中央办公厅、国务院办公厅《关于加强中国特色新型智库建设的意见》的颁布和印发，使我国各类型高校智库围绕经济、社会、政治、文化、教育、科技和生态发展中的热点问题，开展调查、学习与研究工作，以丰富的高校资源，扎实的理论指导思想，科学的有效的战略研究，为国家的政策和规划提供科学依据，发挥了建言献策、社会服务、人才培养、舆论引导等重要功能，高校智库逐渐成为提升我国教育现代化水平的重要工具(李晶、刘晖,2018)。

二、民间智库

(一) 民间智库的概念

伴随我国公共决策逐渐走向科学化、民主化,公共政策的制定需要更加科学、精准的信息支撑,社科院、研究中心、研究室、党校等官方智库已经不再满足政府的决策需求,民间智库的专业精神和汇集智囊的优势逐渐显现出来。

李文涛(2009)认为,民间智库是一种基于政治、经济、文化、生态和社会发展的"智力来源",是一种具有非官方性、专门性的研究机构和提供咨询服务机构。蓝波涛等人认为民间智库既包括社会智库也包括企业智库,是由企业、社会团体、组织或者私人成立,独立于政府,并且为政府或客户提供咨询的研究机构(蓝波涛、罗一宇、黎家娴,2018)。金家厚(2014)认为,民间智库是一种体制外的智库,存在于党政系统之外,一般不受政府的经济支持,其运作经费通常来源于项目和课题研究、社会捐赠、企业资助、境外基金资助等,民间智库是指由社会资源兴办的公共政策研究机构,具有身份独立、财务独立、运作独立和学术中立等特点。虽然国外诸多顶尖智库均属民间智库,但尚无学者对民间智库给定一个具体的涵义。实际上,世界上不存在统一模式的智库,智库只是一个总称,其内部构成较为复杂,一般类型多样、规模各异、多元共存。

鉴于中国特色的社会主义国情,整合学者们对智库的界定,笔者认为,民间智库是指各种汇聚民间思想力量的社会组织以影响公共决策的政策研究和咨询机构。民间智库发挥着理性"外脑"的作用,兼具了智库的一般特征与自身独特性,民间智库是为了提高决策的科学化和民主化,结合政策理论,由社会各类研究人员或者组织机构自发形成,具有资金自筹、经营自主,公益性、独立性等特点的政策研究机构。

(二) 民间智库的分类

我国的民间智库可分为三大类,分别是民办非企业型、企业法人型和学术群体型。民办非企业型智库是指由民间发起的,非企业型人才成立的独立性的民间组织。企业法人型智库具有明显的营利性,是专门从事政策研究和咨询工作、以企业身份注册的法人机构。学术群体型智库是指某一领域的专家学者围绕特定社会问题共同发起组成群体性组织,组织形式较为灵活(李治儒,2017)。我国民间智库具有独立性、草根性、客观性的显著特点,我国民间智库在涉及群众切身利益方面和引导社会舆论方面有一定的研究空间和优势基础。我国民间智库的市场优势以及研究方向，决定了其生存能力和影响价值。表5.1是我国三种类型的民间智库具体特点和展现形式的比较。

表5.1 民间智库类型的比较

类型	民办非企业型	企业法人型	学术群体型
特点	民间性、独立性、公益性	独立性、营利性	独立性、灵活性、专业性
形式	以文章、访谈、报告等形式，通过不同的媒体渠道(电视、网络)面向全社会公开发表，公众可以在智库的官方网站免费浏览、下载所需信息	此类智库主要依靠向政府或者企业提供咨询服务、培训服务、出版书籍刊物等方式来实现盈利，也会通过向公众提供部分免费的研究成果来扩大自身影响力和知名度	常常通过组织专题研讨会、开展课题研究、编发内部和公开出版物交流的方式交流思想和观点并产出研究成果
实例	成立于1993年的世界与中国研究所	零点研究咨询集团，研究领域涉及公共事务、房地产、汽车等20多个行业	中国经济50人论坛、信息社会50人论坛等

(三) 民间智库的发展历程

1. 民间智库发展的萌芽时期

我国民间智库的萌芽产生于改革开放初期。改革开放后，我国经济、社会的发展迈上了一个新的台阶，随着经济和政治体制改革的不断深入，原有的官方智库不再满足社会的发展和人们日益增长的需求，并且不断暴露出各种矛盾和弊端，为民间智库的产生提供了契机。一些体制内的专家和学者放弃了原有的工作，积极投身于社会和市场，成立了自己的研究工作基地，业务范围囊括学术研究、政策分析和企业咨询等，成为我国民间智库的领路人。曹思源创办的北京四通经济研究所、北京思源破产事务研究所是我国内地第一个真正意义上的民间智库，随后袁岳创建的北京零点调查研究中心，推动了《破产法》颁布的进程，开辟了中国民间智库发展的先河，我国民间智库开始进入萌芽阶段(陈祝红，2017)。

2. 民间智库发展的雏形时期

自1992年邓小平南方谈话到中国共产党第十六次全国代表大会(简称十六大)时期，社会主义市场经济体制在我国确立，政府的决策理念也随之发生转变，由原来单一的决策思想开始向科学化民主化方向迈进。国民经济的发展带动了个体、民营企业的快速发展，为民间智库在我国的发展和立足提供了良好的经济基础和有利的政治条件。这一时期我国民间智库活跃度较高，数量增长较快，民间智库质量较高，创始人一般都是社会学者或者精英人士，注重前沿问题的探索，在公用事业民营化和市场化的理论研究、政府与个人的咨询委托等方面颇有建树，引领了民间智库发展思潮，形成了"旋转门"的雏形（苏原，2009）。

表 5.2 发展雏形时间的民间智库机构代表

成立时间	智库名称	创始人	研究与服务项目
1993 年 7 月	北京天则经济研究所	茅于轼、张曙光、盛洪	公用事业民营化和市场化的理论研究、政府与个人的咨询委托
1993 年 8 月	北京长城企业战略研究所	王德禄	提供商业战略规划、中国企业生态的机理研究
1994 年 12 月	上海华夏发展研究院	鲍宗豪	主要从事社会学方面的研究
1994 年	北京中国与世界研究所	李凡	乡村民主问题研究
2002 年	上海法律与经济研究所	吴敬琏、江平	提供法律咨询服务

1993 年，茅于轼、张曙光和盛洪联合创建了北京天则经济研究所（下简称"天则"），用于公用事业的理论研究以及政府与企业的委托咨询，因其高质量的研究，天则曾一度被公认为是中国最具影响力的民间智库。同年王德禄也建立了为企业出谋划策的长城企业战略研究所。1994 年，李凡作为中国社科院的研究员，辞去了体制内的工作，致力于乡村民主问题的研究，成立了北京中国与世界研究所。同年鲍宗豪在上海创立了上海华夏发展研究院，主要从事社会学方面的研究。2002 年，著名经济学家吴敬琏和著名法学家江平在上海创建了上海法律与经济研究所，提供法律咨询服务，公用事业民营化和市场化的理论研究浸润着公共服务市场化社会化的萌芽。

3. 民间智库在我国的初步发展

党的十六大到十八大期间，我国民间智库得到了初步发展。在邓小平理论和"三个代表"重要思想的引领下，我国社会主义事业进入快速发展时期，科学的理论指导思想也愈发得到重视，智库的参谋咨询作用逐渐被提上日程，体制内智库的弊端日益暴露，公民的社会意识不断提高，呼声不断高涨。因此，民间智库的民间性、灵活性和草根性等特点逐渐得到大部分学者的青睐，成为官方智库的良好补充形式（刘西忠，2015）。为适应时代潮流，新的民间智库逐渐发展起来，一些民间智库以整合的方式继续活跃在智库舞台，新的民间智库的发展以重视社会调查、市场变动和民意为诉求，以公众参与为基础，结合市场化和企业化的运作方式，利用刚刚兴起的互联网和机关行政方式的变革，改变了以往的单项交流。公民的民主意识不断加深，利用互联网设立了民意反映系统，群众参与议政的时间和空间得到突破，从而推动了政府社会管理方式的创新，呈现了立体式的治理理念。

4. 民间智库在我国的蓬勃发展

自党的十八大召开以来，中国特色社会主义事业开始呈现出新局面，中国共产党的执政理念也达到了新的高度。在社会主义初级阶段，新问题层出不穷，人民群众的需求也不断升高，政府的决策能力面临着严峻的考验，智库被赋予了更高的要求和使命，国家治理体系逐渐走向多元化，从而激发了民间智库发展的多元化，高端民间智库的发展被提上日程。使民间智库发挥出应有的补充带动价值，成为现阶段智库发展的使命，民间智库作为官方智库的智力辅助，推动了政府决策的科学化、民主化进程。

第三节　官方智库与儿童公益的发展

一、党政军智库与儿童公益

我国党政军智库主要分为三大模块，分别是党建智库、政府智库和军队智库。我国儿童公益活动的发展离不开官方智库的支持，在党和政府的大力领导和支持下，我国儿童公益组织不断壮大，儿童公益行业也逐步走向成熟。

1. 党建智库支持下的儿童公益发展

党建智库参与国家治理是我国治理体系优越性和独特性的具体体现，也是执政党应对当前各种问题和挑战的积极回应，我国的党建智库在儿童立法和保护方面发挥着指导性的作用(祝灵君，2017)。

我国党建智库经过对全球、区域、国家和基层等不同层次的治理经验和治理成效的分析，为我国经济、政治、文化、生态、政党等多个领域出谋划策，也为全国儿童保护体系在各个领域的发展打下了良好的基础，我国党建智库通过开展多层次、多方面的治理工作，为儿童事业在中国的蓬勃发展起到了很大的带头作用(王健，2015)。中国共产党在积极促进国家治理能力现代化，切实保护儿童自身利益，充分发挥了自身的智库优势，为中国特色社会主义现代化进程发挥了凝智聚力的作用。

中国共产党重视儿童工作，坚持把促进儿童发展作为重要奋斗目标，倡导和践行儿童优先原则，成立了负责妇女儿童工作的专门机构，先后制定实施了三轮中国儿童发展纲要，召开了六次全国妇女儿童工作会议（人民网，2016）。党的十八大报告明确提出“坚持男女平等基本国策，保障妇女儿童合法权益”，《国民经济和社会发展“十三五”规划纲要》专列章节对关爱未成年人健康成长做出规划部署。国家相继出台了《反家庭暴力法》《关于加强农村留守儿童关爱保护工作的意见》《关于加强困境儿童保障工作的意见》等法律法规和政策文件，实施了妇幼健康、贫困地区儿童和学生营养改善、学前教育三年行动计划、孤残儿童康复救助等一大批民生项目，儿童生存、发展、受保护和参与的权利得到进一步保障，中国共产党为儿童事业的发展规划了蓝图，丰富了儿童事业发展的顶层设计，为民间儿童公益组织和民间智库的发展提供了法律依据与政策支持。

2. 政府智库支持下的儿童公益发展

中国政府智库主要指由政府资助，以影响政策为核心目的，专门为公共政策和公共决策服务，在政策影响、组织隶属、经费保障、人员管理以及课题管理等方面发挥重要作用，直接或者间接隶属于党政部门的政策研究和咨询机构，在切实保护儿童利益方面发挥了重要的作用（刘海峰、刘畅、曹如中，2018）。我国政府智库主要包括各省市人民政府发展研究中心、各类县级以上的党委政策研究室、政府政策研究室、国务院妇儿工委办公室、党校等政府部门或事业单位。

为进一步提高儿童工作的决策水平，2017 年 1 月国务院妇儿工委办公室决定发挥专家团队作用，建立了一整套的国家智库管理和运行机制，组建了儿童工作智库，推动了儿童事业发展的科学化、民主化进程（王冰洁，2017）。参照《中国儿童发展纲要（2011～2020 年）》的领域划分，根据儿童工作实际需要，儿童工作智库以关爱和帮助孤儿、病残儿童、流浪儿童、留守儿童等困难儿童群为目标，设立儿童健康、儿童教育、儿童福利与社会环境、儿童法律保护等若干组别，并由多学科、多专业领域专家构成。儿童工作智库的专家来自相关高等院校、科研机构和部门，专业领域涵盖儿童的权利、儿童卫生保健、儿童教育和儿童福利与保障等多个方面，是名副其实的儿童工作人才资源库、信息资源库、理论研究资源库、培训指导资源库、工作决策咨询库。儿童工作智库在服务儿童工作科学决策，引领儿童工作科学发展方面发挥了重要的作用，充分发挥了政府智库在儿童公益领域的主导作用（国务院妇女儿童工作委员会网，2017）。

表 5.3 儿童工作智库专家队伍构成表

队伍构成	国家级专家	各省专家	各省区市专家	国外专家
专家遴选条件	有较高的政治素质、理论水平和职业素养	有较深的学术造诣	有一定的实践经验和研究成果	有副高级及以上专业技术职称
专家工作职责	制定和修订国家涉及儿童的相关法律法规、政策措施、规划纲要等,提供咨询意见和专业论证。参与国家和地方儿童发展规划纲要的起草、目标指标论证、实施指导和监测评估等项工作	开展理论和实证研究。以问题为导向,开展儿童发展重点难点问题对策研究。针对儿童事业发展的新趋势和新问题,开展前瞻性、预判性研究	为国务院妇儿工委办公室及地方各级妇儿工委办公室实施的儿童发展项目提供培训、实地督导、监测评估等专业支持和指导	承担国务院妇儿工委办公室及地方各级妇儿工委办公室委托的项目和课题研究

2018 年 6 月由国务院妇儿工委办和联合国儿童基金会指导的重庆市儿童工作资源中心正式挂牌成立,儿童工作资源中心由重庆市高校、科研机构、市级部门和基层单位的 53 名专家组成,领域涉及儿童与健康、儿童与教育、儿童与法律、儿童与福利环境四个方面,标志着重庆市的儿童工作正在走向智库时代。重庆市妇儿工委办公室表示建立儿童工作资源中心,目的是调动专家力量,发挥专业学术优势,建成一支开拓创新、多学科、跨领域的儿童工作专家人才队伍,建立一套儿童工作资源中心管理和运行机制,建成一个兼具高位性、示范性和共享性的省级儿童工作学术研究和交流平台(《中国妇女报》,2017)。我国其他省市也按照《儿童工作国家智库建设方案》要求,在四川、广西、重庆、湖南、陕西五省市试点成立儿童工作资源中心,通过建立中心,调动当地专家资源,发挥专业学术优势,为当地儿童工作科学发展建言献策(韦岚,2017;全守杰,2016)。

2015 年 12 月中国儿童中心专家委员会正式成立,中心专家委员会的成立是整合资源、形成合力,让优质智力资源向教育领域流动、更好地服务于儿童的行动。中国儿童中心专家委员会委员共有 9 人,主要来自儿童发展与政策研究、家庭教育、儿童营养与健康、新媒体与儿童教育四个领域。中国儿童中心是国内最早专门从事儿童应用性科学研究的机构,也是唯一的国家级校外教育机构,是联合国儿童基金会在华重要合作伙伴。成立专家委员会,既是整合社会资源、更好服务儿童的重要手段,也是中心内涵建设的重要契机,更是面向新时期创新儿童工作理念与模式的必然选择。在未来，专家委员会将为中国儿童中心事业发展提供咨询、指导和建议，并对我国校外教育事业的发展产生积极影响（霍小龙、崔民选、胡长松，2018）。

政府智库作为政策的研究和咨询机构，承担着直接参与政策的制定和政府委托课题的使命，建立儿童工作智库是创新儿童工作的重要策略，为儿童公益事业的发展起到了带动与指导作用。政府智库一般运用内部参考性刊物输送观点，并且有机会参与中央或者地方纲领性文件的起草和修订，保证了儿童公益活动的顺利开展和实施。政府智库聚集了各类专家学者和政策制定者，可以通过座谈会、研讨会针对我国目前存在的不同的问题提出自己的意见和建议，共同商讨解决方案，提高了政策方案的可行性，为儿童问题建言献策。

3. 军队智库支持下的儿童公益发展

军队智库站在对军队发展战略和国家安全战略的立场，本着以问题为导向，以党的理论为指导的原则，来把握国家安全命脉，积极做到与当地智库协同发展、取长补短、共同进步（谭笑，2015）。在儿童发展方面，我国军队智库主要面向军人家庭的子女提供相应的政策建言，我国军人家庭儿童的随军政策、军人家庭儿童的教育、医疗和保险等相关保障性政策都是军队智库在儿童发展方面的主要研究方向（陈洁梅，2009）。军队智库应积极结合现有的法律政策以及军人家庭儿童的不同情况，结合国家安全战略和军队改革发展等重大问题开展前瞻性、针对性的儿童发展和保护等相关政策研究，解读国家安全政策，为军人家庭的儿童提供良好的政策环境，积极构建军事话语体系（曹莹、宋磊，2008）。

二、高校智库与儿童公益

高校智库一般附属于大学，又被称为大学智库。高校智库用专业知识服务于政府或社会，开展决策咨询论证和培养儿童领域的重要人才，以政府拨款、社会基金会以及企业或个人捐赠作为高校智库运行资金的主要来源，为我国儿童事业的发展提供了高端的人才支持和输送，在我国政治经济发展中发挥了重要的作用（全守杰、王运来，2016）。高校拥有多学科的科研人才和丰富的科研资源，高校的学科设置涉及儿童各个领域，再加上高校科研资金与人力资源充足，从而使社会对高校的信任度不断增高。高校智库在儿童心理、儿童健康、儿童医疗、儿童成长等方面有着独特的科研优势，是促进我国儿童事业健康发展的“思想库”（韦岚、全守杰，2017）。北京师范大学中国公益研究院、华东理工大学“上海高校智库”、清华大学公共管理学院智库研究中心、首都师范大学学前教育研究中心和清华大学无障碍发展研究院等是我国高校智库的主要代表，具体情况见表5.4。

表5.4 高校智库儿童公益领域代表

高校名称	高校智库名称	具体服务领域	儿童研究服务方向
北京师范大学	北京师范大学中国公益研究院	公益慈善、儿童福利、养老服务、儿童教育、公益传播	儿童福利与政策保护、儿童慈善、儿童教育等
华东理工大学	华东理工大学“上海高校智库”社会工作与社会政策研究院	社会治理、政策研究、社会调查、社区矫正、儿童福利、养老服务、社会救助、公益慈善、社会工作领域研究	儿童福利、儿童慈善、儿童保护、儿童教育、儿童与家庭、儿童与社会
清华大学	清华大学智库研究中心	致力于中国特色新型智库建设、国外智库发展模式分析、智库评价与智库理论分析、政策制定	儿童智库发展模式评析、儿童发展、儿童医疗、儿童卫生、儿童营养
清华大学	清华大学无障碍发展研究院	残障人士、老年人、儿童以及身体受伤者等各种群体，研究问题涉及公共政策、法律、设计、技术、教育等方面	残障儿童的生活交往、心理发展、情感开发、生理疾病和康复医疗
首都师范大学	首都师范大学学前教育研究中心	学前教育原理、教育改革与发展、课程与教学、心理发展与教育	幼儿课程与教学，学前儿童心理发展，学前文科、体育、美术、声乐、舞蹈

北京师范大学中国公益研究院是中国第一所公益研究院，也是一所集慈善知识体系为一身的专业型智库。近年来中国政府出台的一系列政策标志着中国儿童福利与保护体系从补缺型向普惠型全面转型升级。2017年北师大中国公益研究院发布了《建立专业化基层儿童服务支撑体系——中国儿童福利与保护政策报告2017》。报告指出我国儿童福利与保护面临的最紧迫问题是儿童、家庭与社会支持系统之间存在信息资源不匹配(赵月侠，2017)。北京师范大学中国公益研究院在儿童福利与保护政策方面积极做出努力，积极为农村居民及基层儿童培训知识，为普及基层儿童福利与保护服务做出了一定的贡献。北师大中国公益研究院与民政部、联合国儿童基金会自2010年起共同开展的中国儿童福利示范项目“村级儿童主任”已在2016年6月国务院出台的《关于加强困境儿童保障工作的意见》中得到了政府认可，并要求全国每个村(居)设立儿童主任

(儿童福利督导员)职位(王筱、童书盟,2017)。北师大中国公益研究院利用自身智库的优势,结合项目实践和专业研究,让困境儿童及时获得身边的专业化服务。

2016 年 12 月 22 日,华东理工大学"上海高校智库"社会工作与社会政策研究院成立。"上海高校智库"社会工作与社会政策研究院主要聚焦养老、儿童福利、社区治理、社会救助、社会组织、社工、慈善等领域(田钦、赵倩、周正,2018)。华东理工大学科研基地承担了上海民政领域政策建议、项目评估等任务,在儿童福利和儿童发展方面做出了巨大贡献。

清华大学公共管理学院于 2018 年 3 月成立智库研究中心(Think Tank Research Center, TTRC),智库研究中心自成立以来为我国儿童事业的发展贡献巨大的力量,具体体现在儿童康复、医疗、卫生和营养方面。智库研究中心依托清华大学综合学科优势和国家高端智库平台,充分发挥公管学院强大学术研究和政策分析能力,采用现代社会科学研究方法研究智库发展建设问题,通过搭建智库信息分析平台,对儿童领域以及其他领域的发展献言献策,推动了儿童智库研究和网络教育产业健康发展(胡鞍钢,2016)。

清华大学无障碍发展研究院是国家新型特色智库与学科交叉的无障碍技术创新平台。2016 年 4 月,由中国残联委托、住建部、工信部、民政部、老龄委等部委群团支持,经清华大学批建的校级科研机构,依托清华大学智库中心管理,利用跨学科的研究服务于残障人、老年人、儿童以及身体受伤者等各种群体,重新塑造和提升这类人群的生活环境与生存质量。研究院的特色在于以用户中心的跨学科发展模式,积极致力于残障儿童的生活、心理、生理和康复方面的相关研究和讨论(艾诚,2017)。

2017 年 12 月 10 日,首都师范大学成立学前教育研究中心,研究中心专家包括北京市教育委员会、联合国儿童基金会驻华办事处、北京教育科学研究院、中国学前教育研究会的领导和专家,共同对学龄前儿童的心理发展、健康医疗、营养饮食、生活教育以及日常看护等问题进行研究和探讨。首都师范大学学前教育研究中心的成立是我国学前教育智库快速发展的有力支撑,为我国儿童智库的发展贡献了积极的力量。

三、社科院智库与儿童公益

2018 年度中国社科院 24 项重大研究成果在北京公布,语言障碍儿童可实现筛查是本年度社科院重要研究成果之一。中国社科院语言研究所研究员李爱军介绍,中国目前 0～6 岁幼儿约有 1.8 亿,每年新出生人口约 2 000 万,存在听力损失的新生儿每年增加 2.3 万人(李爱军,2017)。李爱军说,研究建立了发音标准数据库,这些数据是正常儿童发音发展的重要参数指标,可以使儿童的发音发展按发展阶段定期检查,还可以为特殊儿童言语康复方案的设计提供参考,并对康复结果进行评估,社科院的这一研究,对语言障碍儿童实现可筛查起到了重要的作用(李爱军,2017;魏亮,2018)。

在儿童防性侵教育方面,宋文珍(2013)认为,防性侵教育要重视系统性,性意识应从小培养,贯穿在学校各个阶段,根据孩子生理、年龄特点,做好各年龄层的衔接。社科院杨倬东(2015)认为,防性侵教育进校园面临着专业人员缺乏问题的同时也存在家长教育能力不足、家校沟通信息不对称等问题,应尽快出台具体可行的方案,并进行有效的推广。

在儿童保护机制方面,中国社会科学院大学社会工作学院副教授童小军(2018)认为,亟待完善儿童保护的预防机制,努力培养家长的儿童保护意识和保护行为。父母应承担起家庭教育责任,通过父母对孩子的关爱,真正让儿童保护落到实处。

在预防儿童贫困方面,鉴于儿童贫困问题给美国造成巨大损失,美国国家科学院、工程学院和医学院共同发布报告呼吁降低儿童贫困率,并帮助低收入家庭解决就业和收入问题。有研究表明,贫困儿童的语言、记忆和自我调节能力都比同龄人差,他们成年后的收入也会比较低,更容易依赖公共援助,更容易出现健康问题,也更容易犯罪(吕利丹、阎芳、段成荣,2018)。家庭收入过低是造成儿童贫困的直接原因,因此,减少儿童贫困应提高低收入家庭收入水平,为他们提供更多就业机会。

第四节　民间智库与儿童公益

民间智库因其独立的身份和中立的价值取向,在政府重大公共政策的制定中发挥了建言献策的作用,在儿童发展、儿童保护等方面都扮演了积极角色,已经成为我国儿童服务体系中不可或缺的民间力量。民间智库来自民间,能够接触不同的儿童群体,更加真实地了解社会基层儿童的变化并且收集家庭的利益诉求,是官方智库的重要补充,是决策民主化、科学化和规范化的基础(兰杰,2013)。民间智库按照分类可以分为民办非企业型智库、企业法人型智库和学术群体型智库。

一、民办非企业型智库与儿童公益

民办非企业智库主要是以文章、访谈、报告等形式，通过不同的媒体渠道(电视、网络)面向全社会公开发表，公众可以在智库的官方网站免费浏览、下载所需信息。这类智库一般属于非营利经营，资金来源主要通过众筹的方式获得，为非业内人士认知和了解相关资源和信息提供了极大的方便(方晓彤，2017)。我国民办非企业智库中促进儿童成长与发展的智库主要包括乐晴智库、心悦智库、草根智库及奶粉智库等，具体介绍如表 5.5 所示。

表 5.5 民办非企业型智库儿童公益领域代表

智库名称	成立时间	服务领域	儿童研究服务方向
乐晴智库	2014 年	经济、政治、文化、科技、生态、人文	儿童医药、儿童家具、儿童疫苗、儿童启蒙书、儿童早教以及母婴生活
心悦智库	2015 年	心理健康、情绪管理、课程开发、教材编撰、公益活动	关注儿童心理健康、促进儿童的身心协调发展、缓解儿童情绪压力、开展儿童公益课堂
草根智库	2006 年	网络开放平台，服务内容涉及各行各业	儿童娱乐、儿童安全、儿童语言、儿童福利
奶粉智库	2014 年	营养师团队培训、品牌奶粉介绍、奶粉问题曝光、科学喂养方式、母亲讨论圈	1～3 段宝宝的奶粉科学喂养教育、儿童奶粉安全、奶粉科普、奶粉测评、奶粉问答

乐晴智库创办于 2014 年，是非营利专业行业研究分享平台，通过互联网渠道向大众免费提供研究数据和资料，研究资料覆盖经济、政治、文化、科技、生态、人文等多个方面，乐晴智库的官方网站免费向大众开放和浏览，是典型的民办非企业型智库。乐晴智库在儿童方面的资料研究和整理主要涉及儿童医药、儿童家具、儿童疫苗、儿童启蒙书、儿童早教以及母婴生活等领域。极大地丰富了业外人员的相关知识培养和相关领域的认知，同时也为专业行业人员免费提供和分享相关数据，更为家长提供了交流和学习的平台。

北京丰盛公益基金会成立于 2015 年 10 月 19 日，是经北京市民政局批准成立的非公募基金会，基金会旗下设有心悦智库，智库主要目的是联合更多力量关注 6～16 周岁群体心理健康问题。心悦智库通过理论创新、课程研发、教材编撰、精神和物质激励等措施，将心理健康教育融入学生的教学和管理中，促进

6～16周岁群体身心和谐可持续发展。心悦智库在贫困地区中小学校建设心悦互动乐园，配备先进的心理互动仪器和趣味性心理测量设备，帮助中小学生释放情绪和缓解压力，正确认识心理健康问题同时整合并解放自我。智库还向贫困地区免费开设心理公益讲座，帮助一线教师掌握心理疏导和沟通方面的技巧及相关知识，将儿童及青少年心理健康教育融入教学和管理中，推动心理学在实际教学工作中的应用和普及。

草根智库是一个全面开放的网络平台，草根智库专家委员会委员主要由各行各业的研究者、评论家组成，包括新华社世界问题研究中心研究员丛亚平、沃德国际管理顾问公司董事局主席卢麒元等多个具有资深阅历、影响力较大的官方学者。草根智库以“建设性、中和性、开放性、服务性”为原则，汇聚同道中人，为中国的经济、社会发展建言献策。智库专家委员会主要对国内外权威机构的经济、社会研究报告进行深度解读，推荐新的草根博客作者，写作、编辑、审核《草根智库》栏目文章。草根智库专家委员会是学术机构，其成员的工作是公益性的。草根智库对儿童娱乐、儿童安全、儿童语言、儿童福利等领域发展和研究建言献策，相关专家及时把儿童领域的相关数据整理并发布到网站上，大大提高了网民们对儿童问题的关注度以及相关儿童问题的曝光度，草根智库利用其自身专家学者的公益支持优势，在一定程度上促进了我国儿童事业的健康发展。

奶粉智库成立于2014年，一直致力于奶粉研究和科普，经过4年多的发展，奶粉智库现已成长为集奶粉智库官网、微信公众平台、百家号、宝宝知道、微博、头条号、《奶粉圈》微信公众平台等为一体的全媒体矩阵平台，并创建《奶粉智库》杂志，为百万粉丝提供奶粉咨询服务。《奶粉智库》杂志组建了专业的营养师团队进行奶粉喂哺、奶粉科普、奶粉测评、奶粉问答、科学育儿等方面的内容创作和指导，并且及时回复宝妈咨询的问题，自奶粉智库成立以来，已为数百万宝妈免费解决了奶粉选择、冲调、喂养、售后、育儿等方面的疑问。

二、企业/非营利组织法人型智库与儿童公益

企业/非营利组织法人型智库是发展最快、数量最多、咨询服务内容最广泛的民间智库。这类智库主要依靠向政府或者企业提供咨询服务、培训服务、出版书籍刊物等方式来实现盈利，也会通过向公众提供部分免费的研究成果来扩大自身影响力和知名度(李学良、常凤亮、李福刚，2012)。企业法人型智库在儿童教育、儿童心理、儿童健康、儿童社交等方面发挥了重要的作用，主要包括北京博源拓智儿童公益发展中心、北京中基智库教育咨询有限公司、虎门智库少年宫以

及宁波江厦智库，具体介绍如表 5.6。

表 5.6 企业法人型智库儿童公益领域代表

智库名称	成立时间	服务领域	儿童研究服务方向
博源拓智	2013 年	政府、企业、学术院校、发展型机构	儿童公益项目、儿童权利、亲职教育、子职教育、亲子互动
中基智库	2017 年	教育咨询、教育评估、教育监测、督政督学	幼儿个体发展监测，幼师心理健康监测评估，儿童智商、情商、语言、行为、艺术等核心能力的开发
虎门智库	2015 年	文化、教育、娱乐、社交	儿童成长健康、儿童线上教育、儿童心理辅导与成长锻炼、家庭教育
江厦智库	2013 年	企业发展、儿童发展	企业托育机构、企业幼儿园、员工亲子活动

北京博源拓智儿童公益发展中心是一家专门从事儿童相关公益和福利事业发展咨询和技术支持的枢纽型社会服务机构，客户群体主要包括政府、企业、学术院校和发展型机构。博源拓智的专家团队来自不同领域，拥有多样性背景和丰富的实践经验，均有国外学习和工作的经历，同时在政府部门、学术院校、国际机构和国内外企业服务多年。凭借专业知识和实践经验，博源拓智帮助客户和儿童青少年解决其所面临的问题和挑战，并为客户开拓新的业务领域和工作方法。主要业务领域包括儿童领域公益项目战略和管理咨询、社区发展项目质量控制和影响力评估。博源拓智致力于探索全国性儿童公益项目影响力评估模型，并在倡导儿童权利视角的亲职教育、子职教育和亲子互动等方面，不断推陈出新，堪称业内先驱。同时，博源拓智还为政府、企业、发展型机构和社会组织提供项目管理、传播倡导、公益领导力、团队合作等系列公益素质养成专业培训。

北京中基智库教育咨询有限公司是企业法人型儿童智库的代表，中基智库是以教育评估为主营业务的“教育第三方”，是一个由教育专家、一线督学、园长和校长以及高级工程师共同搭建的民间智库，专注于学前阶段的机构和儿童个体发展的监测与评估；是督政、督学、质量评估三位一体的云平台建设，中基智库是北京市人民政府遴选的“教育评估监测第三方机构”入库的单位，是一家专门从事教育咨询、教育评估、教育监测的专业化公司。基于全国幼儿园督学队伍建设的需求，中基智库开发了幼儿园督学培训系列课程，从政策、业务知识与业务技能、职业素养三大模块全面提升督学的职业化水平。同时也开发了幼儿个体发展监测评估及服务、幼师心理健康监测评估及服务和幼师专业发展监测评估，保障了 0～6 岁儿童智商、情商、语言、行为、艺术等核心能力的发展，提供了 0～6 岁儿童良好的教育和成长环境，为孩子量身定制个性化教育方案提供参考。

虎门智库少年宫由东莞市城市智库教育咨询有限公司于 2015 年创建，隶属于广东万富集团，是典型的企业法人型智库。虎门智库以教育市场需求为导向，力图打造集文化、教育、娱乐、社交等功能于一体的大型教育培训综合体，它也是虎门镇政府支持的重点文化工程之一。虎门智库少年宫以少年儿童成长发展的健康需求为导向，运用"互联网＋全少儿教育生态服务圈"为载体，以虎门教育城场馆和线上教育平台为工具，以少儿成长教育为特色，以成人培训为基础，以艺术教育、主题活动、团队建设为主导，心理辅导、成长锻炼、家庭教育指导和少年社会交流为特色的综合性社会教育服务平台。把社会效益最大化作为工作目标，为少年儿童健康成长和发展提供全方位的服务。

江厦智库依托宁波市 14 万家民营企业主体，通过政府资源、学术机构、民营经济、传媒等，建立多层次、复合型、实战型的策划咨询团队和专业研究部室，在宁波市儿童事业发展方面发挥了重要的作用。智库致力于为宁波民营企业提供科学理性、富于前瞻性和可操作性的智力服务，智库为大部分企业规划和提出了员工亲子活动基地的设想，在保证企业员工高效工作的同时也使员工与孩子之间的亲子关系更加密切。大部分企业通过与智库合作，建立了企业幼儿托管所，缓解了企业员工工作与家庭之间的不平衡矛盾。智库有全国性的网络媒体服务能力，可实现线上线下传播全覆盖，与中央级文化出版集团，研究机构，知名高等院校，全国主流财经媒体，各主要区域省、市传媒结成战略合作伙伴关系，保障了信息的准确和时效性。

三、学术群体型智库与儿童公益

学术群体型智库常常通过组织专题研讨会、开展课题研究、编发内部和公开出版物交流的方式来交流思想和观点并产出研究成果。学术群体拥有丰富的研究资源、文献资源和硬件设施以及活跃的学术交流氛围(夏东荣，2018)。有利于组织专家跨学科和多领域研究问题，特别是在需要多个交叉学科联合攻关时，学术群体的优势就会凸显出来，为其攻克综合性问题和复杂性课题创造了条件。学术社团又称学会，历来有"社会智库"之称，是民间社团的一种存在形式，学会的组织架构、运营机制和功能具有一定的独特性，是社会发展过程中必不可少的一种民间组织。具体介绍如表 5.7。

表 5.7 学术群体型智库儿童公益领域代表

智库名称	成立时间	服务领域	儿童研究服务范围
南京市教育学会	1981 年	科学研究、教学改革试验、教育成果推广和教育问题咨询	在儿童及青少年的教育课程研究以及教学实践上提供咨询与服务
看见未来·儿童智库	2018 年	儿童未来教育、儿童素养研究、儿童教育创新	保护维护儿童权利、发挥儿童智慧、创造和建设满足儿童需求的物品和空间
中国儿童发展论坛	2019 年	聚焦儿童发展问题	儿童发展的前沿理论、政策制定、实践行动
湖畔魔豆公益基金会	2017 年	关注困境母亲和困境儿童	困境儿童、贫困儿童、儿童发展、科学养育、婴幼儿早期发展
中国医学语言研究及儿童语言发展史高端论坛	2018 年	儿童语言发展、国内医学语言与文化研究	儿童语言认知和语音词汇的发展评估、儿童语言的语音和语法、国内儿童医学语言的理解和校订
儿童早期发展国际论坛	2018 年	关注 0～3 岁儿童早期发展	儿童平等发展、儿童科学养育、贫困代际传递

为探究教育理论与教育发展问题，南京市于 1981 年创立教育学会，经过 30 多年的发展，南京市教育学会已成为集教育科学研究、教学改革试验、教育成果推广和教育问题咨询为一体的教育组织，在教育改革进程中发挥着重要的补充作用。教育学会成员以问题为导向，用独特的管理方式，积极在儿童及青少年的教育课程研究以及教学实践上提供咨询与服务，力图推动儿童及青少年教育的科学化与民主化进程，体现了教育学会工作的学术性、专业性和建言性(汪朵，2015)。

2018 年 6 月 21 日，由真爱梦想公益基金会举办的“看见未来·儿童智库”启动仪式暨首届儿童智库高峰论坛在上海举行，看见未来·儿童智库隶属于基金会旗下的看见未来教育研究院。看见未来·儿童智库是一个跨界、共创、前沿的教育研究平台，致力于开展创新、实用、可持续发展的儿童素养教育研究。看见未来·儿童智库倡导和推广符合以儿童为中心的教育理念和项目、帮助儿童推动教育创新，促进儿童友好社会的发展。智库提倡用儿童的视角来重新观察、思考和重塑教育和生活。智库重视和发挥儿童智慧的价值、保护和维护儿童的权利、创造和建设满足儿童需求的物品和空间，更进一步给予儿童机会让他们自己去设计和建设他们自己的世界。

中国儿童发展论坛是一个权威的、具有国际影响力的儿童发展论坛。论坛围绕“儿童友好:让世界更美好”的主题在中国儿童中心进行了相应探讨。中国儿童发展论坛由中国儿童中心和中国教育三十人论坛共同发起主办,是国内第一个聚焦儿童发展问题的论坛。中国儿童发展论坛聚焦儿童发展,凝聚社会共识,提供决策参考,为增进儿童福祉、促进社会进步发挥了巨大的作用。论坛围绕我国儿童发展的前沿理论、政策制定、实践行动等,建立了一种新的对话和交流的机制与渠道,力图将论坛建设成为跨越学科领域、社会各界参与的深度交流平台,为推进儿童友好成为社会共识,推动儿童友好从理念转化为政策和实践打下了良好的根基。

浙江省湖畔魔豆公益基金会由阿里巴巴集团彭蕾、闻佳等12位女性合伙人于2017年9月8日联合发起成立,湖畔魔豆公益基金推进了“养育未来”的项目,“养育未来”项目成为中国在0～3岁儿童早期发展工作上全新的经验。项目致力于贫困地区农村母亲践行科学养育,实现农村儿童平等发展,是目前中国乡村地区落地规模最大的,探索贫困家庭孩子早期发展的公益项目,专注于对孩子科学养育的投入,促进婴幼儿认知、语言、运动和社会情感的发展。以整合更多的社会力量联动参与,为推动中国儿童早期发展事业提供模式和路径参考,为助力乡村振兴、带动创新创业等方面发挥积极的作用。

2008年,中国医学语言研究及儿童语言发展史高端论坛在济南举办。论坛成立了山东省医学语言与文化研究专业委员会,举办了2000年以来全国首次“儿童语言发展讲习班”,讲习班于2018年11月由山东大学与中国香港教育大学合办,对儿童语言发展的认知基础、语音与词汇的发展与评估进行了细致入微的解释,并从儿童的语音到语法各个部分的发展与评估进行了分析。论坛的开展以及讲习班的开设填补了国内医学语言与文化研究领域的空白,利用跨学科的特色,对医学语言及儿童语言进行了相关研究,对儿童语言发展的前沿进行分析,是一个有效促进儿童发展、增进儿童福祉的交流平台。

儿童早期发展国际论坛于2018年在西安举办,论坛关注0～3岁儿童早期发展,为未来中国开启儿童早期发展的普惠服务模式打下了基础。论坛由陕西省商务厅、陕西省卫生健康委员会、陕西省妇女联合会与阿里巴巴脱贫基金、浙江省湖畔魔豆公益基金会共同主办,特别邀请了诺贝尔经济学奖获得者James Heckman、美洲开发银行和斯坦福大学等研究机构的专家学者进行多方深度对话,在实现儿童平等发展、促进儿童科学养育方面进行相关研究与讨论。儿童早期发展国际论坛积极关注与研究贫困地区的儿童早期发展,在促进中国区域公平发展、提升中国未来人力资本素质、切断贫困代际传递等方面有着重要意义。

第六章　基金会与儿童发展

第一节　基金会的缘起

一、基金会的定义

基金会最早起源于西方社会中世纪基督教的传统，其发展历史大约有一个世纪，现代意义上的基金会是在吸收早期的基督慈善传统和关于慈善救助的相关法律的基础上形成的一种具有创新性管理模式的慈善机构。目前学术界中对基金会的界定并没有统一的标准，不同学者、不同国家以及不同的时代环境中关于基金会的定义也都会有所不同，以下是关于基金会的相关定义解释：

“基金”一词，在《辞海》中的释义为：“通过国民收入的分配和再分配形成的具有特定用途的基金、消费基金等。”基金会则是从英文 found 或 foundation 转译而来，包含三层含义：一是指具有特别用途的资金；二是指公共来源和用途的资金；三是指特别资金的管理机构。

国外学者 James Allen Smith 提出自己对基金会定义的看法，认为基金会可以被简单地理解为拥有自己的资产，由受托人或负责人管理，追求确定的某项公共目标的非政府、非营利的机构（James Allen Smith，1999）。美国基金会中心将基金会定义为：非政府的、非营利的、自有资金（通常来自单一的个人、家庭或公司）并自设董事会管理工作规划的组织，其创办的目的是支持或援助教育、社会、慈善、宗教或其他活动以服务于公共福利，主要途径是通过对其他非营利机构的赞助。

我国政府在《基金管理条例》中定义基金会，是指利用自然人、法人或者其他组织捐赠的财产，以从事公益事业为目的，按照本条例的规定成立的非营利性法人。我国政府按照资金筹募所面向的群体，将基金会分为面向公众募捐的基金会（即公募基金会）和不得面向公众募捐的基金会（即非公募基金会）；其中公募基金会按照募捐的地域范围，又可以分为全国性公募基金会和地方性公募基金会(国务院，2008)。

通过上述关于基金会的定义，可以总结出目前关于基金会的定义有三点共同的地方。首先，基金会具有非政府、非营利的性质，这种性质是基金会区别于其他的营利性组织和政府性组织的一个重要的方面；其次，基金会自身具有一定的资金，这一特点使得基金会又不同于其他的非营利组织和非政府性质的社会公益组织，与其他的社会公益组织相比，基金会对外界资金的依赖程度较低；再次，它是一种能够通过对其他非营利性组织进行捐助，最终达到服务于社会公共服务目标的组织。

具有一定资金基础的基金会通过将资金赞助给其他非政府、非营利组织，从而推进这些非营利性社会组织的发展，从这个方面来说基金会对非营利、非政府组织的发展具有重要的影响和作用，同时其自身对社会资源的依赖程度也远远小于其他的非营利性组织，因此相比之下，基金会更容易摆脱受制于各种资源的依赖而产生的控制，能够以一种独立自主的方式开展社会公益性服务，这也是基金会与其他社会公益组织之间最大的区别。

二、基金会的分类

(一) 以是否面向公众捐募为标准

按照是否面向社会公众捐募，可将基金会分为公募基金会和非公募基金会。前者是指可面向社会公众进行募捐的基金会，后者是指不向社会公众进行募捐的基金会，这是我国目前常用的一种基金会分类方式。

(二) 按照资金的使用方式进行分类

根据基金会资金的使用方式，可将其划分为资助型基金会、运作型基金会以及混合型基金会。资助型基金会是将资金主要用于资助其他组织或者其他的非政府组织和非营利型组织进行项目活动，而基金会自身并不开展社会公益项目；自筹资金运作公益项目的运作型基金会一般属于非公募基金会的一种，运作型基金会的资金主要资助基金会自身的社会公益项目的发展；而混合型基金会是以上两种类型基金会的综合，该种基金会强调将资金用于自身运作的同时，也为其他的非政府组织以及非营利性组织提供资金上的支持，这种基金会兼具资助型基金会和运作型基金会的运作方式的特点。

(三) 按照基金会的资金来源和运作方式来划分

以这种方式作为划分标准的主要是美国等地区，美国基金会中心把基金会分为四种类型，分别是：独立基金会、公司基金会、社区基金会以及运作型基金会。

(1) 独立基金会又被称为捐赠型基金会，是指为各种机构的项目提供资助且资金主要是来自个人和家族的基金会。

(2) 公司基金会是一种通过捐赠运行的组织，其资金主要是由公司或者企业提供的，但公司基金会与该公司或企业具有密切的联系，基金会捐助的方向也是与公司的业务方向有紧密关联。

(3) 社区基金会是由社区的各方代表组成小组通过共同商讨决定资金的使用，了解当地社区的需要，充当联结者的作用。社区基金会的资金来源渠道广泛，资金的来源为个人、家庭、企业、政府等社会各界的捐赠。

(4) 运作型基金会的资金来源主要是个人或者是家庭，运作型基金会的作用是对相关的社会福利项目进行研究和推动，基金会强调的是自身对相关公益性服务的研究，在运作型基金会中对外的资助较少，主要任务是利用基金会的资源来开展研究或直接提供相关的服务。

(四) 根据基金会资金使用的不同目的为依据

根据基金会资金所使用的目的，可以将基金会划分为一般目的基金会和特殊目的基金会。其中一般目的基金会支持的领域超过一个，包括健康、教育和环保等方面，而特殊目的基金会往往仅涉及一个具体的领域和主题，比如癌症研究等(王晓丽，2006)。

(五) 按照基金会的资源来源

根据基金会资源是来自私人或者公众，可以将基金会分为公共类基金会和私人基金会，公共类基金会指的是基金会资源的三分之一或者三分之一以上来自公众的捐助，低于这个比例，尤其是公众的捐款的支持率低于 10%的基金会，那么就属于私人基金会(杨团，2010)。

(六) 按照基金会存在的时间期限划分

以基金会存在的时间长短作为划分的依据，可以将基金会划分为永久型基金会、随意型基金会、中止型基金会。永久型基金会强调基金会的管理者要遵循基金会的宗旨，这种基金会一般情况下会一直存在；随意型基金会是指对基金会相关的资金并没有做出明确规定，由基金会的管理者自己决定；中止型基金会大多是由资金较少的基金会组成的，这是一种短期的基金会，最终这种类型的基金会会被解散。

三、基金会的特征

不同国家、地区以及不同学者对基金会的定义都各不相同，在对基金会的分类上也根据不同的标准产生了不同的基金会类型，但是总的来说基金会的公益性、非营利性、非政府性将基金会区别于一般的企业和政府机构，基金会具有一定的资金基础这一特性又将其区别于一般的非营利性、非政府性的社会组织。下面将对基金会的公益性、非营利性、非政府性以及具有一定的资金基础进行解释：

（一）公益性

基金会的公益性指的是基金会从事的是一种公益性的社会服务活动，以为社会公众提供福利，为了实现社会大众或者是社会上大多数人的利益为主要目的，活动是增进社会大多数人的社会福利，提升社会服务。基金会的公益性首先体现在基金会的宗旨和价值理念上，会通过基金会的宗旨和价值理念的形式展现出来，并对基金会的公益性做出明确规定；其次，基金会的资金主要是来自捐赠，最终也会以捐赠的形式为其他非营利性组织和非政府组织的服务活动提供支持，达到增加社会福利的作用。

（二）非营利性

非营利性是基金会一种重要性质之一，它使得基金会区别于企业和其他营利性组织，非营利性要求基金会开展活动的最终目的是服务社会公众，使活动的特定群体或者是整个社会获得利益，基金会在运作中管理者以及捐赠人等都不能获得利益，基金会的资金只能用于符合基金会宗旨和价值理念的社会公益活动，不能以其他方式转移给私人所有。同时基金会的这种非营利性也对基金会的管理和运作具有一定的要求，强调基金会在管理和运作时要注重资金运作的自我监督和风险规避能力，在基金会管理上避免出现以收益作为工作绩效的状况。另外，非营利性对基金会在整体的运行和发展上的规范提出了要求，一方面要求基金会注重自身运作中的自我监管，防止出现片面追求经济上的效益，另一方面要求基金会的运作能够提升组织员工的工作积极性，避免出现工作低效状况。

（三）非政府性

非政府性是指基金会不是政府机构或者是政府部门，基金会是独立于政府而存在的。基金会内设有董事会共同对基金会事务进行管理和决策，通过这种管理方式确保基金会的管理和决策更具有民主性和独立性，这是明显不同于政府的科层体制下的一种决策和管理方式。另外，基金会的非政府性强调基金会是一个具有社会性、民主性的民间社会组织。虽然基金会是在政府的管理下进行运作的，但在很大程度上基金会活动的开展具有自主性，其具有自身的决策和管理方式。

（四）具有一定的资金基础

具有一定的资金基础这一特性是基金会有别于其他非政府组织和非营利性组织最重要的一个特性。首先基金会的资金来源是捐赠人将资金以捐赠的形式形成的基金会的公益财产，基金会在成立之初就具有资金基础；同时，基金会的资金不仅仅是简单的作为开展基金会相关服务活动的资金资源，大多数基金会会将基金会的资金进行捐赠以帮助其他非营利性组织和非政府组织活动项目的开展。最后，基金会具有一定的资金基础但这种资金具有公益性，资金的使用受到监督，基金会本身需要以良好的社会公信力作为运行的基础（马爱民，2011）。

第二节 基金会的发展状况

一、国外基金会的发展状况

西方基金会的发展最早可以追溯到古希腊时期，当时出现了以捐赠的形式所建立的具有公益性质的图书馆和大学，同时早期的捐赠活动主要是社会各界用来支持教学和学术研究所进行的。1601 年英国女王伊丽莎白颁布了人类史上第一部慈善法——《济贫法》，这部法律的颁布标志着基金会历史的开始。自《济贫法》颁布之后，西方逐渐形成并且确立了以法律的形式来调节社会税收的制度，这为后来将私人财产以捐赠形式投入社会公益活动的形成奠定了一定的基础，也为后来推动基金会在欧洲各国盛行奠定了基础，《济贫法》成为社会公益事业发展的一个具有阶段性的标志（中国科学基金会，2010）。

（一）美国基金会的发展历史及发展状况

目前西方社会中基金会发展最好、涉及的领域最广、产生的影响最大的是美国的基金会。产生于 19 世纪末 20 世纪初的美国基金会经过 100 多年的发展已经成为美国社会中非政府组织的重要的部分，人们将基金会的产生称为慈善事业的一种变革和“慈善工业”时代出现的一种标志。1831 年，美国富商吉拉德捐赠案例使得捐赠主体和受益主体得到了明确界定，捐赠财产的公益性的指向更加清晰，这标志着美国公益基金会的诞生，也为美国南北战争后公益基金会的产生奠定了一定的基础。

美国基金会的产生受到多种因素的影响，真正意义上的基金会出现于 20 世纪初，伴随经济的快速发展，美国社会的资金和财富得以快速累积，产生较为集中的资金聚集，但同时，美国社会贫富差距不断扩大，由此引发了社会不平等、社会矛盾日益激化的现象，为缓解这些矛盾，在社会政策的支持下，美国进入了推动基金会发展的繁荣时期，在这一时期基金会的发展有效地缓解了社会贫富差距所带来的社会矛盾，也促进了美国社会公益事业的发展和进步，美国的基金会在这一时期得到了快速发展和壮大。

20 世纪 50 年代，基金会一方面缩小了美国社会贫富差距，推动了基金会捐赠方式的多元化；另一方面出现了逃税、管理不当等问题和行为，基金会的发展一时之间出现了两种现象并存的状况。针对这一现状，20 世纪 60 年代美国进行了税制改革，对基金会的税务进行了严格的监督和规范，这次改革进一步推动了基金会朝着透明、民主和开放的方向发展，增加了基金会的公信度，也为基金会的进一步发展提供了法律保障。在这一时期，基金会的发展逐渐由传统的单一捐赠方式走向多元化，基金会的管理和规范更加科学民主化。据不完全统计，在 2000 年，美国基金会达到 56 600 多家，资产总数额达到4 860 亿美元，每年向社会资助达 290 亿美元。

（二）德国基金会的发展历史及现状

在全球基金会中，德国基金会在发展历史、发展规模以及成果等各个方面也具有领先地位。据统计，截至 2018 年，德国登记的基金会数量达到了 24 000 家(Bundesverband Deutscher Stiftungen，2018)。在德语中，基金会是一个非常古老的词，有上千年的历史，在德语中“基金会”的意思是捐献自己的财产；在 13 世纪，基金会事务正式成为教会法的组成部分并且逐渐出现与教会基金会相区别的世俗基金会。

在德国，关于基金会的定义：首先，基金会有单独组建的独立非营利性团体；其次，基金会拥有确定、可靠的收入来源，这些收入通常来自但不仅限于捐款；再次，基金会设立了专门的管理机构；最后，基金会通过支持协会、慈善组织、教育机构、个人或者开展自己的项目，将其金融资源用于实现公益目的。

德国基金会的种类按照是否具有法律能力可以分为具有法律能力和不具有法律能力的基金会。主要分为五种,第一种是民法基金会,是基金会形式中最为典型和最主要的形式。截至 2018 年年底,德国基金会中具有法律能力的民法基金会有 22 743 家,占基金会总数的 95%。第二种是较为罕见的基金会替代形式,如基金会协会以及基金会责任有限公司等。第三种是政治基金会。第四种是德国的家族基金会,这类基金会主要是服务于特定的受益家族,一般受益者与捐赠者之间是亲属家族关系。第五种是教会基金会,主要是为教会事务提供服务、受教会管理的基金会(Bundesverband Deutscher Stiftungen, 2018)。

(三) 日本基金会的发展历史及状况

日本学者堀内生太郎将"组成将为个人或集体从事研究及各项事业提供资金,为本国学生或留学生提供奖学金,为个人或集体的优异业绩提供表彰和奖金等各类活动的团体"定义为基金会。日本最早的真正意义上的民间基金会是由陶器之王森村市左卫门建立的森村丰明会;在第二次世界大战之后,日本的大部分基金会受到影响被中断;此后出现了其他用途的基金会类型,直到 20 世纪 70 年代后半期,资助福利性的基金会开始出现。从日本基金会资助的内容上看,研究类、奖学金类的基金会占有很大一部分;在资助事业类别上,以科技和教育为主,而在福利事业以及文化艺术和环境、市民活动上的资助占比较小(堀内生太郎,2007)。

二、我国基金会的发展历史

1981 年我国第一家基金会——中国儿童少年基金会由全国妇联、总工会、共青团中央等全国性社会团体和单位共同发起建立,这标志着我国第一家基金会的成立,中国儿童青少年基金会的成立也标志着中国基金会发展的开始。1985 年,作为第一批非政府性质的基金会的爱德基金会成立,2007 年,以网络作为媒介发起的第一家互联网基金会——腾讯慈善基金会建立。图 6.1 是自改革开放之后,我国部分基金会的成立时间状况:

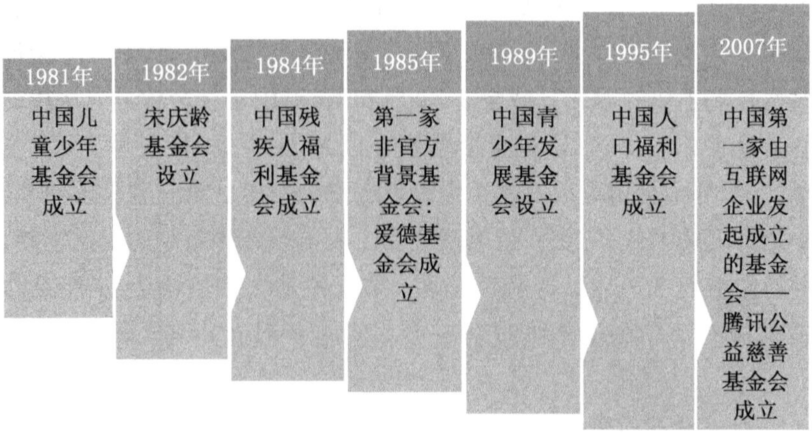

图 6.1　我国基金会的成立时间状况

20 世纪 80 年代开始，基金会得到了快速的发展。据民政部 1986 年 8 月的统计，基金会当时多达 6 275 个（民政部，1986）。1987 年 9 月的不完全统计，当时全国已经建立起各种相对规范的基金会共 214 个，其中全国性基金会 33 个，地方性基金会 181 个（民政部，1987）。1996 年全国性的基金会有 71 家，注册过的基金会达到 1 801 家（民政部，1996）。2004 年初，全国共批准基金会约 1 200 家，其中全国性基金会 80 余家（民政部，2004）。图 6.2 呈现了全国性基金会数量的变化状况。

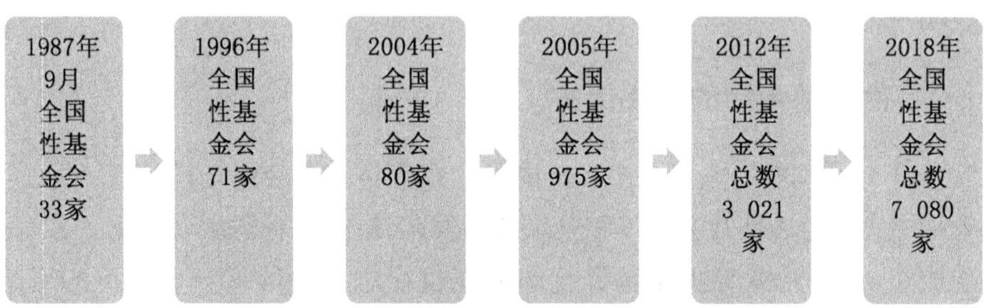

图 6.2　全国性基金会的数量增长状况图

全国性基金会数量从 1987 年至 2018 年，总体上呈上升趋势。从 1987 年全国性基金会数量上的几十家到 2018 年年底的七千余家，基金会的发展速度快，尤其是自 2004 年后，全国性基金会在数量上呈显著上升趋势。

为了促进基金会的规范、良性发展，促进基金会在发展中更好地适应社会发展现状，在法律上我国也出台了相关的社会政策和法规，从基金会的成立条件，发展和管理以及基金会的整体运作，基金会所提供的服务等方面出台了相应的法律法规，对其运行和发展进行科学合理的规范和管理。这些相关政策的出台，一方面促进了基金会的发展和不断完善，为基金会的发展奠定了法律基础；另一方面也推动了我国社会公益事业的进步。表 6.1 列出近年来我国基金会方面的相关政策（基金会论坛 CFF2018，2018）。

表 6.1 我国出台的关于基金会的相关政策

出台时间	相关政策	内容及影响
1988 年	《基金会管理办法》	规定民政部负责基金会的登记管理，从法律角度上规范了基金会发展的法治化和科学化
1999 年	《中华人民共和国公益事业捐赠法》	该法律对捐赠和受赠以及捐赠财产的使用和管理等方面进行了明确的规定，保障了合法权益
2001 年	《信托法》	以法律的形式规范了公益信托的性质、范围以及批准方式
2004 年	《基金会管理条例》	改变了基金会社团法人定位，规范了管理和运作，第一次以官方行政文件的形式同意国外非营利机构在中国注册
2005 年	《民间非营利组织会计制度》	对基金会的会计核算制度进行规范化
2006 年	《基金会年度检查办法》	加强了对基金会和境外基金会代表机构的管理，对基金会遵守法律、法规和章程开展活动情况进行有效监督
2006 年	《基金会信息公布办法》	规范了基金会信息公布活动，保护捐赠人以及相关当事人的合法权益，保证公布信息的准确性和完整性
2009 年	《关于进一步加强社会捐赠信息公示工作的指导意见》	进一步规范了社会捐赠信息，完善社会捐赠信息公示工作制度
2012 年	《关于规范基金会行为的若干规定》	对基金会的交易合作、保值增值行为、基金会的信息公开等做出了具有可操作性的指导
2014 年	《关于促进慈善事业健康发展的指导意见》	意见中对慈善事业提出了总体要求，并鼓励和支持以扶贫济困作为开展慈善活动的重点，进一步地加强和改进了慈善工作，统筹社会资源和保障民生的发展
2016 年	《中华人民共和国慈善法》	该法律对慈善活动进行了解释，分别对慈善组织、慈善募捐、慈善捐赠以及慈善信托、慈善财产、慈善服务等方面内容进行了具体的规定

从表中可以发现基金会政策在不断完善，相关政策包括登记管理、捐赠、受赠以及捐赠财产的使用和管理，对基金会的性质、信息以及管理和运作等方面，总体可以发现在政策上基金会的管理在日趋完善，相关的政策在不断地细化和明确，对基金会的规范方面提出了更为明确的要求，同时在法律法规上从不同角度来规范和促进基金会的发展。

第三节　现阶段我国基金会的现状及特点

一、我国基金会的发展现状

（一）我国基金会的发展阶段

中国现代公益基金会是改革开放的产物，基金会的发展伴随着中国市场化的进程不断推进，我国的基金会在一定程度上也是为应对在现代化进程中出现的问题而产生和发展的。因此，从市场化进程的角度上来分析基金会的发展过程，可以大致将基金会的发展历史分为以下三个阶段：

第一个阶段是1980年之前，这是发展早期的基金会。在这一时期，早期的公益形式因受到集体所有制和全民所有制的体制影响，与传统计划经济体制相结合的现状使其在公益领域没有存在的需要，这一时期基金会发展处于开始阶段。

第二个阶段是20世纪80年代到2004年，这一阶段属于基金会过渡发展阶段。由于市场经济的发展，改革开放的力度开始加大，在这一时期所有制开始向着多元化的方向发展，市场经济开始不断推进，但同时传统的体制还是居于社会的主导地位，公益事业一方面出现了适应市场的发展状况满足市场的要求得到发展的状态，另一方面又在不同程度出现排斥与体制利益不同的公益行为，但总的来说这一时期处于平稳过渡阶段，在适应和排斥两种不同的状态下，我国的基金会在这一时期总体上还是处于不断发展的。

第三个阶段是基金会的快速发展阶段。在这一阶段中，自2004年《基金会管理条例》的颁布，条例对基金会的相关条例进行更改，改变了之前不允许非公募民间基金会的登记状况，同时市场经济的快速全面发展为基金会的发展提供了良好的生存环境。在这一阶段中，我国基金会受到良好的生存环境支持以及社会政策方面的支持，在这一阶段处于快速发展状态（葛道顺，2009）。

（二）我国基金会现阶段发展状况

1988 年 9 月出台的《基金会管理办法》规定，基金会办理登记手续前，要求注册资金最低 10 万元，需要对其进行审批，同时基金会的成立需要得到允许并且有政府部门对其进行主管。2004 年颁布的《基金会管理条例》中对基金会社团法人的定位进行了修改，同时对基金会建立的要求、组织方式等进行了规定，规范了基金会的管理和运作方式。在 2004 年颁布的《基金会管理条例》中，政府对基金会进行了明确的分类，主要将基金会分为公募基金会和非公募基金会两种，公募基金会按照募捐地域范围又可以划分为全国性公募基金会和地方性公募基金会。这一条例的出台，一方面允许境外基金会在中国内地设立代表机构，并且由国务院民政部门负责境外基金会的登记管理工作；另一方面，对全国性公募基金会和地方性公募基金会的原始基金进行了规定，改变了之前不允许非公募民间基金会的登记状况。条例的出台在很大程度上促进了中国基金会的发展和成长，也为基金会的发展提供了良好的生存环境和发展条件。受到基金会的相关管理政策、社会经济的发展状况以及社会经济体制改革的不断推进，我国基金会的发展自此不断发展和壮大(杨团，2010)。

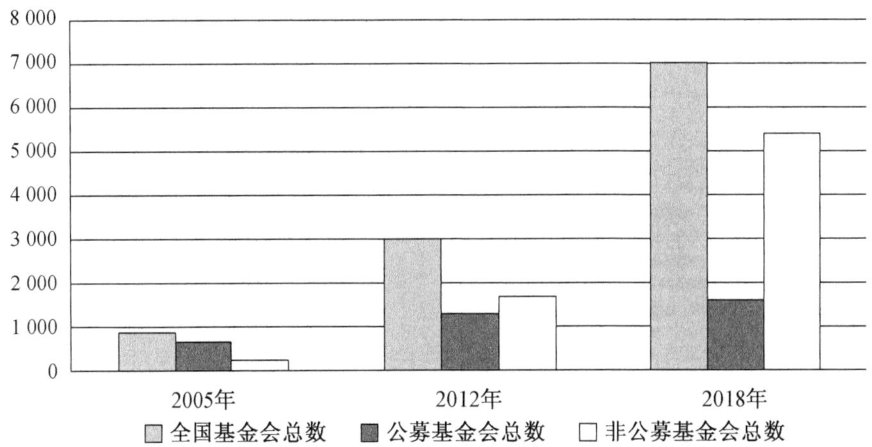

图 6.3　2005～2018 年全国基金会发展趋势图

图 6.3 是我国自 2005 年到 2018 年基金会发展数量的趋势图(基金会中心网数据中心，2019)。从图中可以发现全国基金会总数整体上呈现上升趋势且基金会总数的增长幅度较大，全国基金会的总数从 2005 年的 891 家增长到 2018 年的 7 020 家，其中公募基金会的数量由 2005 年的 646 家增加到 1 609 家，非公募基金会由 245 家增长到 5 410 家。从增长率上看，全国基金会的总体数量自

2005年至2012年上升了239.05%，2012年到2018年总体数量增加了132.37%；公募基金会的增长率从2005年到2012年为103.72%，2012年至2018年增长率达到22.26%；非公募基金会的数量增长率从2005年到2012年上升了595.92%，2012年到2018年增长率为217.3%。总体上可以看出基金会数量从2005年到2012年增长最快。并且在这两个阶段中，非公募基金会数量的增长率普遍高于公募基金会数量的增长率，非公募基金会的增长速度更快，其增长趋势明显快于公募基金会。

在全国基金会总数中，自2005年到2018年公募基金会的数量增长幅度小于非公募基金会的增长幅度，且两者间的数量差距在不断扩大，2005年公募基金会占全国基金会数量的72.5%，非公募基金会占全国基金会数量的27.5%，至2018年，公募基金会占全国基金会数量的23%，非公募基金会占全国基金会数量的77%，两者之间相差54%，非公募基金会发展的速度明显较快，而公募基金会的发展总体上较为平稳。

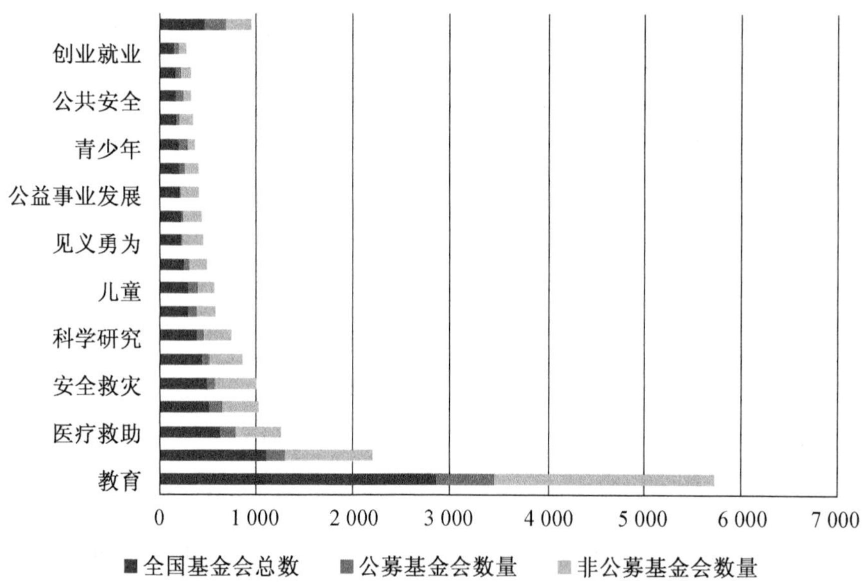

图6.4　基金会涉及领域分布图

图6.4是我国基金会涉及领域分布图(基金会中心网数据中心，2019)，从图中分布领域状况可以看出，我国基金会涉及领域广泛，包括教育、扶贫济困、医疗救助、文化、安全救灾以及科学研究等领域，其中涉及教育领域的基金会数量占全国基金会数量总数的41%。基金会涉及领域的分布状况呈现明显的分化，基金会关注的领域主要涉及教育、扶贫济困以及医疗救助和文化等方面，而基金会

在艺术、公共安全、公共服务等领域的关注较少。全国基金会中涉及教育领域的占 2 858 家，其中公募基金会 596 家，非公募基金会 2262 家；在扶贫济困领域中涉及的基金会总数有 1 108 家，公募基金会占 199 家，非公募基金会占 909 家；在医疗救助领域上，涉及的基金会有 627 家，其中公募基金会占 170 家，非公募基金会占 457 家；从文化领域上看，基金会涉及 513 家，其中公募基金会占 135 家，非公募基金会占 378 家；在安全救灾领域上，基金会涉及了 504 家，其中公募基金会有 63 家，非公募基金会涉及 441 家。总体上涉及的这些领域中占比重最大的是教育和扶贫济困领域，且这些领域中非公募基金会涉及的数量明显多于公募基金会的数量。

在活动领域上，公募基金会和非公募基金会之间既表现出一定的共同性，但也展现了很大的差异性。首先，公募基金会和非公募基金会都集中在教育、医疗救助、文化等领域，两者在教育领域都涉及得较多，公募基金会和非公募基金会中涉及教育领域的数量分别为 37%和 42%，两者对这些领域的关注度都比较高。其次，从图 6.4 中可以明显地看出，全国基金会总数中非公募基金会在这些领域的数量明显多于公募基金会，非公募基金会在这些领域中发挥重要的作用，同时从图 6.5 中可以看出基金会涉及领域上总体分布是不平衡的，教育、扶贫济困等领域占的比重较大，而卫生医疗、公共安全等领域涉及的比较少，我国基金会涉及的领域总体上是不平衡的。

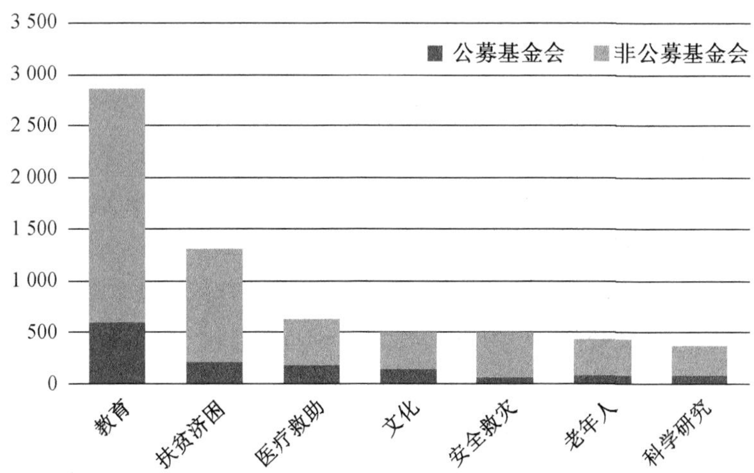

图 6.5 全国公募基金会和非公募基金会在主要领域占比

图 6.5 是全国基金会涉及领域的前七个方面状况图(基金会中心网数据中心,2019),可以明显看出公募基金会和非公募基金会之间存在数量上的差异。从所占的比重上看,非公募基金会在各领域所占的比重都超过 70%,而公募基金会占的比例较小,非公募基金会在这些领域中占有重要的地位。依据图表可以看出,在安全救灾领域公募基金会和非公募基金会之间的比重相差最大,非公募基金会占安全救灾领域基金会数量总数的 75.4%;公募基金会与非公募基金会之间的比重差距最小在医疗救助领域,两者之间相差 287 家。

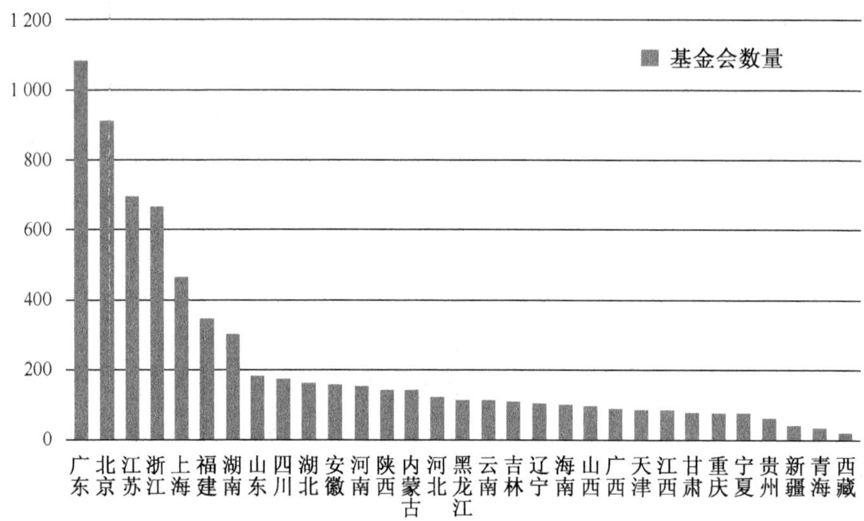

图 6.6 全国基金会地区分布图

图 6.6 是我国基金会在全国各省、市或地区的分布状况(基金会中心网数据中心,2019),从基金会全国地区分布上可以看到,广东地区的基金会数量最多,有 1 081 家,北京、江苏、浙江、上海和湖南等地区基金会数量分别是 911、694、668、467 和 303 家;基金会数量最少的地区分别是西藏、青海、新疆、贵州以及宁夏地区,分别是 22、33、44、61、77 家,可以看出,基金会分布以东部及沿海地区为主,而西部地区数量较少,其中西藏的数量最少,数量仅有 22 家,与广东相差了 1 059 家。基金会地区分布不平衡。

图 6.7 是公募基金会与非公募基金会在全国的分布状况示意图(基金会中心网数据中心,2019)。总体上各地区非公募基金会的数量占地区基金会的主要部分,虽然广东等地区的基金会数量较多,但是其中非公募基金会占较大的比例,而公募基金会数量最多的地区是江苏、浙江等,江苏公募基金会的数量占基金会总数的 20.3%,福建公募基金会占基金会总数的 8.4%,是公募基金会数量

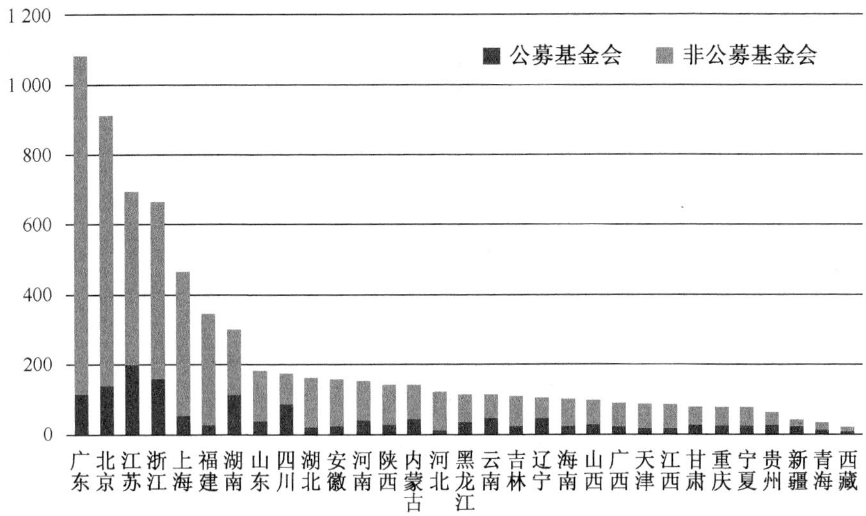

图 6.7　两种基金会在各地区的分布状况图

占比最低的地区。

从整体上可以看到，全国基金会的发展在时间上呈现出快速增长的趋势，公募基金会和非公募基金会都获得了较快的发展，尤其是非公募基金会发展迅猛；从全国基金会涉及的领域上看，基金会涉及的领域较为广泛且多样，但基金会涉及的领域较为集中，涉及领域的基金会数量不平衡，公募基金会和非公募基金会涉及的领域大体上保持一致；从基金会在各地区的分布状况上看，基金会分布的地区主要是东部及其沿海地区，相较而言，中西部地区基金会的数量较少，全国不同省份之间基金会的数量存在差异，地区分布上也呈现出不平衡的状况；从基金会净资产总量上来看，基金会净资产总量呈现上升趋势。

二、基金会发展的特点

(一) 数量上呈现上升趋势

2005 年全国基金会的数量为 891 家，到 2012 年全国基金会的数量达到了 3 021家，直至 2018 年，全国基金会的数量已经突破 7 000 家，全国基金会数量的上升趋势显著。十四年间全国基金会数量增加 6 129 家，2005 年至 2012 年基金会数量增长率达到 239.1%，2012 年至 2018 年基金会数量的增长率为132.4%，近十几年来，我国的基金会数量增长速度较快且上升趋势明显。

(二) 基金会涉及的领域广泛且有所偏重

一方面，我国基金会涉及的领域较为广泛，目前基金会一共涉及了 31 种不同的领域，包括教育、文化、老年、妇女儿童以及公共安全等领域，涉及的领域呈多样性；从基金会涉及领域的分布状况上看，基金会主要偏重于教育、扶贫济困以及医疗救助、文化、老年人等领域，其中教育领域是基金会数量上涉及最多的，达到 2 858 家；同时，涉及艺术、公共安全以及公共服务等领域的基金会数量比较少，总体上看我国基金会在涉及的领域上有所偏重。另一方面，基金会中公募基金会和非公募基金会涉及的领域既有相同点又有不同的地方。在文化等领域上两者涉及都比较多，但公募基金会对见义勇为以及儿童青少年领域侧重比较多，而非公募基金会则侧重于老年人和科学研究领域。

（三）基金会的地区分布不平衡

全国基金会的分布出现不均状况，总体上看基金会主要分布在东部沿海地区，而中西部地区的基金会数量明显少于东部地区；基金会数量最多的广东达到 1 081 家，而西藏地区的基金会数量仅 22 家，两地区之间基金会数量存在很大的差距；此外，公募基金会与非公募基金会的地区分布也呈现出分布不均的状态，其中非公募基金会的地区分布不均状况更为明显，地区差异性明显高于公募基金会。在全国基金会的数量分布上，广东、江苏以及上海等地区基金会的数量都超过 600 家，相比较新疆、西藏等地区不足 50 家，全国基金会在数量呈现明显地区差异；从基金会的净资产状况上分析，全国净资产前 100 家的基金会在北京、上海、广州、浙江以及江苏等地数量占 79 家，而其他地区所占的比例较小，两者之间也存在明显地区差异和分布不均状况。

（四）基金会的人才队伍建设有待完善

在人员构成上，全国基金会平均理事会成员为 11 人，平均年龄为 52 岁，全国基金会的平均全职员工数量为 3.13 人，26%的基金会没有全职员工，基金会全职员工数量最多的是中国扶贫基金会，大约有 180 名全职员工。总体上来说，基金会人员的年龄普遍较大且基金会全职员工数量较少，基金会人员的专业人才队伍有所欠缺，需要进一步的完善和健全，基金会理事会成员的年龄结构有待进一步调整和改善，基金会的全职工人数也需要进一步增加，我国基金会人员的专业人才队伍有待进一步建设和发展，从而促进人才队伍科学良好地发展。

第四节　我国基金会面临的挑战

总体上看，我国基金会近年来发展速度迅猛，不管是基金会发展的数量还是基金会涉及的领域、基金会净资产总量增长状况等方面都得到了较快的发展。在基金会的发展中，公募基金会和非公募基金会都得到了快速的发展，其中非公募基金会的发展尤为明显。基金会具有非营利性这一特点促进了国家发展稳定，并在一定程度上弥补政府功能的缺失和市场机制的缺陷。基金会在近年来发挥的影响日益深远，但基金会的发展是否能够长远地发挥其作用并在发展中保持良性状态是目前需要重点关注和研究的(徐政，2006)。虽然基金会在我国目前处于快速发展的阶段，但在发展过程中出现的问题和面临的挑战也是我们需要重视和关注的。总结起来目前存在的问题主要包括以下几个方面：

一、行政色彩浓厚，基金会的相关法律法规需要进一步健全和完善

虽然政府颁布了《基金会管理条例》《社会团体登记管理条例》和《中华人民共和国公益事业捐赠法》等与基金会相关的一系列的法律法规，但对于职责和义务、基金会的管理规范以及基金会与外界之间关系的确立都缺少相关的更为详细具体的法律规定，这在一定程度上不利于基金会的发展。同时目前非公募基金会的发展趋势迅猛，缺少有效的管理依据也不利于政府实施监管。

我国基金会的发展受到社会发展状况以及国家政策等一些因素的影响，在我国这种行政色彩较为浓厚的独特环境中，基金会在某种程度上也不可避免地出现对政府的依赖性，出现官方政治色彩较为明显的状况；我国大多数的基金会都是作为非营利性的非政府组织，但不管是在资源还是管理上都受到官方的影响，基金会从成立初期需要依赖政府获得人、财、物以及工作场所和各种政策，基金会的工作人员很大部分就是来自国家的政府部门或者由政府部门进行人员的任命和批准，处于这种环境下基金会在发展过程中寻求绝对的独立是无法实现的，可以说基金会虽然是作为非政府性的独立的组织或者机构，但基金会在方方面面都会受到政府的影响。

二、自身组织管理机制不完善

近年来基金会虽然得到了快速发展，但是基金会从发展的规模、种类到涉及

的领域，从基金会的发展历史到基金会发展的成熟程度上，与西方国家相比都是不够成熟的，单一的在数量和规模上的增加是当前我国基金会在发展过程中呈现得最为明显的一种特征，近年来政府放松成立基金会的要求和条件，这对促进基金会的发展和壮大具有重要作用，但同时基金会在发展中可能会出现盲目追求数量上增加的现象，而单个基金会的自身组织管理机制是否完善、其组织结构的管理是否科学有效、基金会未来的发展方向等都与基金会自身组织管理之间有重要的关联和影响。

三、专业人才队伍亟须建设，志愿者队伍管理有待加强

基金会一方面在数量上呈现快速增长，另一方面在专业人才队伍方面又出现严重缺失的现象。作为核心竞争力的人力资源对基金会的长远发展具有重要的作用，但实际中基金会的成员结构老化、缺少专业人才等问题突出，这一现状对基金会的未来发展具有严重的制约作用；基金会对志愿者队伍如何做到科学规范的管理也是目前基金会面临的一大挑战。一方面当前志愿者不再满足于单纯的业余性的、临时性的服务性的志愿工作，而是对志愿活动有了更高的希望；另一方面，基金会等机构希望将志愿者队伍进行更加规范化和科学化的管理，因此，基金会在面对志愿者队伍时如何对其进行管理、培训，发展长足有效的专业化的志愿者队伍，也是当前基金会需要解决的一大重要的任务。

第五节　儿童发展项目介绍——以爱德基金会为例

目前我国基金会的发展中出现的问题是具有普遍性的，下面以爱德基金会为代表进行介绍，并重点介绍爱德基金会的儿童发展中心，以此为切入口了解基金会参与儿童发展的具体过程和方式。

一、爱德基金会的基本情况

爱德基金会成立于1985年，是由基督教人士发起的一个非营利性、非宗教性质的民间社会公益机构。爱德基金会的机构宗旨是在信仰相互尊重的原则下共同献策出力，开展同海内外的友好交往，发展我国的社会公益事业，促进社会发展，服务社会、造福人群，维护世界和平。爱德基金会的机构

目标是促进我国的改革开放和社会发展事业、促进基督徒积极参与我国的社会发展以及促进各国人民的友好往来和资源分享。爱德基金会的建立较早，在我国有着较长的发展历史，其发展也具有较为明显的代表性。

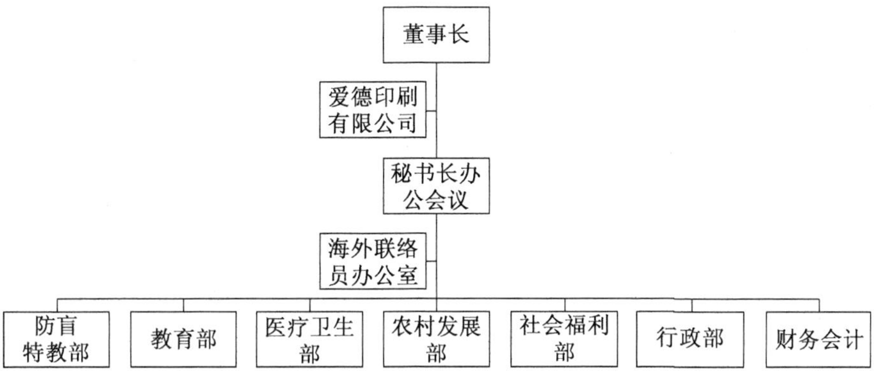

图 6.8 爱德基金会成立初期的组织结构图

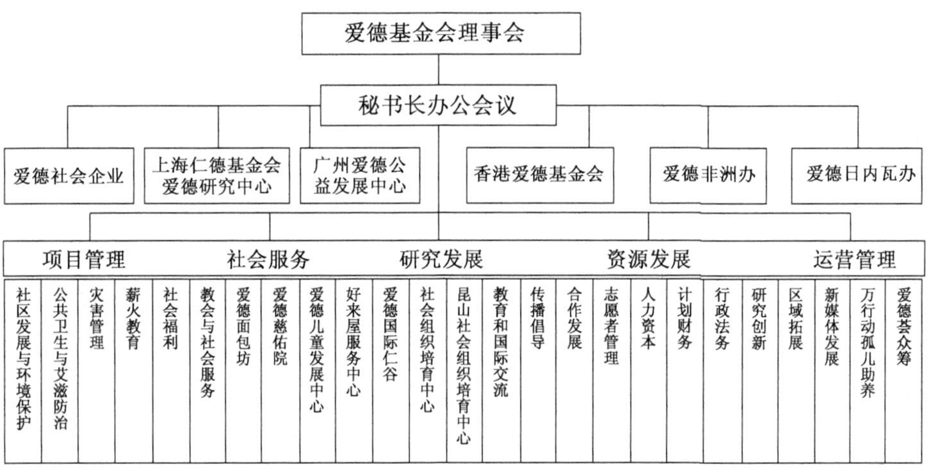

图 6.9 爱德基金会组织结构图

图 6.8、图 6.9 是爱德基金会从成立初期到 2019 年的组织结构图(基金会中心网数据中心，2019)，其机构的组织结构以及机构部门随着基金会的成长与发展和外部社会环境的变化发生了相应的改变。图 6.8 中可以看到，成立初期爱德基金会由董事长进行管理，下面设有爱德印刷有限公司、秘书长办公会议和海外联络员办公室，在秘书长办公会议下分别设立了七个部门，分别是防盲特教部、教育部、医疗卫生部、农村发展部、社会福利部、行政部和财务部。爱德基金会成立早期涉及的领域主要是关于特教、教育、医疗卫生和推进农村地区发展领

域,部门的划分也主要是按照爱德基金会早期成立时主要从事的领域进行划分,总体上看,基金会涉及的领域较为集中,从事的工作较为单一,基金会所从事服务的地区较为集中。

图 6.9 是基金会目前的组织结构和部门设立状况,可以看到现在爱德基金会是由爱德基金会理事会对秘书长办公会议进行直接管理,而秘书长办公会议下面分别包括了爱德社会企业、上海仁德基金会爱德研究中心、广州爱德公益发展中心、香港爱德基金会、爱德非洲办以及爱德日内瓦办这六大部门,这些部门所从事的工作主要包括五个方面,分别是项目管理、社会服务、研究发展、资源发展以及运营管理,这些方面可以具体细化为 24 个不同的分部门和单位。可以看到在当前发展状况下,爱德基金会开展的社会服务项目和活动等涉及的领域趋于多样化,涉及的事务既有社会服务又有项目管理方面,且随着基金会自身的成长壮大,其开展服务的区域不再限于国内,开始与国外合作开展社会服务项目活动,基金会自身的影响开始向外扩展并延伸到海外,影响范围也在不断扩大。

从组织结构上看,目前爱德基金会的理事会组成共 20 名成员,主要包括理事长、副理事长、理事、顾问、秘书长、监事会,其中理事长一名,副理事长两名,理事成员 12 名,顾问 1 名,秘书长 1 名,监事会成员 3 名,相比爱德基金会成立初期由爱德基金会的董事长直接对秘书长办公会议进行管理,当前管理层面上由理事会成员组成理事会对基金会进行管理。从决策层面上来看,理事会决策更趋向于科学化和民主规范化,避免了单个决策失误可能会给基金会带来的风险,同时,这种理事会的组成可以促进理事会成员之间的相互监督,很大程度上能够避免对基金会进行管理中出现腐败等现象。

通过对比,相比早期爱德基金会下设的简单型组织结构,当前爱德基金会的组织结构明显复杂,最高管理层面上的董事长由单个人管理变为由理事会成员组成理事会议进行决策管理,下属的部门也由原本的按照项目种类进行划分转变为按照地区进行划分,将从事的活动分为项目管理、社会服务、研究发展、资源发展以及运营管理这五大方面进行运作,由秘书长办公会议直接对这些部门进行管理。爱德基金会的组织结构经历了部分的细化和精简,总体上组织结构得到了完善,但在一定程度上也会发现由秘书长办公会议所管理的部门较多,部门种类多样,部门之间的信息沟通以及办公效率在某种程度上会受到影响。

二、爱德基金会参与儿童发展的社会项目

根据图 6.9 爱德基金会的部门分布状况，可以看到爱德基金会所从事的活动在项目管理、资源发展、研究发展、社会服务以及运营管理这五个方面，这五个部分又可以进一步细化为教育、社会福利、特殊儿童服务、社会组织培育、国际交流、志愿者服务以及区域行政发展等多个方面。

根据爱德基金会 2017 年发展报告显示，爱德基金会在 2017 年公益慈善项目的开展过程中，项目共有 14 项，以儿童作为项目对象开展活动的主要有以下几项：

(1) 在 e 万行动——孤儿助养项目中，项目采用混合型运营模式，该项目是面向全国范围内的儿童进行的一项教育方面的资助，2017 年该项目的年度收入约为 581.5 万元，项目的年度支出约为 488.4 万元。该项目自身累积筹资 2.3 亿余元，其中在腾讯公益平台的筹款累积超过 1.71 亿元，累积资助孤儿 4.1 万余人，在册受助的孤儿约有 3.1 万人。

(2) 薪火教育项目也是面向全国范围内的儿童提供教育方面的服务，该项目 2017 年收入 120.7 万元，年度支出 105.5 万元，项目包括开展危校重建、未来工程师、健康课桌以及重返校园等小型的公益助捐活动，项目以帮助儿童重建校园、配备教育资源、资助学生升学为目标开展。

(3) 社会福利项目是与全国 30 余家福利院进行合作开展的，社会福利项目活动中一共资助了 464 名院舍儿童，为特殊需要的儿童提供服务，项目的年度收入为 107.2 万元，年度支出为 86.1 万元，主要开展了关于儿童健康培训、儿童夏令营、开展融合教育和文化等项目活动。

可以看到关于儿童方面的项目是面向整个社会联合社会公益平台共同开展募捐活动，项目活动的范围比较广泛，涉及的领域也广泛，包括了重返校园、教育设施、健康培训以及儿童运动等多个方面。

三、爱德基金会儿童发展中心

在为儿童提供服务方面，爱德基金会特别成立儿童发展中心，儿童发展中心是以为特殊儿童提供健康康复和支持的部门。儿童发展中心作为爱德基金会下属的一个部门，成立于 2007 年，主要是为孤独症儿童、发展迟缓以及智力障碍和低下的儿童提供服务，通过提供适当的专业评估、康复训练、早期教育以及社会适应性的支持，帮助儿童解决困难和问题，从而为儿童提供全面的服务。

儿童发展中心作为主要是为孤独症和发展迟缓的儿童提供专业服务的机构，目前开设的班级主要包括了时段班、融合班、星星班以及特色班等。

时段班主要是为有特殊需要的儿童提供早期干预、为家长提供专业指导。该班级招收的学生为6岁以内的有特殊需要的儿童，主要是以时间段的形式进行教学，该课程是学生和家长一起上课的，老师进行教学，家长在课堂上进行陪护和学习，鼓励家长参与课堂教学和学习相关的干预技巧和理论。

融合班主要是针对准备或者已经进入小学的孩子更好地适应学校生活和学习而开展的一个班级，该班级注重对学生社交能力的训练，招收的对象主要是5～8岁有特殊需要、为融入普通小学做准备的儿童，融合班是一种特殊教育和普通小学的课程相结合的一种上课班级。

星星班是为有特殊需要的儿童进入幼儿园就读而开设的一种班级，该班级招收的对象是在5周岁以内的有特殊需要同时具有一些基本生活自理能力的儿童，该班级开设的课程是全天性的，是一种将特殊教育与幼儿园课程相结合的教学班级，旨在帮助儿童提升社会适应能力和减少情绪问题，是为学生能够进入普通小学和特殊教育班级进行学前准备的课程。

特色班是开设在课余时间的一种为特殊儿童提供个别化教育服务的班级，招收的学生年龄段较大，一般是在7～14岁，主要是采用一对一对儿童进行课程训练。

从机构的服务设施上来说，儿童发展中心从2007年成立至今，已经能够为特殊儿童提供较为完备的康复和教学训练设施；从班级配备的师资力量上看，儿童发展中心教师具有关于特殊教育的丰富经验，也有较为丰富的教学经验；另外，儿童发展中心经历过十多年的发展其管理机制和管理方式已经日臻成熟。儿童发展中心作为爱德基金会下的为特殊儿童提供服务的机构，在为服务对象提供服务、针对学生的特殊性开设班级以及组织志愿和队伍建设方面有很大的建树。

不同于一般的特殊儿童发展中心或者是儿童服务机构，基金会下属的儿童发展中心是在基金会的监督和管理之下进行独立发展的一个部门，其面向的群体主要是有特殊需要的儿童，为儿童提供的主要是康复服务和基本的教学训练，是一种不以营利为目的的服务部门。儿童发展中心需要定期向基金会报告中心的运作状况、资金的使用以及人员的工作状况，但另一方面儿童发展中心具有自己运作的独立性，发展中心的管理者会每周对机构的状况与工作人员进行交流，积极了解员工对中心运作的相关看法和观点以及相关的建议等，定期组织中心内的老师进行教学培训，为中心内的特殊儿童提供更好的服务和训练。

除了对机构内部员工的培训和组织管理，接受基金会的监督和管理之外，儿童发展中心在发展中会连接各类社会外界资源，建立以儿童发展中心的社会支持网络，以促进自身发展和成长。儿童发展中心对志愿者队伍的建设是一种长期有效的管理方式，通过与大学生社会实践团体建立联系网络，培训大学生志愿者，鼓励大学生志愿者们利用闲暇时间定期来发展中心为特殊儿童及中心的老师提供服务和帮助。与高校的志愿者团队建立起长期合作关系，在合理科学地规范志愿者队伍同时，也能使其为发展中心提供长效的服务。与其他的社会服务机构比较，目前儿童发展中心的志愿者队伍建设较为完善，大学生志愿者们能够根据自身的专业和能力为儿童发展中心提供相应服务，目前这种科学规范化的志愿者队伍已经成为儿童发展中心强有力的支持力量之一。儿童发展中心在志愿者方面更是会与基金会的其他部门之间进行合作，同属于爱德基金下的慈佑院，是一个为成人提供特殊服务和康复训练等的部门，这两部门之间既有差异性又有相同点，儿童发展中心的志愿者除了高校大学生志愿者之外，还有慈佑院中通过康复训练后具有一定能力的智障人士群体，他们在闲暇时为儿童发展中心提供基本的帮助和支持。

爱德基金会开展的项目包括多个小的项目，这些项目在具体实际实施中，一方面需要考虑基金会资金使用的合理性，同时也需要避免效率低下导致的不必要的繁杂。儿童发展中心的服务内容、服务宗旨、运行和管理等都较为明确科学，对中心内员工的管理和对外部资源的运用上都有了较为成熟和完善的程序和步骤，为儿童所提供的服务也会根据儿童的需要和发展状况进行适当的调整和改变。

纵观我国基金会的发展历史，总体上来看，我国基金会发展的历史相比于西方国家还是较为短暂的，目前人们对基金会的认识和理解还不多，对基金会的认识上存在片面性和表面化，社会成员对基金会的认识程度有待进一步加深。同时面对当前社会快速发展的环境下，基金会的外部和自身还存在一些问题，基金会在未来的发展中如何朝着更加规范和有序的方向发展，基金会的发展与政府的管理之间的问题等，都是有待进一步探讨的，关于促进基金会的体制更加健全完善方面也需要进一步的研究。

基金会虽然在中国的发展历史很短，但发展的速度比较快，面对当前社会经济高速发展以及社会转型这一背景，作为中国现代化事业的一个重要的组成部分，基金会不管在管理模式、理念、方法上都需要在借鉴西方社会发展经验的基础上实现本土化，需要让更多的人来认识和了解中国的现代基金会。

第七章　社会企业与儿童发展

第一节　社会企业发展概况

一、社会企业的基本概念

20 世纪 70 年代，欧洲国家因出现经济衰退，进而发生财政危机，社会企业作为一种全新的公益模式逐渐形成。社会企业把社会目标和商业运作、公益和盈利进行有机的结合，并且通过运用社会企业家精神创新公益。其作为一种社会治理和民生服务的创新载体，在提供社会服务的同时，通过商业模式运作赚取利润来贡献社会，从而为人民带来更多的利益。社会企业在欧美等发达国家已经发展了三十多年，不仅形成了成熟的发展模式，而且取得了丰硕的研究成果。但是在我国，社会企业只有十多年的发展历史，仍然处于从分散的创新期向市场的构建期逐渐过渡的阶段(张广迎，2017)。

社会企业在全球的发展可以分为两种路径，一种路径是公司企业的非营利化活动，另一种路径是非营利机构的商业化。由于社会企业涉及的概念范围较为广泛且形式多样，所以目前还没有对社会企业的概念有统一的界定。英国政府认为社会企业是指以实现社会目标为宗旨，而不是以追求股东利益最大化为使命的企业，所得利润将会再次投入社会中；英国社会企业联盟将社会企业简单定义为“运用商业手段，实现社会目的”。美国政府认为社会企业是采用不同形式去从事非营利性事务的组织，拥有社会目标的私营企业管理层、领导层都包括在内；而美国学术界对社会企业的定义描述为“社会企业是指一种为了实现社会目标而采取的以收入为基础的手段”(张广迎，2017)。我国将社会企业定义为“社会企业不是纯粹的企业，亦不是一般的社会服务，社会企业通过商业手法运作，赚取利润用以贡献社会。社会企业的社会目标是满足社会需要、创造就业机会、促进员工发展、建立社会资本、推动可持续发展”(李衍儒、江明修，2011)。

社会企业大致可以从以下角度分类：

(一) 组织动机导向角度

从组织动机导向角度，依据使命驱动和利益驱动对社会企业进行分类，可以分为使命中心型社会企业、使命相关型社会企业和使命无关型社会企业。

1. 使命中心型社会企业

使命中心型社会企业指企业以组织的使命为中心开展各项经营活动，采取自主筹集资金的方式完成企业的社会使命。这一类型的社会企业主要解决了弱势群体的就业问题。

2. 使命相关型社会企业

使命相关型社会企业常见的运营方式是社会服务的商业化。使命相关型社会企业的经营活动和社会使命密不可分，它不仅创造社会价值，而且通过创造经济价值贴补社会项目的运营成本。

3. 使命无关型社会企业

使命无关型社会企业的经营活动和社会使命无关，这一类社会企业用额外创造的经济价值弥补企业运营中产生的相关费用。

(二) 社会创新角度

从社会创新角度对社会企业进行分类，可以分为就业型社会企业和创业型社会企业。

1. 就业型社会企业

就业型社会企业主要是解决弱势群体的就业问题，使残障人士实现自力更生，为失业人员提供再就业的工作机会。就业型社会企业的主要特点就是以吸收就业为主要目的，它可以使就业人员的专业技能有效提高。

2. 创业型社会企业

创业型社会企业与社会创新息息相关，它把因老旧的方法和观念所束缚的社会资产进行全面解放与创新，使其充分运转，进而增加社会财富的总资本(张广迎，2017)。

二、社会企业的特点

1. 明确的社会目标和社会使命

社会企业的目标是解决就业、贫困、孤老救助、残障人员康复、贫困社区经济复苏、环境保护、医疗卫生等社会问题。明确的社会目标是社会企业的根本立足点，是社会企业合法性的依据，更是社会企业区别于一般企业的主要标志。社会企业具有明确的社会使命是为了更好地解决社会问题并且使社会福利体制逐步得到完善。社会企业的使命需要具备关注企业自身发展的优势及表现，时刻关注企业外部的机遇和需求以及坚定自身的信念三个要求。

2. 成功的商业模式运作

社会企业是通过商业模式运作来赚取利润从而贡献社会的组织机构。社会企业虽然不以盈利为目的，但是只有营利的社会企业才能实现社会目标，虽然不以利润最大化为目标，但是也追求利润。社会企业将社会目标与商业运作有机地结合，通过积极学习和吸收商业企业成功的管理经验和运营理念，运用成功的商业模式运作，逐渐成长为拥有可持续发展潜力的、能够创造独立资金来源的经济实体。

3. 社会福利体制的创新

社会企业将公益与商业相结合，创造出全新的社会福利模式。社会企业和传统的非营利组织不同，它需要创造出全新的社会价值。张广迎将社会企业比作社会的实验田，社会企业为社会政策的发展提供了宝贵的意见(王振香，2014；张广迎，2017)。

第二节　英国、美国及中国社会企业发展概况

一、英国社会企业

(一) 英国社会企业发展概况

20 世纪 90 年代，由于英国政府在宏观调控政策失灵、住房和劳动力供给所产生的市场失灵，导致普通民众住房困难和高失业率，为弥补社会福利体系失灵造成的社会不安定局面和解决民众公共需求，社会企业作为一种新的组织形式出现(涂智苹，2018)。此后，社会企业这一形式在英国得到了蓬勃发展。

在英国，社会企业有慈善商店、社区财务、合作社和社区利益公司等多种形式。英国的社会企业大多指“社区利益企业”，即企业活动的宗旨是为社区成员争取福利。社区利益公司是一种以社区发展和公司成员福利来实现社会利益的组织形式，并对公司所得利润的分配进行限制。2005 年，英国颁布了《社区利益

公司法》，严格限定社区利益公司中资产的使用以及红利的分配，并且如果社区利益企业的目标发生改变，必须经过法律的批准才能通过。该法规要求，社区利益企业不得向其成员分配获利及资产，它们必须永久由企业持有，并且限制使用社会利益以及转移给另一个慈善组织或社会企业。

在英国，为了使社会企业得到快速蓬勃的发展，政府对社会企业给予了很多财政支持，主要表现在通过建立投资基金为社会企业提供资金保障；鼓励社会企业参与政府购买服务；通过优惠的税收减免政策引导投资人对社会企业进行投资。英国社会企业融资形式已经形成内部和外部两种融资途径。英国政府已经由原来的输血式投资转变为现在的造血式投资，大力鼓励社会企业通过社会融资方式来满足资金的需求。这些融资途径在促进了社会企业的健康发展的同时，也推动了英国经济和社会的协调发展。

（二）英国社会企业的特点

1. 数量庞大

社会企业的发展在英国呈现蒸蒸日上的景象，社会企业和从业人员的数量都十分庞大。英国社会企业由于数量庞大，拥有一定社会基础，为社会公众提供了更多就业机会，解决了公众的就业问题，从而可以有效促进经济的健康发展。

2. 涉及领域和地区分布广泛

英国的社会企业作用于失业、贫困、教育、交通、金融、住房、回收、公共服务和私营部门等多个领域，涉及领域极其广泛。并且英国的社会企业无论在城市地区还是贫困地区都有分布。社会企业的广泛分布可以有效缓解城市地区和贫困地区发展不平衡的现象。

3. 法律形式多样化

英国的社会企业的法律形式十分多样化，最主要的法律形式包括信托基金、慈善组织、产业与互助会、慈善法人组织、非法人团体、有限责任公司以及社区利益公司。英国政府在2005年正式引入了社区利益公司这种新型的法律形式并且颁布了《社区利益公司法》，法律为社会企业的发展提供了更加有利的社会氛围。多样化的法律形式为社会企业的健康发展提供了更加充分的法律空间，使社会企业可以获得法律的支持和保障（张广迎，2017）。

4. 组织形式多样化

在英国，只要同时兼具市场化的运作机制和社会公益目标就可以被称为社会企业，社会企业通过创新的思维解决社会问题。社会问题的多样性和各地社会经济的特殊性导致了社会企业组织形式的灵活多变，为了使某一个社会问题可以得到有效的解决，社会企业家坚持不懈地追求创新精神，在创新中解决问题，促进社会的发展（王振香，2014）。

二、美国社会企业

在美国，由于长期的商业性组织经营模式导致经济危机不断发生，使环境遭到严重破坏，人们开始反思传统企业的经营模式对社会发展是否具有可持续性，以及是否有可替代传统企业模式的新的组织形式来解决这些问题。因此，社会企业因具有商业性又具有社会性，在美国得到发展（涂智苹，2018）。

20 世纪 60 年代末，“社会企业”在美国首次被使用，20 世纪 80 年代之后获得快速发展。虽然美国的社会企业最初起源于结合商业活动来获得收益从而满足非营利组织的兴起与发展，但是后来它逐渐被广泛地理解为一种集社会利益和商业活动为一体的组织安排，因此积极履行社会责任、追求公益使命的营利性质的企业也被纳入其中（徐君，2012）。美国社会企业可以分为社会目的企业、社区型企业和社区福利企业，这些社会企业通过传统的非营利组织进行运营和操作，把获得的商业利润用来补充财政缺口，进而支持社会企业精神的实现（于小杰、许艳，2018）。美国虽然在国家层面没有对社会企业进行立法，但是各州对社会企业的具体法律形式进行了界定，主要包括低利润有限责任公司、共益公司、弹性目标公司和社会目的公司四种法律形式（涂智苹，2018）。其中低利润有限责任公司和社会目的公司对投资人或股东的利益所得没有特殊限制，相对于其他法律形式较为灵活。

在美国，由于其文化十分多样性，社会奉行自由主义精神，因此社会企业的发展获得了公众的大力支持，主要体现在民间自治的特征，如各种基金会、咨询公司和科研机构等为社会企业提供资金支持、教育、培训、研究和咨询等各种服务。美国联邦政府也对社会企业提供一定程度的支持，如推出相关税务优惠计划，为雇佣弱势群体的私营企业提供税收优惠等（涂智苹，2018）。美国的社会企业融资方式主要来自私人组织的帮助，如各类基金会。此外，联邦政府在有限范围内给予社会企业一定的财政扶持，如为雇佣残疾人的社会企业给予一定的税收减免计划。美国的社会企业比较注重社会企业精神。非营利组织的领导人被称为社会企业家，他们被要求具有社会企业家精神（于小杰、许艳，2018）。

三、美国社会企业的特点

1. 私营组织为社会企业战略发展提供外部资金来源

美国的社会企业环境往往倾向于私营或商业，因此，支持性的体制环境主要由为社会企业提供财政资助、教育培训、研究和咨询服务的私营组织组成。美国社会企业的显著特征之一就是：社会企业战略发展所需的最外部资金来源不是政府，而是私营组织。美国的社会企业的资金来源不是政府拨款或私人资助，而是采用了劳动收入策略的私营组织，这样的性质使得非营利组织在项目运营上有更多的自主性和灵活性。

2. 社会福利市场化

美国社会企业最主要的组织特质是其“类商业”活动，即“社会福利的市场化”，并且将市场商业企业的竞争性形态关系引入社会福利领域，主要分为非营利性公益组织的商业化运作与商业企业的公益性取向两种模式，美国完善的创业政策体系及创业氛围是促进社会企业成长的重要保障。

3. 多元化组织形式

在美国，社会企业被越来越多地理解为由各种非营利和营利组织所构成的统一体：从具备社会承诺的营利公司，到同时兼具利润和社会双重目标的公司，再到通过商业化方式获得利润来完成社会使命的非营利组织。总而言之，社会企业在美国通常被认为是一个同时关注社会使命和经济收益的非营利或营利组织，美国的社会企业具备多元化的组织形式。

四、中国社会企业

（一）中国社会企业发展概况

2004 年 1 月，北京大学的《中国社会工作研究》刊载了北京大学刘继同教授《社会企业》的译文，“社会企业”开始进入中国视野。中国社会企业的兴起源自政府部门改革、非营利部门市场化、商业部门以及国际机构的推动。社会企业以解决社会问题和完成社会使命为宗旨，对促进社会的可持续发展起到了十分重要的作用，突出表现在提供就业机会、创造社会资本、提升社会凝聚力等方面（朱蕴嘉，2014）。

中国社会企业中比较出名的有解决残疾人集中就业的残友集团，鼓励汶川灾区妇女从事羌绣手工劳动、帮助其就业的“羌绣帮扶计划”，为贫困地区妇女提供家政培训的富平学校和从中国扶贫基金会的小额信贷扶贫项目中转制成立的小额信贷社会企业——中和农信项目管理有限公司等。

2012 年 11 月 13 日，英国社会企业联盟代表、英国社会企业最权威的民间组织，将首次设立的“国际社会企业”奖项颁给了中国的残友集团。残友集团的前身是深圳市福田区残友网社，由残友集团的创始人郑卫宁于 1999 年 9 月以两元注册成立。经过多年的发展，残友集团已经建立了 32 家企业、1 家慈善基金会、8 家非营利机构。残友集团的员工中 95%都是残疾人。英国社会企业联盟评价道“残友集团是一个具有领导意义和启迪意义的社会企业，它关注残疾人的就业和使用许多不同的方法帮助残障人士提升他们的尊严和自我价值”。残友集团获得“国际社会企业”这一奖项是中国社会企业在国际上获得的认可，激励着中国社会企业蓬勃发展。

近年来，社会企业在我国得到迅速发展。在 2015～2018 年四届中国慈展会社会企业认证中，累计有 1 351 家机构申报认证，238 家机构通过认证，其中 158 家是企业，80 家是社会组织，企业来源比例为 66.39%。虽然近年来社会企业在中国蓬勃发展并且逐渐呈现出多元化的发展趋势，但是其仍处于起步阶段。

(二) 中国社会企业发展的特点

根据《中国社会企业与社会影响力投资报告》显示，中国社会企业有以下特点：

1. 多数社会企业由非政府组织(NGO)转型而来

大部分社会企业都是由原来的 NGO 转型而来。主要是因为 NGO 本身对社会企业所强调的社会使命具有很强的认同感；NGO 因为面临资金的困境因而更有转型的动力；英国文化协会的培训对象很多都来自 NGO 社区。由 NGO 转型的社会企业，通常都服务于传统的扶贫和弱势人群领域，这也和它们原来的服务领域相关联。

2. 性质归属不明确

有些社会企业在成立之初，并没有把自己归为“社会企业”，但是它的企业宗旨中有明确的价值观导向。例如国际志工(GLA)的商业模式组成是通过组织青少年到贫困国家参与义工项目，进而培养青少年的慈悲心和社会责任感，虽然它们的创始人以前并没有听说过社会企业这一概念，但是这是一个具有社会企业潜力的企业。这种类型企业的创始人通常都具有一定的商业运营经验，并且思维更具有创意性。

3. 利润分配模式不清

利润分配是目前国际上界定社会企业的一个重要指标。就中国的情况而言，如果社会企业注册的形式是民办非企业单位，按照国家规定，民办非企业单位是不能分红的。但是如果社会企业的注册形式是工商注册，就目前的调查和访谈对象分析结果而言，很少有企业或者机构对它们的利润分配有明确的规定。这可能是由于很多社会企业本身还处于起步阶段、服务对象的支付能力有限或者本身运营成本较高，而没有营利或者仍在亏损，因此企业还没有就利润分配做太多的考虑。社会企业设定分红标准的根本用意在于防止企业追求利润最大化而忽视了社会使命。虽然很多学者和实践者对是否能够通过规定硬性的分红标准就可以达到上述目的表示怀疑，但是社会企业如果自身没有明确的自我规范标准，是很难从长远上保证社会企业的社会性的。这种规范可以包括方方面面，利润分配标准只是重要指标之一，而用人标准、采购标准、制造或服务标准也都可以作为自我规范标准。

4. 绝大多数社会企业规模较小

因为社会企业目前还在发展初期，以及资金有限，经验不足，营利模式还需要被印证等原因，社会企业的规模绝大多数都较小。很多 NGO 转型类的社会企业都需要通过捐赠、政府购买和销售的多元化收入模式才可以使财务维持平衡。

（三）中国社会企业相关政策

社会企业作为一个以解决社会问题和满足社会需求为宗旨的组织，越来越受到公众和社会的关注，政府政策的出台是促进社会企业有效发展的基石。2011 年《中共北京市委关于加强和创新社会管理全面推进社会建设的意见》中，提到“积极扶持社会企业发展，大力发展社会服务业”，“社会企业”一词首次出现在全国范围内的政府文件中；2016 年，北京市公布《“十三五”时期社会治理规划》提及“大力推动以服务民生和开展公益为重点的社会企业发展”；2018 年 4 月 9 日，四川省成都市政府出台《成都市人民政府办公厅关于培育社会企业促进社区发展治理的意见》，成都市出台针对社会企业的具体政策，社会企业在中国的发展向前迈进了一步，也表示社会企业在政策领域有了合法性的地位。《北京市社会企业认证办法（试行）》和《成都市武侯区社会企业扶持办法》分别于 2018 年 8 月、2019 年 1 月相继出台。成都、北京社会企业相关政策的正式出台，表明社会企业在中国逐渐得到官方认可。

从全国范围来看，在社会企业这一概念进入中国以前，已经有部分企业通过商业模式来解决社会问题。就目前我国社会企业发展状况而言，北京市和成都市社会企业的发展名列前茅。岳金柱等人表示近年来，北京市着力探索扶持以服务民生和开展公益为重点的社会企业发展，取得初步成效，并且北京市不断强化政策引导，促进政府、市场和社会的良性互动，积极扶持社会力量，扩大社会服务供给，率先引入社会企业理念与模式，社会企业发展水平位于中国前列（岳金柱、杨柏生、冯璨，2018）。成都具有发展公益事业的基础，有一批社会企业先行者。北京和成都先后发布了《北京市社会企业认证办法（试行）》《成都市人民政府办公厅关于培育社会企业促进社区发展治理的意见》《成都市武侯区社会企业扶持办法》，社会企业相关政策的出台使北京市和成都市在某种程度上获得了促进社会企业发展的优势。

第三节　中国社会企业概览

在 2015 年至 2018 年四届中国慈展会社会企业认证中，得到中国社会企业的数量、中国社会企业性质机构的比例、中国社会企业的地理分布以及中国社会企业的活动领域等数据，并且对数据进行了统计和分析。

一、社会企业数量变化

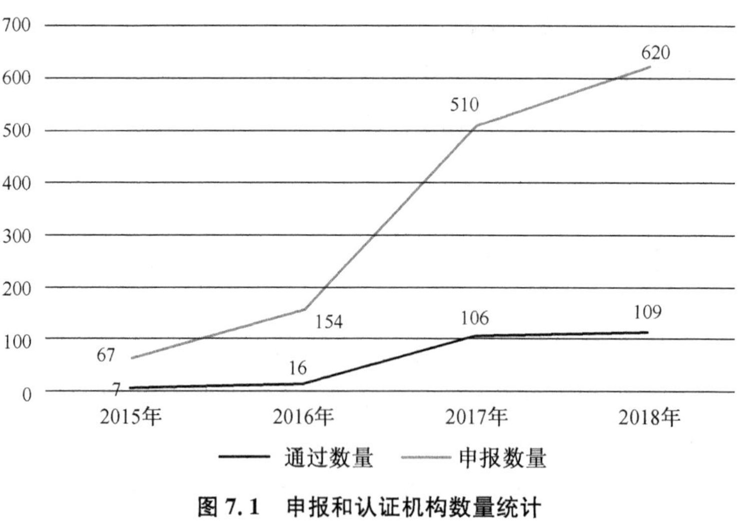

图 7.1　申报和认证机构数量统计

由图 7.1 可知，2015 年，中国慈展会开始第一届社会企业认证，经过公开招募，一共收到 67 家机构的申请，最终有 7 家机构通过认证，成为第一批社会企业。2016 年，第二届社会企业认证中，一共有 154 家机构申报认证，最终有 16

家机构脱颖而出。2017 年,第三届社会企业认证申报机构高达 510 家,是 2016 年申报机构的 3.3 倍,最终有 106 家机构申报成功。2018 年,第四届社会企业申报机构数量达到 620 家,通过认证的机构为 109 家。经过四届社会企业认证,累计有 1 351 家机构申报认证社会企业,最终有 238 家机构申报成功,中国社会企业的数量有了明显的增长。

二、社会企业组成变化

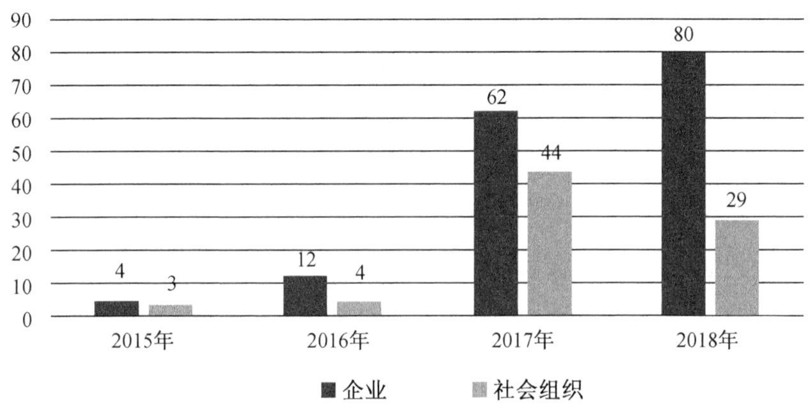

图 7.2 认证社会企业机构性质趋势

由图 7.2 可知,2015 年,7 家通过社会企业认证的机构中,4 家是企业,3 家是社会组织。2016 年,一共有 16 家机构通过认证,其中 12 家是企业,4 家是社会组织。2017 年,在 106 家认证社会企业成功的机构中,62 家为企业,44 家为社会组织。2018 年,一共有 109 家机构通过认证,80 家是企业,29 家是社会组织。综上,2015～2018 年,238 家通过认证的机构中,158 家是企业,80 家是社会组织,中国社会企业性质机构的比例呈现上升的趋势。其中,企业来源的比例为 66.39%,企业是社会企业的主要来源。

三、中国社会企业地理分布

2015 年,通过认证的 7 家机构分别来自广东江门、辽宁大连、甘肃兰州和上海;2016 年,一共有 16 家机构通过社会企业认证,它们分别来自北京市,广东省的广州、深圳和佛山,四川省的成都,福建省的福州,以及浙江省的宁波;2017 年,通过认证的 106 家机构分散在全国 19 个省以及直辖市的 26 座城市;2018 年,通过认证的 109 家机构所分布的地区为全国 27 个省、直辖市以及特别行政区,包含46座城市,社会企业的地理分布逐渐分散,来源稳步扩大。

社会企业主要集中在北京、上海、深圳、广州一线城市,活跃涌现在苏州、杭州、成都、昆明等二、三线城市。社会企业在一、二线城市发展势头良好主要有两个原因,第一个原因是一、二线城市具备稳定的经济保障、良好的政策环境、活跃的社会力量和高度的文化包容等充足的社会资源;第二个原因是中国社会企业认证工作主要由北京、成都、深圳的机构负责,社会企业在这三地的传播力度相对较大。

四、中国社会企业活动领域变化及原因

2015年得到认证的社会企业的服务领域主要集中在医疗卫生和无障碍服务,随着时间的推移,社会企业的服务领域逐渐增多。截至2018年,社会企业的服务领域已经覆盖到弱势群体、青少年儿童、无障碍服务、公益金融、医疗卫生、妇幼家庭、互联网、社区发展、生态保护、文化保育与艺术发展、公益支持、农村发展、养老及其他一共14个领域。

中国社会企业的活动领域由2015年的2个活动领域、2016年的9个活动领域、2017年的13个活动领域到2018年的14个活动领域,社会企业的服务领域和服务群体逐步覆盖到更多的社会问题。

社会企业的活动领域由2015年的2个增加到2018年的14个,社会企业通过商业手法运作,取得利润贡献社会,运用创新手段解决社会问题。社会企业活动领域的覆盖面逐步变得广阔,可以从中国社会企业属性和政策环境两个方面解释。首先作为发展中国家,弱势群体社会融入、青少年教育、农村发展以及留守儿童等问题给社会带来了巨大的挑战,政府虽进行过很多尝试,如政策引导、购买服务,但效果仍不显著,不能保证社会问题可以得到持续性解决。社会企业则可在社会属性和可持续性上满足社会问题复杂性、多元化的需求。其次,政府出台相关政策也会影响社会企业活动领域。政策环境对社会企业予以支持,帮助社会企业以更高效的方式解决社会问题。以成都为例,2018年4月,成都市将社会企业纳入城乡社区发展治理一体化的布局中,并且优先发展社区生活服务类和农村农业类组织,配套以相应的财税支持。2018年12月,成都市认证12家优秀社会企业中,有4家社会企业致力于社区发展,2家社会企业致力于农村发展,2家社会企业致力于青少年儿童,其他社会企业聚焦养老、无障碍服务、生态保护和弱势群体。社会企业属性和政策环境会对社会企业推动社会问题的解决产生较大影响。

第四节 社会企业与儿童发展

社会企业对儿童事业主要集中在早教、创新教育、自然教育上，为儿童提供优质的教育成长环境，帮助儿童塑造一个完整的人格，让他们的成长之路充满阳光和自信。以下社会企业致力于儿童的成长发展，在儿童的身心健康发展和成长环境等方面取得显著成效。

成都童萌早启教育科技有限公司是国内首个专注于社区普惠性早教产品研发与推广的社会企业，以每一位儿童都能受到优质早期教育为愿景，致力于通过社区提供普惠早教服务方案。童萌与街道政府、社区居委会等合作在社区公共空间内建设并运营“童萌亲子园”，为社区 0～3 岁的儿童及其家庭提供离家近、可负担、高质量的亲子早教服务，社区只需提供 50～80 平方米场地即可零成本引进“童萌亲子园”，居民以远低于市场价的费用享受到便捷优质的服务。“童萌亲子园”致力于社区普惠早教，通过免费和抵偿收费相结合的方法来满足家庭希望得到离家近、可负担、有质量的亲子早教服务的需求。

成都市天府新区海洋社会服务中心以社区为依托，开设社区海洋儿童发展中心，构建枢纽型儿童发展中心，其以儿童早期教育发展和家庭互助为服务切入点，秉承“家庭增能、连接股息、互帮互助”的宗旨，搭建家庭互助平台，利用现代化社群网络实现社区与家长、家长与家长、机构与家长间的无缝衔接，搭建社区枢纽型儿童服务平台，提供四分之三无偿日常活动和四分之一抵偿（市场价的 10%～20%）的亲子课程服务，在改善儿童成长环境，解决隔代教育矛盾，提升家庭教育意识以及解决儿童发育迟缓等问题上取得突出成绩。

苏州工业园区探秘王国艺术服务中心是一家专注于少年儿童健康成长、快乐生活的社区教育服务机构，该机构以艺术教育为媒介，组织开展社区亲子活动，培养社区儿童的兴趣。其以传播科学育儿方法为目标，针对社区 1～3 岁儿童开展早教活动，并且推行家庭互助照看模式，让全职妈妈、全职爸爸以及灵活上班人员轮流做志愿者照看儿童，陪伴儿童健康成长，解决双职工家庭孩子无人照看的问题。通过亲子游戏增进亲子情感，通过科学育儿交流活动宣传育儿知识，让家人掌握正确育儿方法从而减少家庭育儿的分歧，提升家庭幸福指数。

上海佰特教育是目前中国最早、最大的财商教育社会企业，专注于儿童财商和创业教育。该机构不仅在城市推广儿童青少年财商教育和创业教育课程，而且也在乡村为农村儿童和青少年提供课程，提升他们经济自立自理的能力。上海佰特教育的阿福童快乐财商课是面向农村儿童，以提升儿童财商意识和养成良好的行为习惯为目标的网络课程。课程设置为五大模块，分别是围绕认知与探索自我、权利与责任、储蓄与消费、计划与预算、儿童创业为架构，通过儿童参与式的互动课堂、活动和游戏、阅读等形式来开展课程，内容丰富有趣、形式多样，促使儿童充分参与和充分学习。

第四部分

以儿童发展为导向的社会组织评估与管理

第八章　社会组织评估与管理

第一节　社会组织评估内涵

社会组织评估是社会组织管理服务工作的重要组成部分，是评估主体采用有针对性的评估标准，通过定性、定量对比分析等方法，对被评社会组织在一定时间段内的活动状况进行客观性、综合性评判，并做出评估等级结论的活动。通常来讲，评估具有广义和狭义之分，广义的评估是指评估主体对评估客体的价值进行评价、判断和预测，是人们认识、把握某些事物或某些活动的价值的行为；狭义的评估是指在一定的时限内，尽可能系统、有目的地对实施过程中或已完成的项目、计划或政策的设计、实施和结果的相关性、效果、效率、影响和持续性进行判定和评价（邓国胜、刘水峰，2001）。根据不同的标准，社会组织评估可以分为不同的类型：

（1）按照评估的时间顺序，可以将社会组织评估划分为事前评估、事中评估和事后评估三种类型。事前评估又称事前绩效评估，是社会组织为了有效开展服务而进行的评估，包括对社会组织各类活动实施的可行性、财政预算的合理性、活动预期绩效的可持续性等的预测和判断；事中评估是对活动过程进行的评估，这是弥补不足、发展潜在优势的过程，以促使活动的持续有效开展；事后评估是对已经结束的活动成果和影响进行评估，评估结果可以为今后的选择决策提供参考，这也是对前阶段评估与管理工作是否正确的验证。

（2）按照评估的主体范围，可以将社会组织评估分为内部评估和外部评估两种类型。社会组织内部评估又称社会组织自身评估，即由社会组织自行组建评估团队或部门，从社会组织专业成长和服务提升层面对社会组织机构建设和社会组织在一定时间段内所开展的服务进行全面的测评，以进一步规范组织管理，提升自身建设能力和业务活动能力。社会组织外部评估是指由社会组织机构以外的民政部门、评估专家或第三方评估机构对社会组织展开的评估。通常来讲，民政部门主要负责组织、领导评估工作，对社会组织的行为规范和运行体系进行监管和考查；评估专家与第三方评估机构协作完成对社会组织的评估，通过实地考察、机构档案资料分析、组织现场汇报等方式对各类社会组织的建设管理、服务情况、成效影响等进行客观性、专业性评估。

第二节　社会组织评估的基本类型

目前我国社会组织评估的主要模式有以下 3 种：

1. 政府部门直接进行评估

政府评估模式是在社会组织评估发展初期兴起的一种传统评估方式，是指由政府部门发起评估，提供资金支持，并且由政府部门自己具体实施评估。在这种模式下，政府部门集组织者和实施者双重角色于一身，完全参与并负责社会组织的评估工作。

一是政府部门具有充足的资源优势，包括资金、人力、信息等，能够为社会组织评估工作提供强有力的资金支持、吸引专业评估人才的参与、获取更多更有效的社会组织相关信息，保证评估工作的持续进行；二是政府部门凭借其国家权利和公信力，能够在规范体制之下引领社会组织发展，对社会组织评估工作起到很好的监管之效。但随着我国社会管理体制的改革，政府单一的行政性监管模式已不能适应新形势下社会及社会组织发展的现实需要。一是政府部门在对社会组织进行评估时，由于缺乏科学、专业的财政预算分析，容易造成资源浪费的现象；二是仅仅依靠政府对社会组织进行监管，有些社会组织会为了应付政府的检查而使工作浮于表面形式，可能还会采取一些贿赂手段，严重影响评估结果的真实性和有效性。

2. 引入第三方开展评估

社会组织第三方评估起源于西方国家的第三方评估，起初这一评估模式更多地被应用于政府绩效管理中。如今，随着我国社会管理体制的深化改革和不断创新，第三方评估已经成为政府职能转移以及培育和监管社会组织的重要手段和方式。所谓第三方评估，是指第三方评估机构依据一定的评估指标和原则，对一定时期内社会组织在基础条件与法人治理、财务情况、组织运转、信息公开、社会评价等方面的具体表现所开展的专业化评价活动，它更多地强调评估主体的特征(徐双敏，2015)。区别于政府部门的内部评估，社会组织第三方评估主体独立于政府部门存在，具有客观性、公正性和专业性等特点。目前，我国社会组织第三方评估主体主要有以下三种：

第一种是专家学者第三方，是指聘请科研单位或专门评估机构的外部专家进行评估。1997 年，中国青少年发展基金会首次正式委托中国科技促进发展研究中心对希望工程进行评估；2002 年和 2007 年，清华大学 NGO 研究所受中国人口福利基金会委托分别对“幸福工程”项目、“农村独生子女特困家庭扶助项目”进行评估。

第二种是专业公司第三方，是指由专门的商业运作的评估机构作为第三方评估社会组织工作。如 2008 年，零点调查集团公司受中国宋庆龄基金会委托对西部园丁项目进行评估，评估采用柯克帕特里克四级别培训评估方法，对西部园丁项目的优势、试验效果、社会影响力进行判定和评价。

第三种社会组织作为第三方，由专门从事评估工作的社会组织作为第三方评估的主体。如 2010 年在深圳市注册的现代公益组织研究与评估中心、2011 年在东莞市注册的现代社会组织评估中心等均是专业从事社会组织项目及机构评估的第三方机构。

目前社会组织第三方评估方式日渐成熟，并在评估工作中发挥了一定实效。但是，在社会组织第三方评估工作具体开展的过程中，仍存在诸多问题需要重视和改善，如评估机构的专业化水平还有待提高，对第三方评估机构的培育和监管仍须强化等，以进一步完善我国政社合作的社会组织第三方评估机制。

3. “GPO”模式

社会组织的活动主要涉及三方利益主体，社会组织自身、政府部门及社会公众，因此在对社会组织活动进行评估时也要兼顾三方需求。传统的社会组织评估模式多是以社会组织（Public）自身维度为中心来对其业务水平进行评价，缺乏政府（Government）和社会公众（Organization）的视角，容易导致社会组织评估工作客观性、合理性和科学性不强等问题。因此，社会组织评估的“GPO”模式是当前社会组织评估工作的发展趋势，它融入了政府、社会组织和公众三方视角，在此基础上从“主体—社会组织”“服务对象—社会公众”“监管者—政府”三个维度出发，重构了社会组织评估的指标体系，使整个评估过程更具客观性、合理性和科学性（曾本伟，2016）。在“GPO”模式下的社会组织评估指标体系中（如表 8.1），社会组织自身更加关注其组织建设、财务状况、工作流程、人力资源、沟通与合作等问题；政府部门更加关心其从事公共服务、承接政府购买服务和参与政策制定的情况；社会公众将社会组织所提供的公共服务及其社会影响，以及公众对社会组织活动的评价作为评估标准。表 8.1 列出了此模式下的评估指标。

表 8.1　"GPO"模式下的社会组织评估指标体系

评估视角	一级指标	二级指标	三级指标
社会组织	组织建设	机构素质	机构各项工作流程和专业技能水平符合机构发展要求和社会发展趋势。
		服务能力	机构具备开展各类专业服务活动的条件和设施,服务成效达到预期指标。
		组织宣传	在服务中,能积极主动地对社会组织自身及所开展的活动进行宣传和推广。
		资源整合	注重与其他组织之间的沟通与合作,将内部资源与外部资源进行有效衔接,实现资源共享。
	财务管理	资金使用	各项资金的使用严格遵守机构财务管理制度,资金实际支出与资金预算无过大差值。
		账目管理	资金使用凭证的记录、整理和账务的设置、登记等符合规范要求,能够按时上报相关报表。
政府部门	组织规范	行为规范	能够严格按照组织行为规范从事公共服务、承接政府购买服务。
		监管体系	社会组织既能够接受外部社会力量的检查和监督,又能够进行自我管理与自我建设。
	政策决策	政策制定	社会组织能够积极参与政府有关社会组织发展方面的政策制定。
		管理决策	社会组织内部设有专门的组织管理层并具有较高的决策水平和决策执行力。
社会公众	服务影响	公众参与	开展服务过程中,参与服务的人数较此前有较为明显的提升。
		社会影响	社会组织所开展的服务与社会总体发展趋势相符,并能够带来一定的社会效益。
		组织形象	服务开展过程中能够维护与宣传组织形象,有效提升公众对机构的了解与信任。
	活动评价	活动设计	活动内容、形式的设计与服务对象的实际需求相符合,具备较强的专业性和创新性。
		活动成效	活动达到预期目标,服务对象的活动满意度较高。

运用"GPO"模式对社会组织进行评估，能够清晰地量化社会组织的业绩情况，使社会组织的工作状况及效益更加直观地呈现出来，其评估结果可以客观反映社会组织的运营情况和存在价值，让社会组织了解自身的优势与不足，也为政府对社会组织的项目进行委托和监管提供数据支持(曾本伟，2016)。

第三节 社会组织评估的流程

一般而言，根据社会组织实际情况，评估大致可以分为三个阶段：开始准备阶段、实施阶段、总结和应用阶段，每个阶段都有不同的工作任务和要求。

一、开始准备阶段

在社会组织评估的开始准备阶段，要明确谁来评估、为什么评估、评估什么，以及如何评估等一系列问题。在此阶段，评估工作的主要任务包括接受委托、明确评估目的和焦点、制订评估计划、开展评估专家培训会等，主要目的是制订一份科学可行的评估计划，为下一阶段的顺利开展做好充分的准备。

(一) 接受委托和明确评估目的

社会组织评估一般源自委托方的评估需要，评估委托方是具有评估需求、要求对社会组织进行全面评估的一方，它可以是社会组织活动或项目的资助者、购买者、监管者或执行者，一般会通过邀请、指定、协议、招标等方式寻找评估者。评估者既可以来自机构外部，如独立的评估机构、高校评估专家等；也可以来自机构内部，如在机构内专门从事评估工作的职能部门或人员。在此阶段，评估者即评估主体需要通过接受邀请或被指定、签订工作协议、投标等方式接受评估委托，满足评估委托方的评估需求。需要注意的是，评估者在接受评估时，首先应该考虑自己与评估委托方的关系，妥善选择评估类型。

在接受评估委托后，评估主体应明确此次评估的目的。因为只有明确为什么评估，才能决定评估什么，如何评估，继而研究评估设计。一般而言，评估目的大致分为两种：一种是为了改进社会组织服务或项目，在这种情况下，评估委托方希望通过评估来改善服务活动的开展情况，提升服务质量和水平；另一种是为了总结判断社会组织服务或项目，在这种情况下，评估委托方向是通过评估对服务或项目的整体过程或成效进行全面总结，根据评估结果判断评估工作的绩效。

（二）制订评估计划

评估计划是评估主体具体实施评估工作的依据和规范。当然，评估计划并不是一成不变的，评估主体可以在确保评估工作顺利开展的前提下，根据评估对象的变化和实际情况实时调整评估计划，使评估结果更加有效。一般而言，评估计划需要具体说明评估方案设计、评估人员安排、时间进度和经费预算等具体事项。

1. 进行评估设计

评估设计是开展评估的具体计划，通常来讲，社会组织评估设计一般应该解决以下问题：

- 何时何地开展评估？由谁来评估？
- 评估方式和流程是怎样的？
- 评估指标和评估内容有哪些？
- 需要搜集哪些资料作为评估依据？
- 如何搜集、分析资料？
- 需要测量哪些变量？
- 这些变量该如何进行测量？
- 评估过程中可能面临的问题有哪些？该如何应对？
- 评估结果应该如何发表和运用？

2. 确定评估人员安排、时间进度与经费预算等问题

评估者在制订评估计划时还应考虑如何协调和组织人力、物力和财力以在规定的时间内完成评估。第一，社会组织评估的管理人员要根据工作内容和进程安排合理分配人力资源，确保各个步骤或环节人员分配均匀、合理。第二，要制定一份评估时间进度表，将整个评估过程分解为若干步骤或环节，并规定每一步骤或环节完成需要的时间。值得注意的是，时间进度既与评估工作内容和目标相适应，又要与评估人员的业务能力相匹配，不能偷工减料，也不能好高骛远。第三，要制定合理的经费预算表，确定评估总费用以及不同任务不同阶段所需开支的经费，细化每一项经费开支情况，保证经费使用的合理性和真实性。

（三）开展评估专家培训会

为保证评估工作的科学有序进行，评估主体须对具体执行评估工作的专家团队、社会组织和业务主管单位举行培训交流会，各方达成合作共识，发表对于提升评估工作质量和绩效的建议与期待，并以此为基础签订评估协议。通过多

层次、针对性强的动员培训，既可以使评估者更加深入地了解与把握评估政策、评估流程及评估指标，保证评估工作的科学性与公正性，又可以为评估工作的开展做好舆论宣传，形成浓厚的评估氛围。

二、实施阶段

在此阶段，评估者的任务是将在前一阶段制订的评估计划付诸执行。需要注意的是，社会组织自身可以作为评估者做出自评，然后由第三方评估机构和评估委员会进行评估审核，主要工作包括进入社会组织进行实地检查评估，依照评估设计搜集和分析相关资料，然后根据实地考察情况和对资料的分析，对评估工作做出初步评审，并撰写评估报告。

(一) 社会组织自评

自评是指社会组织负责人和全体工作人员就组织运作管理、服务质量和成果等情况进行实事求是的评估，根据定性分析和定量分析相结合的原则，撰写自评报告，并附相关佐证材料和事实依据，在规定时限内，报送到评估机构。社会组织进行自我评估既是对工作服务过程的回顾与成果的总结，又是发现自身问题的一个过程，以便在后续工作过程中及时做出调整，提升工作服务绩效。

(二) 第三方评估机构实地考察评估

实地考察评估就是指第三方评估专家小组进入机构或活动现场，进一步了解机构及其活动的相关信息，观察活动的开展状况，对社会组织进行实地考察和综合分析评估。具体工作细则如下：一是听取社会组织汇报；二是对社会组织办公场所、基础条件、内部治理、业务开展和财务资产等情况进行检查，并根据《评估评分标准》打分；三是对社会组织主要负责人和工作人员进行询问调查；四是开展组织项目受益群众满意度测评。

评估主体在对评估对象进行实地考察之后，应该依照评估设计着手搜集和分析相关资料。资料搜集方法包括结构性访谈法、结构性观察法、内容分析法以及二手资料分析法等，资料分析方法主要是统计法，即对搜集到的数据经整理后直接进行统计分析，或者将搜集到的资料通过编码等技术转变为数字后再进行统计分析。定性资料搜集方法往往采用无结构的或半结构的，包括深度个人访谈法、焦点小组讨论法、非结构性的系统观察或实地观察法等。定性资料搜集的数据需要进行意义的解读和阐释。

(三) 评估专家现场评审

专家现场评审是指由评估专家组对各社会组织业务主管单位递交的评估材

料和自评表进行逐项审核，认真听取各社会组织现场工作汇报及展示，并依据组织基础条件、内部治理、工作绩效、社会评价等指标情况对社会组织做出评估等级。值得注意的是，对社会组织做出评估等级不是评估工作的目标，评估专家需要对评估结果做出解释说明，各社会组织也要根据评估专家的指导意见对后续工作进行调整规划，保证评估结果的有效性和可持续性。

三、总结和评审阶段

（一）撰写评估报告

社会组织评估的一个成果是形成书面的评估报告，评估报告也是评估委员会对本次评估工作进行检查、评价的一个重要依据。在此过程中，评估主体需要对经过分析的资料进行组织，形成评估报告，并将其报送至评估委员会进行评审。

一般而言，评估报告应该包括标题、摘要、目录、导言、评估方法、评估成效、结论与对策建议、参考文献和附录这几项基本内容。为了确保评估报告的质量，除了结构和内容完整、语言表述流畅之外，在撰写评估报告的时候还要依据一定的评价标准，增强评估报告内容的准确性与有效性，有助于读者对评估研究的信度和效度进行判断。

（二）报告评审

评审阶段是对整个评估工作进行评价和认定、对社会组织进行甄别的阶段。在此阶段，评估委员会需要对初评材料进行审核，做出结论并向社会公示，登记管理机关根据评估委员会的评估结论和公示结果，授予评估等级，并颁发证书和牌匾（福建省民间组织管理局，2016）。

第四节　社会组织管理的内涵与发展

社会组织管理，大致可分为政府对社会组织的管理及社会组织内部运行管理两个部分。政府对社会组织的管理是指国家对社会组织管理的行政机构设置、权限划分、权力运行机制等方面的体制和制度的总称，是国家与社会关系的具体表现形式，并会随着社会组织的进一步发展和整个社会转型而经历相应的发展变迁（王名、孙伟林，2011）；社会组织内部运行管理，则是社会组织立足于组织内部环境与外部社会环境，对社会组织的运营方式、战略计划、人力资源等运行做全方面管理与评估，不断调整社会组织内部人员安排、修改战略计划等，使社会组织更好地完成预定的计划，人员工作效率更佳，整个组织能够良好、持续地运作。社会组织管理运行对于有效发挥组织的功能至关重要，对有效增进服务对象的福祉、产生组织影响力有重要意义。

第五节 社会组织管理的内容

一、战略管理

社会组织的战略管理是一个动态的过程，即在战略规划实施之前、战略规划实施过程中及战略规划实施之后，统筹考虑社会组织全局的、长远的发展方向、目标、任务和政策，以及调配资源，分配任务，达到战略规划的目标。

战略管理的内容包括过程管理和事后管理。首先过程管理是一个持续动态、修改偏离的过程，对战略分析、战略制定、战略实施等进行管理，完成战略目标。完善的过程管理需要进行战略分析，包括对影响组织现在和未来生存的关键因素进行分析，重点包括环境分析和组织分析两部分内容。环境分析又包括一般环境分析、利益相关者分析。一般环境是在一定时间内社会组织面对的总体环境，主要有政治与法律环境、经济环境、社会文化环境、技术环境和自然环境。利益相关者是与社会组织有直接或间接利益关系的人，他们将会参与或者影响社会组织的战略制定和战略成效，主要有服务对象、出资方、合作伙伴、竞争对手、社区、政府等。组织分析是对社会组织内部进行分析，了解社会组织的使命、对项目进行评估、建立高层管理规范等工作(刘春湘，2016)。其次，过程管理须制定战略，在战略分析的基础上，对组织战略、竞争战略、职能战略和战略方案进行选择。最后，选择了需实施的战略后，配置所需资源，关键步骤在于实施战略，认真实施战略能够有效地达到战略目标。

事后管理是一个不断循环完善的过程，需做出战略调整和战略评估，以便保证组织的行动和措施能够向着战略计划贴合，保证战略目标的实现。在事后管理的过程中，通常采取的方法有：第一，检查战略实施的外部环境和内部环境的变化情况，以便及时做好应对。第二，将实际社会组织的实施效果与预定的目标进行比对，检查计划的偏离情况。第三，若是社会组织的实际情况与既定目标发生了较大偏离,需要及时采取纠正措施,以便减少损失,获得更高的效率。

二、人力资源管理

人力资源管理指一切根据员工自身的个性特点与能力,不断开发员工自身潜力,以实现组织目标及员工个人成长目标的管理决策和管理实践。

首先,人力资源管理具有战略性和实践性,人力资源管理除需要管理者有长远战略上的眼光外,还需将人力资源运用到具体实践中。其次,人力资源管理不只能单一运用,更需要考虑到人力资源个人的发展和组织目标实现的双重任务。最后,人力资源管理存在广泛性和复杂性,面对组织内的人进行管理,人及人的行为具有动态性,人员具有自己的思想,管理的时候需要具体问题具体分析。除上述人力资源管理的基本特点外,社会组织的人力资源管理更有其独特性,主要体现在以下五点:第一,由于社会组织具有非营利性、追求公益性等的价值取向与特征,社会组织的人员有着较高的公益使命感和责任感,在管理中更需考虑到员工的精神层面,员工对于社会组织有着比营利性组织更高精神层面的期待,更注重组织的价值观和文化。第二,社会组织的人力资源管理除了一般的受薪人员外,还有对志愿者的管理。第三,社会组织的人力资源管理与企业中采取的科层制管理有所区别,不同于上下级的等级森严,社会组织的同事与上下级之间更多的是平等合作的关系。第四,企业通常会采用物质报酬奖励员工,而社会组织更加侧重对于员工的精神奖励,帮助员工自我价值的实现。第五,国内社会组织大多按照政府系统或依托项目进行管理,其人员、人事的设立基本仿照行政系列或项目化管理进行设置(李小云等,2006)。

志愿者是社会组织人力资源管理的重要组成部分,也是区别于其他组织人力资源管理的关键。志愿者是指参与组织活动是依据自愿原则,不以物质回报为目的的,是为了促进社会的发展而进行的,具有一定专业素养的人员。

志愿者没有固定的行业和性别的要求,年龄分布也非常广泛,志愿者选择去留并不受商业性条款所约束,决定了志愿者的管理与营利性组织人员的管理存在根本性的不同。社会组织和志愿者之间是完全平等的关系,在组织对志愿者的管理过程中,不能强迫志愿者服从某些规定,也不能利用金钱或者物质刺激(王妮丽、崔紫君,2003)。社会组织对于志愿者的管理主要包括招聘、培训、激励等方面。

关于志愿者招聘,须建立在志愿者自愿的原则基础之上,社会组织也需要配合志愿者的动机,开展双向选择,筛选合适的志愿者。社会组织在招募与甄选志愿者时，需要先发布招募信息，紧接着按照预定的甄别方式甄别在招募渠道报名的志愿者。

在筛选了符合条件的志愿者之后，在志愿者正式上岗提供服务之前，需要对志愿者进行培训，提升志愿者的能力和技巧，以帮助志愿者更好地提供服务。

志愿者参与活动的新鲜感可能随着时间而减退，并伴随热情下降、疲劳等现象。有项研究表明，志愿者的不满意感主要来源于六个方面：第一，志愿活动和志愿者们所期待的活动不同。第二，社会组织和组织中的成员没有给予志愿者回馈。第三，社会组织缺乏对于志愿者适当的培训与管理。第四，相对于全职工作而言，志愿者们有觉得自己低人一等的感觉。第五，社会组织对于志愿者要求的时间过多，超出了志愿者所能承担的范围。第六，志愿者们参加活动，缺乏个人成就感。

社会组织在尊重志愿者去留的同时，也可以通过建立有效的激励机制，维持志愿者的热情，增添新鲜感。对于志愿者们，有三个层面的激励机制：第一种是社会激励机制，从宏观上的社会层面对志愿者进行承认与表扬，给他们提供荣誉。第二种是志愿者团体的激励机制，建立温暖和谐的志愿者团队，可通过团建活动增加志愿者彼此的凝聚力和亲密感，让志愿者们能够感受到志愿者团队给予他们的归属感和关怀。第三种是建立志愿者自我激励机制，这是微观层面的激励，让志愿者感受到自我的提升，满足志愿者自我成长的需求，让志愿者享受到服务过程的快乐与满足(谭建光，2007)。

志愿者管理需要循序一些基本原则。第一，志愿者管理需遵循专业化原则，社会组织应有专业的人员去管理协调志愿者的招聘、联系、组织、培训、监督等工作，对志愿者的要求和在实际工作中暴露的不足及时地进行调整修改。第二，管理志愿者，需要做到精神上的关怀，需要平等宽和地对待每一个志愿者，给予他们充分的尊重，志愿者与员工不同，他们服务的时间并不固定，实行弹性的时间制度，让志愿者有选择和调配的自由。第三，管理志愿者需要及时地进行沟通交流，了解志愿者需求，同时让志愿者了解社会组织的要求，这是一个双向互动的过程。第四，与志愿者和不同的组织之间进行合作与交流，志愿者所擅长的方面不同，其他组织所拥有的志愿者资源和管理经验并不是一模一样的，社会组织之间可以共享志愿活动的信息，交流管理经验，促进优势互补共同进步。

三、项目管理

项目是指为了创造独特的产品、优质的服务或满意的成果而进行的临时性工作(美国项目管理协会,2013)。项目管理是指以项目为核心,在项目的启动过程、计划过程、实施过程、控制过程和收尾过程,涉及时间管理、成本管理、人力资源管理、风险管理等,将知识、技术、技巧等运用在项目活动中,满足项目的需求(蒂莫西·J.克洛彭博格,2010)。美国项目管理学会将项目管理的内容划分为九大领域,分别是项目范围管理、时间管理、成本管理、人力资源管理、风险管理、质量管理、采购管理、沟通管理和整体管理(刘春湘,2016)。

社会组织的项目有别于企业的项目或者政府的项目,社会组织的项目是以需求为前提的,立足机构宗旨和利益相关方的要求,运用社会组织的资源,为有需要的服务对象提供服务,目的是为了社会组织的生存、完成使命、更好地解决社会问题(韩俊魁,2015)。

社会组织的项目与普通的项目存在着共同点,有着相似的管理方法,但是社会组织的非营利性,让社会组织项目的管理有着独特的特点。第一,社会组织在项目管理的过程中涉及较多数量的利益相关者的影响(王梅,2010)。第二,社会组织的项目以政府的购买为主,需要满足政府购买方的需求。第三,社会组织的项目需要满足服务对象的需求,没有考虑服务对象的实际情况及其需求,意味着社会组织的项目是失败的(马骏,2016)。第四,社会组织管理的最终目标并非获取盈利,而是为了获得社会效益。第五,社会组织的项目受到多方监督,在项目管理中,需要充分考虑社会多方因素的影响。第六,不同的社会组织类型有其独特的特点,需要结合组织的特点和优势开展管理。

四、营销管理

菲利普·科特勒将社会组织营销定义为以商业市场营销的原则和技巧为基础,以达到影响目标对象,使之自愿接受、拒绝或放弃某种行为,来换取整个社会、社群及个人的利益。学者吴冠之提出,社会组织的营销仅仅是为了他人的利益而付出努力,社会组织营销鼓励公众支持某项事业,从事有益于社会的活动,目的在于改变公众的行为(吴冠之,1998)。

社会组织和企业一样,营销管理是社会组织管理必不可少的一个环节。社会组织营销管理的重要性如下:第一,如果一个社会组织忽略了营销管理,必将会带来组织管理成本的上升、公信力下降、志愿者流失等一系列负面的影响。第二,良好的营销管理,能够让人们更加全面地了解社会组织的价值观,获取人们对于社会组织的信任。第三,社会组织通过营销,能够塑造良好的社会形象,并通过营销了解人们的需求,以便提供满足人们需求的服务。

社会组织营销管理有其独特的特点：

第一，社会组织营销管理具有综合参与性，社会组织的营销不仅仅是管理人员需要关心，所有的工作人员都应该熟悉社会组织营销的产品，了解出资方和服务对象需要的服务。

第二，社会组织营销和营销管理的目标多元化，社会组织的目标不是追求利润的最大化，而是为了服务目标人群，实现社会效益的最大化。

第三，社会组织的服务导致顾客接受具有延时性，社会组织所提供的服务不会立马就有成效，服务带来的价值是一个持续和长期的过程，服务和效果具有延时性，所以在营销管理时不能只注重短期效益。

第四，社会组织营销管理是一个复杂的社会化过程，社会组织营销管理不仅需要考虑社会组织内部的因素，还需要考虑组织与外部环境互动关系，在营销活动和计划中需要考虑社会营销的成本，除此之外，通过志愿者的参与，可以有效降低社会组织的营销成本。

第五，社会组织营销需要考虑自身形象的塑造和利益相关者的管理，不佳的社会组织形象会对社会组织的日常运行产生不利营销，社会组织需要树立正面、积极的形象，并维持与利益相关者的良性互动关系。

第六，社会组织营销管理也存在着伦理的要素，社会组织的管理人员与员工们不仅需要具备专业知识、技能之外，还需要具备正确的价值观和职业道德，社会组织在制定营销活动的时候也需要考虑到社会组织的伦理问题的存在（刘春湘，2016）。

第九章　中国儿童公益组织监测评估现状研究和对策建议

上一章节从宏观背景上介绍了社会组织管理与评估的基本内涵，由此可知，政府对社会组织包括儿童公益组织参与社会治理的期待有所提高。社会组织影响力和公信力的获得离不开行之有效的管理和监测评估。对于儿童社会组织来说，科学的监测评估也是确保儿童公益组织实现社会价值的重要途径。只有向社会大众及政府展示自身回应社会问题所带来的社会价值，儿童公益组织的存在及发展才具有正当性。本章节将以儿童公益组织为例，以儿童公益组织的监测评估和质量控制为研究对象，基于北京博源拓智儿童公益发展中心近年来对北京、上海、广东、云南地区的部分儿童公益组织的监测和评估状况的观察，结合部分其他地区情况，对各地儿童公益组织项目监测评估的现状与影响因素开展探索性研究，并分析其对于儿童公益行业可持续发展的影响。在此基础上，研究从项目监测评估的角度出发，为儿童公益组织专业化发展提供建议。

第一节　研究背景

一、监测评估的缺位为儿童公益组织发展带来挑战

在印度曾经有这样的一个项目[①]，在由印度哈里亚纳邦管理的 70 家当地卫生诊所中，开始接受一系列标准疫苗接种的孩子的父母可以从诊所顺手带走 1 公斤的免费糖。如果父母保证孩子能完成注射，他们还能免费带回家 1 升食用油。这些简单的礼物源于一项测试——奖励能否提升该地区贫困儿童持续低迷的免疫率。遵循着通常被用于测试药效的随机对照试验模型，研究者在免疫率

① 《中国科学报》2015 年报道：http://scitech.people.com.cn/n/2015/0817/c1007 - 27472157.html.

最低的 7 个地区随机指定了诊所是否给予礼物;希望能了解这些奖励是否能提高疫苗接种率。

与大家分享一个医学领域的例子:相信大部分读者应该能够理解血液检查在疾病诊断、疗效监测方面的作用。以糖尿病为例,它的其中一个诊断标准为"非同日两次空腹血糖≥7.0 mmol/L(126 mg/dl)",血液检查是了解血糖这一指标的重要手段;而对于糖尿病患者来说,血糖监测也成为他们日常生活不可缺少的一部分。医生围绕生理指标进行生理疾病的诊断,在制定治疗方案后借助生理指标进行治疗方案有效性的监测与评估;不难看出,疗效的监测与评估是治疗方案的重要组成部分,缺少对治疗有效性进行了解的方案是不完整的,这是现代医学领域业已形成的共识,也是这个领域得以专业化发展的前提。

如果我们把目光转移到儿童公益行业,便会发现在上述两个例子中作为重要组成部分的监测与评估,在儿童公益行业当中其实是缺位的;而这种缺位,也为儿童公益行业的专业化发展带来了不少挑战。

2017 年 8 月底刷爆朋友圈的"小朋友画廊"事件,是上述挑战的一个现实例子。起初,一个名叫"小朋友画廊"的 H5[①] 页面开始在朋友圈出现:H5 页面展示了 36 幅号称由自闭症患者完成的画作,用户点开后可以通过 1 元购买自己喜欢画作的电子版,可用于手机壁纸等用途。购买后,用户可分享到朋友圈,让自己的朋友了解这一行为。正是这一社交属性,"小朋友画廊"瞬间引爆朋友圈,在短短一两日的时间里募款方就达成了筹款目标,然而随之而来的还有公众的质疑:捐款流向公益组织而不是直接流向目标群体,公众对资金用途有所疑虑;画作是否真的出自自闭症患儿之手,是否有欺骗公众的嫌疑。

如果本次筹款的儿童公益组织具有科学的监测评估体系及相应的成果,将能够更迅速、更有效,甚至提前规划性地对上述的质疑进行回应。对项目干预模式的呈现,将能消除公众关于"画作作者"方面的疑虑;而对项目干预成效的呈

① H5 即 HTML5(超文本 5.0),是由万维网联盟于 2014 年 10 月 29 日宣布的 HTML 最新修订版本,其目的是取代 1999 年所制定的 HTML 4.01 和 XHTML 1.0 标准。其新引进的语法特征能够在移动设备上支持多媒体,能更好地适应移动端设备。新的解析规则增强了灵活性、新属性、淘汰过时的或冗余的属性,真正地改变了用户与文档的交互方式。"小朋友画廊"H5 是腾讯公益、深圳市爱佑未来慈善基金会和 wabc 无障碍艺途公益机构联合出品的线上线下互动公益项目,"小朋友画廊"H5 中展示出的全部画作都是 wabc 无障碍艺途公益组织从学员画作中选出。用户可以在线上看到精心挑选的 36 幅作品,大部分作品都有作者亲自录制的语音,向大家说明画作的心意并表达感谢。通过 H5 可以轻松一键捐款直接给 wabc 无障碍艺途项目,用户也可以通过 H5 给这群特殊的"小朋友"文字留言鼓励和支持他们。线下用户可以通过扫描电子画框内的二维码,进入"小朋友画廊"H5,了解更多信息,倾听作者心声和真挚的感谢语音,并一键捐赠支持该公益项目。

现，将能减轻公众对于资金使用有效性的质疑，甚至能够增进公众对于公益行业的了解。遗憾的是，由于监测评估在儿童公益行业系统性的缺位，事件涉及的公益组织只能做滞后性的回应，让此次本来可以媲美“冰桶挑战”的募款行为却在部分公众心中产生了疑虑。

二、科学的监测评估促进儿童公益行业专业化发展、可持续发展

在社会大众对于儿童公益组织的期待愈发提高，儿童公益行业处于发展关键时期的当下，科学的监测评估对于儿童公益行业的作用显得尤为重要。

所谓监测，是指儿童公益组织在项目执行期间进行的对项目信息系统、持续的收集与分析；所谓评估，是指儿童公益组织对组织发展、项目效果进行的阶段性、回顾性评价。监测评估能推动儿童公益组织与项目设计有关的决策，改善团队运作，强化项目实施；能展示项目在目标达成和群体影响的有效性，为项目有效性与局限性提供信息和数据。

一方面，在儿童公益行业处于发展关键时期的当下，科学有效的监测评估是促进儿童公益行业持续健康发展的重要推动力。近年来政府对于包括儿童公益组织在内的社会组织参与社会治理的期待有所提高，这不仅体现在对社会组织的参与程度上，更体现在对社会组织参与社会治理带来的社会效益的关注上。科学的监测评估是呈现包括儿童公益组织在内的社会组织其社会价值的重要途径；只有向社会大众及政府展示自身回应社会问题所带来的社会价值，儿童公益组织的存在及发展才具有正当性。

另一方面，科学的监测评估对于处于发展关键时期的儿童公益组织而言也尤为重要。在快速发展阶段，儿童公益组织可能将大多数精力投放在资金筹集与项目运作上，而较少关注组织的长期战略规划与社会影响力的扩大。当发展速度放缓，单纯依靠筹资量的增加与项目的扩张无法为儿童公益组织发展带来实质性发展的时候，监测评估将能够协助组织向下一个发展阶段迈进。科学有效的监测评估，能够为儿童公益组织的机构战略规划、项目规划与设计、项目执行等方面的优化提供有意义的信息；同时，对于项目效果的评价将有助于儿童公益组织从项目成效的角度回顾性评判整个项目周期的有效性，为更好地开展下一个周期项目工作提供科学信息。总体而言，科学有效的监测评估将能在很大程度上提升儿童公益组织的专业性。

基于以上背景，本研究将以儿童公益组织的项目监测评估为切入点，以北京、上海、广东、云南地区的部分机构为样本，结合上述四地之外其他地区的概

况,呈现各地儿童公益组织项目监测评估的现状与相关因素,并分析其对于儿童公益行业可持续发展的影响。在此基础上,研究从项目监测评估的角度出发,为儿童公益组织专业化发展提供建议。

三、研究方法和样本介绍

本研究中"儿童公益组织",主要是指组织自身认为其重点工作领域涉及儿童的,以社会服务机构(民办非企业)、基金会、社会团体形式注册的社会组织,也包括部分公募基金会设立的专项基金,以及在华开展工作的部分国际非政府组织(此处及下文提到的非营利组织、非政府组织,皆指代上述定义的"社会组织")。

本次研究主要采取关键人物访谈及问卷调查的方式对儿童公益组织的信息进行搜集。关键人物访谈方面,本次研究总共对 17 家儿童公益组织进行了访谈,其中社会服务机构(民办非企业)9 家,基金会 8 家。调研组邀请部分长期从事儿童公益行业的业内资深专家进行深度访谈,通过专家视角了解儿童公益行业的基本概况,重点了解组织自身在监测评估方面的基本情况、困难挑战以及未来展望。问卷调查方面,共回收 129 份机构问卷,问卷着重对儿童公益组织对监测评估重要性的评价、监测评估执行情况的自我报告,以及机构的基本情况进行调查。地区与注册形式分布详见表 9.1,注册年份分布详见图 9.1。

表 9.1 样本儿童公益组织地区与注册形式分布

	北京	上海	广东	云南	其他	小计
社会服务机构	20	6	6	21	21	74
社会团体	2	1	1	0	8	12
基金(会)	14	6	2	1	2	25
工商注册	1	1	0	0	0	2
国际组织	3	0	0	0	3	6
其他(如未注册)	3	1	3	2	1	10
小计	43	15	12	24	35	129

除了问卷与深度访谈外,本研究也利用博源拓智收集的相关资料,尽可能地丰富本研究信息获取的渠道和深度。博源拓智利用日常工作中向伙伴机构提供能力建设培训、向伙伴机构提供监测评估服务的机会,了解儿童公益行业在监测评估方面的信息。

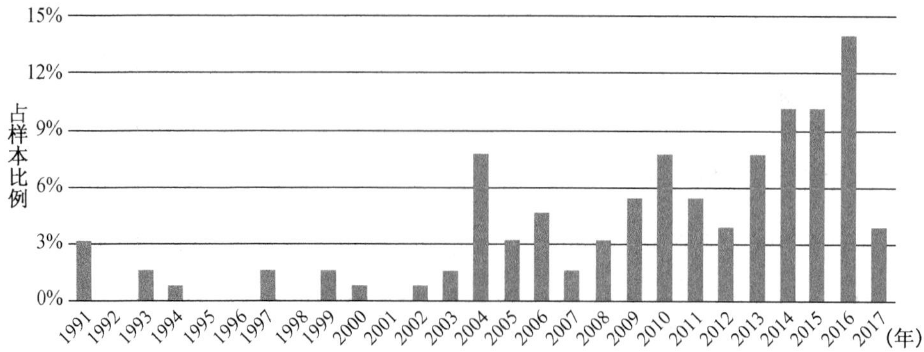

图 9.1　样本儿童公益组织注册年份分布

尽管如此，本研究无可避免地还是存在一些局限。由于资源及目前儿童公益组织信息获取途径的有限性，本次研究未能在广度上更进一步，覆盖国内更大范围的儿童公益组织，获取更大的问卷样本量，有鉴于此，研究组侧重利用问卷获取的信息进行概况描述，着重使用深度访谈及能力建设培训与监测评估服务过程中获取的信息进行深度分析。

第二节　儿童公益组织监测评估的整体状况和突出问题

一、监测评估执行情况自我评价良好，各地存在差异

普遍而言，儿童公益组织对于自身监测评估的执行情况自我评价较高，部分行为的执行情况受地区及注册形式影响。

从图 9.2 关于儿童公益组织在监测评估行为的自我报告中不难看出，从业人员对本组织的监测评估自我评价较高，大部分都认为本人所在组织有执行过相应的监测评估行为。然而“有指标体系”“委托第三方进行项目监测评估”“搜集对比干预组和对照组信息”这 3 项的自我报告比例仅为 64%、51%、54%，远低于其他选项的平均数。设计监测评估指标体系、搜集对比干预组和对照组信息这类对专业性要求较高的行为，以及委托第三方进行监测评估这类对资源要求较高的行为，对不少儿童公益组织而言仍然难以执行。这在一定程度上表明，尽管不少儿童公益组织认为自身组织具有监测评估相关的行为，但是实际上并

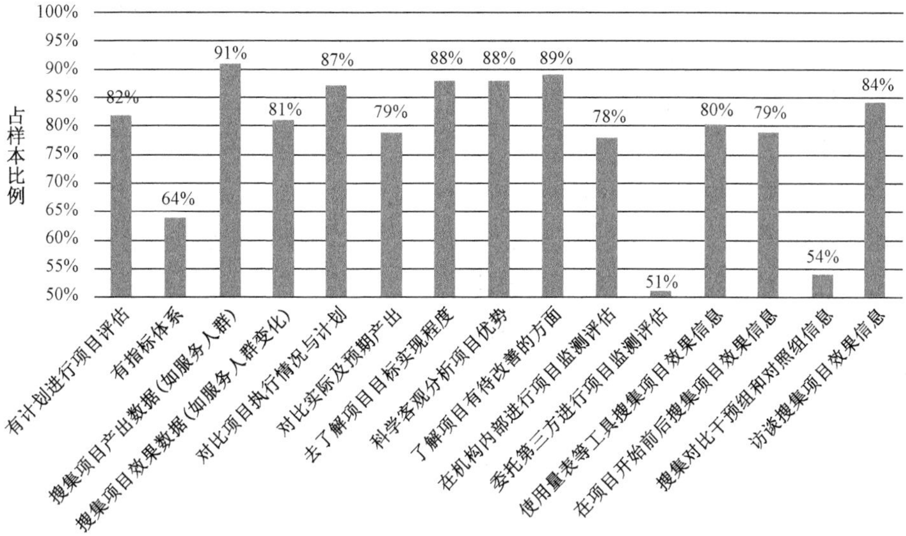

图 9.2 儿童公益组织项目监测评估行为自我报告情况

未进行过体系化的、有效的监测评估工作。

进一步分析表明,地区及注册形式对儿童公益组织监测评估行为执行情况有所影响。

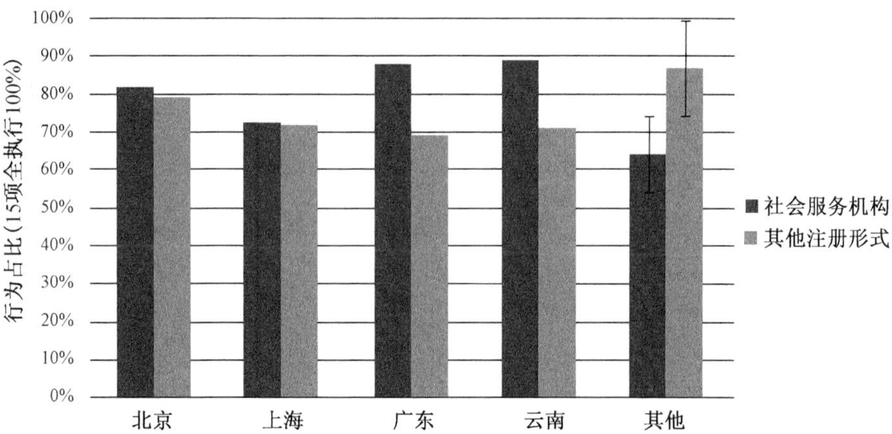

图 9.3 地区及注册形式对儿童公益组织监测评估总体执行情况自我评价的影响

综合考虑问卷中提到的 15 项监测评估相关行为中儿童公益组织自我报告执行过的数量占比,并按地区及注册形式进行分析发现,在北京、上海、广东、云南 4 地之外的其他地区,其他注册形式的儿童公益组织监测评估执行情况显著优于社会服务机构;而广东和云南地区则呈现出了相反的趋势,即广东与云南以社会服务机构形式注册的儿童公益组织其监测评估自我评价高于其他注册形式的组织。另外，北京和上海两地的社会服务机构及其他注册形式的儿童公益组织在监测评估方面的自我评价没有显著差异。

图 9.3 呈现的情况表明不同地区、不同注册形式的儿童公益组织在监测评估方面的自我评价有所差异，这种差异是当地的社会环境、儿童公益组织相关的资源状况在项目监测评估上的体现。在儿童公益组织发展程度相对较低的“其他地区”，“其他注册形式”（如社会团体、基金会、国际组织）的儿童公益组织因其注册形式门槛相对较高，间接导致资源状况较好的组织才有可能以“社会服务机构”之外的形式注册，这能在一定程度上解释其他地区里，社会服务机构与其他注册形式的儿童公益组织在监测评估执行情况自我评价的差异；而在资源相对优厚的北京与上海，这种差异并不显著。

二、大多数儿童公益组织缺乏项目质量监测评估体系

尽管儿童公益组织从业者在问卷中对所在组织的监测评估行为给出了较高的自我评价，然而调研组通过深度访谈发现，大部分儿童公益组织只有一些零散的监测评估行为，比较常见的有活动人次统计、活动痕迹存档、撰写项目总结等；还有一些组织进行过相对比较完整的监测评估工作，比如活动开展前的现况调研、活动开展后邀请参与者填写活动评估或反馈表等。但就调研接触到的各类组织整体情况而言，儿童公益组织的监测评估工作比较零散，大多缺乏系统性监测评估体系。一位第三方评估机构的受访者表达了类似的观点：

> 一般机构内部评估就很少了。他们顶多会有像内部总结，但是很少是以评估的角度来看待的……总结就像是说这个项目怎么好、服务了多少人、给多少人发了奖学金，最后可能有一个对项目的思考、遇到什么困难、如何在未来改进。相反，评估是说这个事的一个脉络是怎么一回事，然后造成了什么具体的直接和间接影响，是从项目层面上来看问题。但是因为考虑到成本问题也可能衡量不出来（造成的影响）。现在的儿童机构主要还是想把钱花在孩子身上。所以他们没有评估只有总结，没有把预算放在评估上。
>
> ——第三方评估机构受访者

行业中少之又少的具有相对专业监测评估体系的儿童公益组织，其监测评

估行为及成果与其他同行机构则形成了鲜明的对比。例如，受访的一家社会服务机构自注册以来便十分重视项目的监测评估工作，但是囿于组织发展初期能够分配在项目监测评估上的资源并不充沛，组织负责人综合考虑项目发展阶段与特点后，决定与学术机构合作进行项目评估工作。该组织的儿童教育相关项目具有一定规模，初期有大约 20 个项目点，涉及约 1500 名儿童；这个数量级的儿童对于相关领域的学术研究而言是一个数量可观的样本。该组织成功与一些学术机构合作进行项目的评估工作。得益于学术机构的学科背景，该组织的项目评估相对而言更具有科学性及实证性，在评估规划与执行上更为严谨（例如个体一一对应的前后测量，能够进行对比的对照组。参见图 9.4）。类似地，本次受访的一家关注儿童健康领域的私募基金会也与学术机构合作进行监测评估工作。

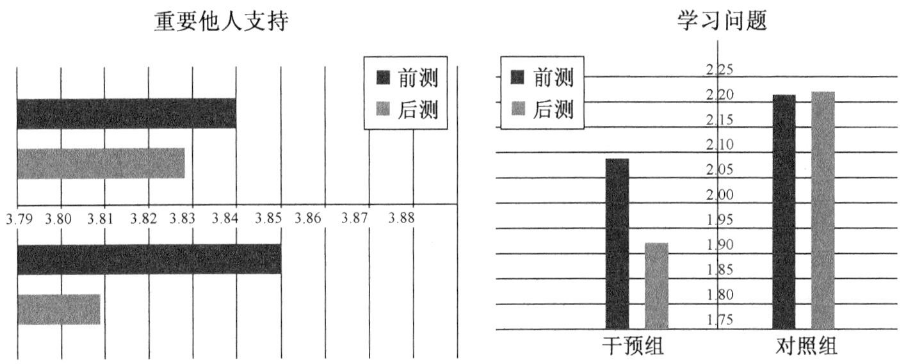

图 9.4 某儿童公益组织项目评估报告截图[①]

上述采用严谨、科学的方法进行的评估工作，其中一个重要的作用在于能够让儿童公益组织清楚了解项目干预在成效、影响力方面的表现。其中，成效评估是指分析在关键指标上，直接服务对象在项目前后发生的变化；而影响评估，则是在成效评估的基础上，试图了解完全归因于项目干预所带来的“净影响”[②]。上述图 9.4 所呈现的便是该儿童公益组织进行影响评估后的结果。在了解自身项目是否有效、是否有影响力，以及效果与影响力的大小后，无论是结合对项目模式的回顾、提炼以进一步提高项目成效及影响力，还是以经过循证检验的项目

① 图片截取自某儿童公益组织项目评估报告，已获得授权。完整报告详见 http://artdreamchina.org/images/information/2016pinggu2.pdf.

② 来自《如何做监测评估》，http://www.nandufoundation.org/Uploads/file/20170904/59acb2fdccaf7.pdf.

筹集更多资金维持项目运作、进行规模化的探索，都将事半功倍。

三、缺乏资金及人力资源是监测评估不足的重要原因

资源差异是儿童公益组织监测评估执行情况有所差异的重要原因，而资源普遍的有限性是儿童公益行业在监测评估方面进一步专业化发展的最大掣肘。

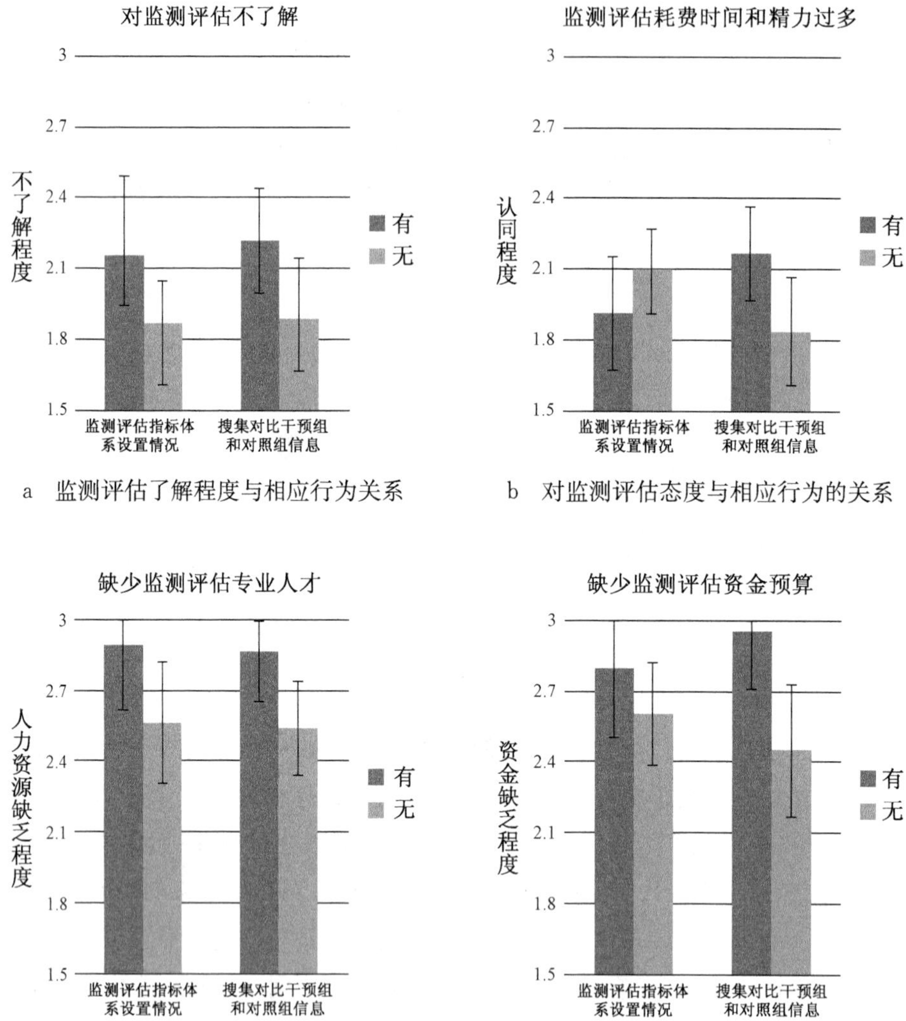

图 9.5 监测评估不足原因

从图 9.5 中不难看出以下趋势：对监测评估有更深入的认识、人力资源及资金较为充足的公益组织，更有可能拥有属于本组织的监测评估指标体系，也更有可能用更为专业的方法进行项目监测评估。北京地区某社会服务机构在项目监测评估方面虽然起步较晚，但是其探索非常积极；主要原因在于其认可监测评估为组织发展及项目改善所带来的价值，同时也有一定经费。该组织与同为公益组织的第三方监测评估机构进行合作，于 2016 年底至 2017 年初针对其核心项目的第一个周期(2017 年 5 月项目第一周期结束)进行末期评估工作。该组织负责人在接受访谈时表示：

> 我们邀请第三方机构进行评估主要原因有两个：一方面，我们自己在监测评估方面的人力资源和专业化程度稍显不足，希望能通过与更为专业的第三方监测评估机构合作，对我们核心项目的效果进行量化评估，同时在回顾项目经验的基础上，总结项目模式，为我们下一个周期的项目规划提供建议。另一方面，我们有意向与这个项目的主要资助方进行项目第二周期的资金申请，我们也想通过这次的第三方评估，呈现项目的有效性和监测评估的价值，让我们在做下一周期预算的时候把监测评估的费用纳入项目预算更有说服力。
>
> ——某社会服务机构负责人

四、疏于将监测评估融入项目管理流程，加剧资源缺乏对监测评估负面影响

问卷显示，“没有监测评估指标体系”“没有搜集对比干预组和对照组信息”的儿童公益组织，往往对监测评估的了解程度更低、更倾向于认为监测评估耗费时间和精力过多，更重要的是图 9.5 呈现的另一趋势：他们在更大程度上认为自身组织缺少监测评估的专业人才、缺少监测评估的资金预算。遗憾的是，这是儿童公益行业的普遍情况；本次研究受访的儿童公益组织大都表示自己能用于监测评估的资金或人力资源较为缺乏，有受访者提到：

> 从资金安排方面来讲，虽然行业开始有人觉得监测评估是重要的，

> 但其实大多数人还是意识不到它的重要性，所以监测评估这方面资金还是不会很多，而且还有很多时候领导不理解，为什么要给这么多钱去做评估。
>
> ——某公募基金会某部门副主任
>
> 整个基金会其实就我一个人负责监测评估方面的工作，其实同时还有部分项目执行方面的一些事情，都是我一个人。
>
> ——某私募基金会监测评估负责人
>
> 我们在向基金会申请资金的时候也想申请监测评估方面的资金，但是对方明确表明不希望资助这方面的费用，我们也比较无奈。
>
> ——某社会服务机构负责人

另外，我们也需要注意到监测评估的视角在儿童公益组织项目管理中的缺位，这将加剧资源缺乏对组织监测评估表现的负面影响。实际上，监测评估理应是项目管理流程当中不可或缺的一个部分；部分儿童公益组织之所以会认为监测评估“耗费时间和精力过多”，主要原因在于其并未将监测评估整合到项目管理过程中，而认为监测评估是项目管理之外的一项新的工作。在这种错误的理念之下，儿童公益组织在相对有限的专业人才和资金条件下，就对监测评估更为望而却步。

尽管如此，资源有限仍然是儿童公益行业监测评估进一步专业化发展的掣肘。尽管儿童公益行业对于监测评估重要性及其具体操作方法的认识仍然有进一步提升的空间，但是如果没有相应的资源匹配协助一线社会服务机构推进项目监测评估工作——无论是内部评估还是外部的第三方评估，儿童公益行业的监测评估将陷入意识与行为脱节的境地。缺少监测评估的参与，儿童公益行业将由于缺乏有依据的、科学的项目迭代而使得服务水平提升愈加困难。有受访者提到：

> 大家都在慢慢意识到评估的必要性。尽管现在还是初步阶段，但毫无疑问是处于上升趋势。现在大家拥有了这个需求就是因为有许多机构不知道它的项目好在哪里、进入了什么样的一个层次……但是只有一些机构有评估方面的预算，大多机构是没有的……实际上，只有使用过了评估监测后，机构才能认识到评估监测的重要性。就好比在不穿鞋子的海岛上，你跟他们推销鞋子的好处是没有用的。
>
> ——第三方评估机构受访者

第三节 分析和讨论

一、社会科学研究对儿童公益行业发展存在启示

如果把儿童公益组织想要改善的儿童相关社会问题(例如儿童权利实现状况的改善)比喻成社会生病了,需要治疗,那么在大规模推广某种药方,也就是某类型项目之前,检验药方的有效性显然是必不可少的一个步骤。尽管有社会科学领域的研究者认为,社会科学无法完全比照自然科学精准设置干预组与对照组,也无法在样本选取上做到完全的随机分配,但是仍然有可能进行基于长期数据收集和分析的基线调研、跟踪评估等工作,斯坦福大学某研究中心主导的农村教育行动计划(REAP)就是一个很好的例子。①

二、儿童公益行业对监测评估的理解存在分歧

遗憾的是,目前大多数儿童公益行业的从业人员对于上述以随机对照试验进行项目监测评估的理念与模式,或者认识不足,或者并不认同。儿童公益行业监测评估存在的一大挑战,在于对项目成效评估、影响评估的重要性及严谨性存在分歧。受从业者专业背景、资源充裕程度所限,目前各利益相关方对于项目即时效果最为普遍的评估方法,来源于与目标群体的深度访谈,仅有极少数项目利用量化工具对项目指标进行前后测量及对照以验证项目成效、达到循证标准。

其中一种情况是:“我只关注我发了多少鸡蛋。”

大多数儿童公益组织对项目监测评估的理念停留在活动参与人次的统计上——例如仅统计向农村地区儿童发放了多少个鸡蛋,但对于这些鸡蛋为儿童的健康带来什么影响并不感兴趣。活动参与人次这种层面的信息并非全无价值,它能为项目活动在目标群体当中的接受程度提供有意义的信息,但它无法进一步地为如何提高项目活动在目标群体的接受程度提供建设性的建议,更不用说其他层面的项目优化依据。儿童公益组织如果仅关注项目活动参与人次,将难以形成“研究—开发设计—执行—评估—修改设计—执行……”这样的模式;长期而言,这将使儿童公益组织难以积累项目经验,对于项目规划的合理性与可

① 具体见 http://reap.fsi.stanford.edu/zh-ch。

操作性也难以检验，项目优化无从谈起。对整个儿童公益行业而言，项目迭代模式的缺失将严重影响行业的规模化与专业化发展，继而影响儿童公益行业社会影响力的扩大，这对于儿童公益行业的可持续性发展来说将是一个极大的负面因素。

另一种情况则是："我不仅关注发了多少鸡蛋，也关注我怎样可以更好地把鸡蛋发好，但是我不太关注孩子吃了鸡蛋有什么用。"例如有受访者表示：

> 做指标、量化并不是不好……这类评估体系是一个黑匣子……但它只能说明你的项目有效，并不能说明为什么成功。……不能单纯地看数据与指标，因为有些东西是通过数据反映不出来的。比如一个事情经过干预达到了百分之十，但你能证明它做到了最好吗？万一它的极限为百分之五十呢？所以我们就十分关注它的模式是什么，它的运作机制怎么做的，通过评估来分析它的架构……好些机构就一味地专注于量化，而不是评估所带来的深层次影响。有些机构花了许多钱评估就是为了量化，只证明它们改变了多少，实际对它们的工作一点用都没有。
>
> ——第三方评估机构受访者

研究组认为，在未先行以严谨的方法验证项目成效及影响之前，对项目模式进行总结、探讨"项目为什么有效"、为规模化做准备等行为的意义将大打折扣。对于项目成效及影响的验证，其重要性至少应当与项目模式的探讨相当。试想一下，跳过向公众证明儿童公益项目的社会价值这一步骤，直接向公众宣扬项目模式的可推广性，将会使公众对儿童公益行业留下何种印象。本文前面提到的"小朋友画廊"事件，恰恰是一个拥有极佳传播模式，却因为没有事先准备好项目已有成效或影响的相关材料而遭到公众质疑的一个典型案例。尽管在质疑过后事件中的利益相关方出面解释，该事件实际上也并无不合法、不合理之处，但这仍然对公益组织在公众心中的印象带来了负面影响。如果事件中的利益相关方在项目大规模推广前进行了严谨的项目评估，或许该事件就能得到更好地解决。这间接说明儿童公益行业对于严谨、科学的项目监测评估并不重视。

三、缺少普遍认可的指标，影响儿童公益行业对监测评估价值的认识

在商业领域，一家互联网企业如果希望通过风险投资的方式获得融资，它需要通过用户/客户数量、用户活跃度等指标来向风险投资者证明其未来获取利润的潜力；如果它想要上市，需要通过过往几年的产品/服务市场占有率、利润情况、现金流情况等指标来证明其影响力及持续增长的可能性。

然而如果我们将目光转向儿童公益行业，就会发现目前类似评价企业价值的指标对于儿童公益组织而言并不存在，这影响了对监测评估价值的认识。儿童公益组织一般会统计项目的覆盖人群数量以及活动参与人次，但甚少披露其项目覆盖人群在当地儿童或其他利益相关方的占比。绝大多数儿童公益组织是非营利组织，因此没有能够对应企业利润率的指标。儿童公益组织年报披露的年度收入与支出，可以近似比作企业的现金流量，能在一定程度上反映组织的运营情况。然而即使假设收入与支出规模的大小一般而言与社会影响力的大小呈正比，目前对于儿童公益组织的资金利用效率却甚少有相关指标可以参考。

四、监测评估对儿童公益组织的价值未被充分挖掘

监测评估在儿童公益行业的缺位还与下列的重要因素有关：儿童公益组织普遍而言并未意识到监测评估对组织发展的价值——“监测评估看起来没有什么用”，这使得大多数儿童公益组织没有动力开展监测评估工作。而对于已经开展监测评估工作的儿童公益组织，它们也并未充分挖掘监测评估成果对于组织发展的价值。

和企业有融资需求类似，儿童公益组织有持续地获得捐款的需求——无论是面向大额捐赠者（如企业、基金会）还是小额捐赠者（例如公众筹款）募款。儿童公益组织需要向潜在的捐款人证明自身的社会影响力——至少是达成这种社会影响力的可能性，而严谨、科学的监测评估是证明儿童公益组织影响力的唯一手段。遗憾的是，大多数儿童公益组织并未认识到监测评估在组织筹款当中能够发挥的作用：它们自然并不重视监测评估。即使对于具有相对严谨的监测评估体系及成果的儿童公益组织，它们也大多并未将这些成果的效用最大化。例如，我们通常很难在公益组织的网站找到它们的监测评估报告，更不用说找到以公众更易于接受的形式——例如视频——呈现的监测评估成果。这是对监测评估价值理解不充分的另一种表现。

第四节 建议与展望

一、推动儿童公益行业资源在监测评估领域进行更为有效的配置

儿童公益组织在现阶段的公益项目规划与执行过程中，很大程度受制于项目资金的支持方——例如资助型基金会，民政部门、妇联及团委，官办基金会下的专项基金，以及企业的社会责任部门。特别是在项目管理的规范性与项目成果的评价方面，资金方所提出的一些硬性要求往往是儿童公益组织进行优先考虑并予以达成的执行标准。资金方对于项目监测评估工作的重视不足会直接导致这一重要的管理环节缺失，影响项目成效全面、客观地评价。因此，对于资金方的倡导重点应落在凸显项目监测评估所产生的深远社会影响。项目评估不仅是检验项目规划与执行科学性及有效性的期末大考，对内考评项目质量与合作关系，为资助方向的调整提供判断依据，更是对外展示项目投入所带来实际效益的根基。它能够用更直观的方式、更有说服力及充分的信息向公众阐释公益项目对解决社会问题的积极贡献。这也是有效回应公众质疑，提升资助方自身的公众认可与社会声誉的有效途径，有利于持续提升公益领域的公众关注，筹措项目资金，充实参与公益项目的社会力量。

此外，儿童公益行业平台型、支持型的组织除了面向一线服务的儿童公益组织提供项目监测评估理念与实践方面的培训，提升其监测评估的意识与能力之外，同时应面向儿童公益行业的上游机构——例如资助型基金会、政府、企业社会责任部门——进行儿童公益行业监测评估的理念倡导。

博源拓智在《中国儿童公益行业发展状况研究报告(2016)》中发现，项目资助方的偏好对于儿童公益组织有着重要的引导作用。本研究基于问卷所得的儿童公益组织概况也表明，基金会资助、政府购买服务资金及企业捐赠都是儿童公益组织的主要资金来源。在这种情况下，如果仅仅着眼于提升一线服务儿童公益组织的项目监测评估理念与实践方法，有可能会使有意进行项目监测评估的组织因为缺少执行项目监测评估所需要的资源——例如资金、人力资源——而“有心无力”。从这个角度而言，同步面向一线服务儿童公益组织的主要资助方进行项目监测评估的理念倡导，提升他们对于项目监测评估重要性的认识，是推动儿童公益行业监测评估专业化发展必不可少的一个步骤。

二、提倡将监测评估融入项目管理，加强对项目管理人员的能力建设

提高儿童公益行业对于监测评估的重视程度，协助从业者意识到监测评估是项目管理不可或缺的有机组成部分，倡导将监测评估融入儿童公益组织原有的项目管理流程，对现存有限的人力资源及资金进行更为有效的利用。推动行业形成“儿童权利形势分析—项目目标设定—项目规划＋监测评估规划——一线数据搜集—项目执行—监测数据搜集—项目过程调整—末期评估数据搜集分析—项目调整—下一项目周期”的完备、标准化的项目管理流程，从监测评估的角度推动行业专业化发展。在人力资源方面，从招募、入职培训、在职培训等人力资源的全流程入手，加强对项目管理人员在监测评估方面的能力建设培训，提升其对于项目监测评估的了解及重视程度。

三、开发儿童权利视角的监测评估指标体系

儿童公益行业的支持型、平台型机构可以将联合国《儿童权利公约》作为基础，尝试开发基于儿童权利视角的监测评估指标体系，为儿童公益行业提供类似现金流、利润率等商业领域通用的评价指标。行业通用的监测评估指标将有助于监测评估方面研发能力有所欠缺的儿童公益组织获得参照物，根据自身的项目特点从通用性监测评估指标体系中选择与项目相适应的监测评估指标，协助监测评估工作的推进；同时有助于儿童权利视角在儿童公益行业的倡导工作。

四、循序渐进，针对项目过程、成效、影响力进行监测评估的探索

在遵循科学、严谨的方法论，以及采用符合逻辑的分析框架的前提下，儿童公益组织依照自身组织的发展状况、项目所处的阶段(探索期、稳定期、规模化前期、规模化阶段)，以及组织资源状况，就项目过程、成效、影响力方面进行监测评估的探索。①

过程维度主要关注服务递送的质量、数量、可获得性、覆盖情况，同时需要关注服务人群的参与性及退出率。另外，项目执行的合规性及一致性也是不可忽略的元素，例如项目的财务状况、实际执行与计划的差距。这些指标均能够在不

① 来自《如何做监测评估》，http://www.nandufoundation.org/Uploads/file/20170904/59acb2fdccaf7.pdf.

同程度上进行量化。

成效维度主要关注的是项目的利益相关方，尤其是直接的服务对象，在项目前后的变化。尽管在儿童公益行业，量化项目对直接服务对象产生的变化并不直观，然而并非完全不可能。咨询儿童公益项目相关细分领域的专家、招聘细分领域相关专业的从业者负责这方面的工作、查阅相关的学术论文或出版书籍，有助于了解相应领域的测量工具——例如经过验证的自评量表、他评清单。在项目设计上，尤其注意在相应的时间节点——例如项目正式开始前、项目结项阶段——进行服务对象数据的搜集。

对于项目影响力的评价，实际上是在成效的基础上进行的进阶评价。对直接的服务对象而言，影响力是指排除其他因素后，纯粹由项目给自身带来的变化；想要了解这种变化，需要项目的直接服务对象在项目前后的变化与没有接受服务的类似人群——也就是对照组——进行对比。此外，项目的影响力评价也关注项目对于儿童公益行业，乃至改善整个社会环境的推动，将项目经验转化成具有推广性和借鉴意义的工作指导，总结与提炼关于某个/些社会问题的有效干预模式，包括基于地方特色的合作关系建立、针对某一领域项目的资金投入与产出效益、公众倡导的方向与信息传播效力、政策推动与落实的基点等。从长远来看，随着越来越多针对不同受益群体，以及各种社会问题及相关领域的儿童公益项目陆续展开，整个行业将会逐步积累起大量具有示范意义的优秀项目案例，淘汰掉不适应社会发展趋势的项目模式，探索项目的系统化发展与规模化发展路径，为从事相关领域工作的其他机构提供更多的借鉴和参考，催生出更多具有创新性和生命力的公益项目。

第十章 儿童社会组织的人才队伍建设研究与对策建议

2018年，儿童公益行业在社会需求与政策推动的共同作用下持续发展，专业分工越发细化，服务越发深入，行业发展进入“深水区”。儿童工作者作为服务专业性和公益性的来源和保障的地位更加凸显，儿童工作者的素养与能力的提高成为机构发展和行业发展的核心力量，受到更多关注。

2017年，北京博源拓智儿童公益发展中心在国际救助儿童会中国项目的支持下，起草了《一线儿童工作者能力素养与行为准则指南》。基于联合国《儿童权利公约》和本土经验，明晰了儿童工作者需要具备的十大专业能力和十大核心素养。

儿童工作者的素养和能力对社会组织的发展来说至关重要。本书聚焦儿童工作者的素养与能力的培养，从儿童权利视角出发，试图展现中国儿童公益行业中的工作者，尤其是一线工作者的基本情况、工作状况和素养与能力现状，分析目前机构培养工作者素养与能力的一般方式及面临的挑战，就今后儿童工作者素养与能力的培养提出针对性建议。

第一节 研究背景

一、儿童服务的特殊性要求工作者具备特定素养与能力

由于儿童的身心处于发育过程中，儿童服务相较于其他公益服务而言，具有一定的特殊性。第一，儿童的身心发育尚不完全，规避伤害和自我保护能力相对较弱。因此儿童服务的基本底线是不对儿童造成任何形式的伤害，同时力图保护儿童免遭来自其他方面的伤害。第二，儿童的身心发育具有很强的阶段性，每个发展阶段的需求和目标都有所不同。因此儿童服务的方式和目标都需要符合所服务儿童的发展阶段。第三，儿童的发育和经历具有多样性，不同类型的儿童

所需要的支持不尽相同，比如残障儿童和留守儿童。因此儿童服务在考虑儿童常规发展阶段的同时，还需要回应所服务儿童的具体特点和发展需求。第四，儿童虽然身心尚未发育完全，但仍有权表达自己的观点，有权参与到与自己相关事务的决策中。因此儿童服务还应当充分为儿童赋能，通过提供恰当的辅助，促进儿童参与权以及其他权利的实现。

儿童保护的这些特殊性，要求儿童公益行业的工作者，尤其是一线工作者，具有特定的素养与能力，充分认同儿童权利理念，采取促进儿童权利实现的行为。具体而言，第一，儿童工作者应当充分了解针对儿童的暴力的内涵及外延和儿童受到暴力侵害的一般表现，能够自觉避免对儿童使用任何形式的暴力，并能及时发现受暴儿童，进行紧急处置后进行恰当转介。第二，儿童工作者应当熟悉所服务儿童所处发展阶段的身心特点和发展目标，能够采用符合其发展阶段的方式进行沟通和引导。第三，掌握服务特定类型儿童所需要具有的专门知识和技能。第四，认同儿童的参与权，掌握促进儿童参与、为儿童赋能的方法。

如果儿童工作者的素养与能力不足，儿童公益服务的专业性和公益性会受到严重影响。这不仅仅损害所服务儿童的权利，也影响行业的社会公信力。2017 年发生的“同一天生日的你”募捐事件就是一个例子。2017 年年末，某平台发起了“同一天生日的你”募捐活动。网友输入自己的生日，系统会自动匹配一个同月同日生的贫困儿童。网页上有这位儿童的照片，照片中儿童手里拿着一张纸，写着自己的心愿。网友可以捐出 1 元钱，帮助这个儿童实现心愿。后来网友发现，同一名受助学生照片，却有不同的姓名和生日，甚至有儿童的生日日期实际并不存在。如果说修改受助儿童的信息直接影响公众对这个项目乃至儿童公益行业的信任，那么让儿童拿着成人编好的心愿拍照、未经处理直接暴露受助儿童照片等行为，则是对受助儿童权利的隐性侵害。

二、儿童工作者背景多样，需要机构和行业的培养以提高素养与能力

与医疗和法律等行业不同的是，公益行业的工作者往往有着多样化的专业背景。同时，在公益行业迅速扩展的大背景下，行业准入门槛也并未明显提高。儿童公益行业也并不例外。虽然工作者背景的多样性增加了行业的多元视角，较低的准入门槛实现了行业增量，但其负面影响在于，工作者进入儿童公益行业时并不一定接受过服务儿童的专业训练，其素养与能力的水平与儿童服务的要求不一定匹配。因此，儿童公益机构和整个行业对儿童工作者进行入职和在职

的培训与持续的督导就显得尤为重要。然而，在行业整体专业性偏低、工作量大、人员流动较快的环境下，机构开展培训与督导，也面临诸多挑战。

基于以上背景，本次研究以儿童工作者的能力素养培养为切入点，以北上广昆四地的儿童公益机构为样本，试图展现中国儿童公益行业中的儿童工作者，尤其是一线儿童工作者的基本情况、工作状态和能力素养现状，分析目前机构培养工作者素养与能力的一般方式及面临的挑战，探讨今后培养儿童工作者素养与能力的重点方向。

第二节 研究方法

本研究中的“儿童”，指不满 18 周岁的任何人，即《中华人民共和国未成年人保护法》中的“未成年人”。“儿童公益机构”，主要是指机构自身认为其重点工作领域涉及儿童的，以社会服务机构（民办非企业）、基金会、社会团体形式注册的社会组织，也包括部分公募基金会设立的专项基金，以及在华开展工作的部分国际非政府组织。“儿童工作者”，指儿童公益机构中的工作人员。“一线儿童工作者”，指儿童公益机构中经常直接与儿童接触和提供服务的工作人员。本研究对儿童工作者素养与能力的界定，主要依据 2017 年博源拓智在国际救助儿童会的支持下与合作伙伴共同起草的《一线儿童工作者能力素养与行为准则指南》。

本研究采用定性和定量相结合的研究方法。定性方面，研究团队与北京、上海、广州、昆明四地共计 16 家儿童公益机构负责人和项目管理者进行深度访谈，了解其负责的机构和项目在儿童工作者，尤其是一线工作者的素养与能力培养方面的现状、挑战及需求。

定量方面，研究团队向儿童工作者发放在线问卷，了解其个人基本情况、工作状态、素养与能力情况和培训需求。回收有效问卷共计 270 份，填答者来自 26 个省、直辖市的 168 家以儿童为主要服务对象或服务对象包括儿童的机构。其中大部分机构属于民办非企业、基金会、社团和国际组织，少部分机构属于工商注册的社会企业，还有一小部分来自高校和基层小学及幼儿园。[①]

---

① 虽然本研究将儿童工作者的定义为儿童公益机构中的工作人员，但实际调研过程中，少数高校儿童研究者和基层小学及幼儿园教师也填答了问卷，考虑这部分群体也属于广义的儿童工作者，故而在进行数据统计时没有剔除这部分样本。

如图 10.1 所示，近 2/3 的问卷填答者所在机构以儿童为主要服务对象，其他问卷填答者所在机构的服务对象包含儿童。如表 10.1 所示，近 1/4 的问卷填答者所在机构位于北京。此外，陕西、甘肃、云南、湖南四省的问卷填答者数量也相对较多。如图 10.2 所示，六成左右的问卷填答者所在机构为民办非企业单位，两成左右来自社团，来自基金会、国际组织和工商注册社会企业的填答者相对较少。如图 10.3 所示，超过四成问卷填答者为一线儿童工作者，项目经理和机构负责人分别占 1/4 左右，另有少部分填答者是来自高校的儿童研究者。

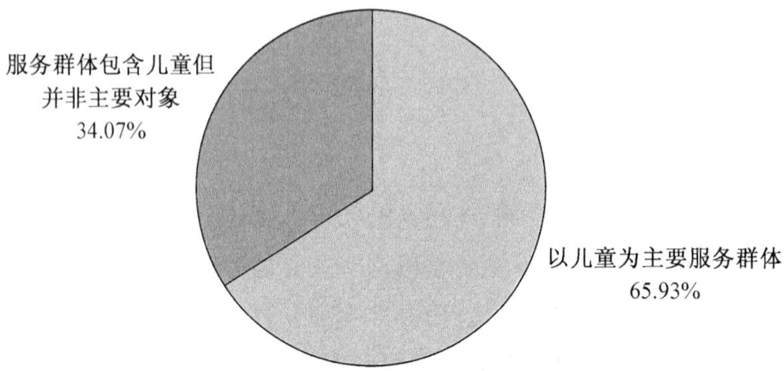

图 10.1　问卷填答者(N=270)所在机构服务对象

表 10.1　问卷填答者(N=270)所在机构地域分布

机构所在地区	填答者人数	机构所在地区	填答者人数
北京	69	黑龙江	4
陕西	35	上海	3
甘肃	29	江西	3
云南	26	辽宁	3
湖南	24	宁夏	2
广东	18	山东	2
重庆	9	江苏	2
新疆	8	天津	1
四川	7	广西	1
贵州	7	河北	1
吉林	5	河南	1
安徽	4	浙江	1
湖北	4	福建	1

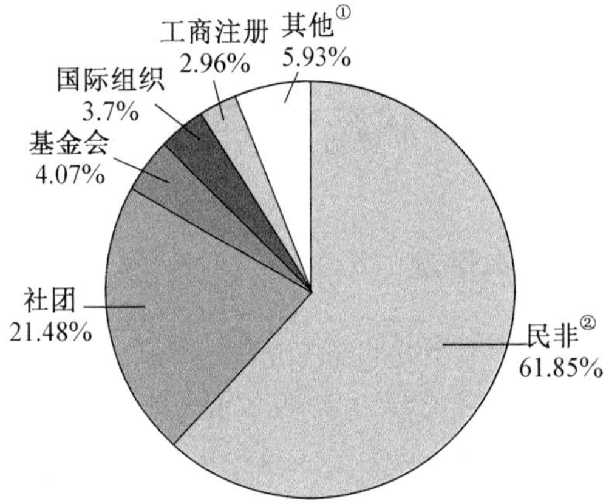

图 10.2　问卷填答者(N=270)所在机构类型

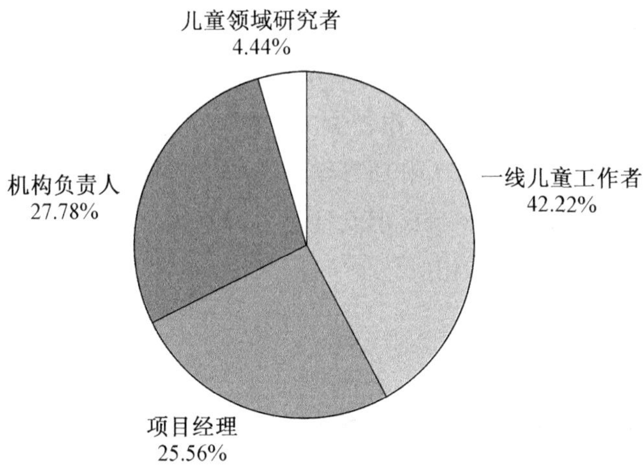

图 10.3　问卷填答者工作岗位

受限于时间和资源,本研究的研究方法仍存在一定局限。首先,问卷样本的地域分布不均,部分省份样本数量过少,限制了研究团队对这些省份情况的充分了解。其次,在分析过程中,更多关注各类型机构和各具体领域工作者的共性,而没有进行对机构类型(如基金会开展的公益项目、社工事务所、其他类型的公益机构等)和机构工作领域(如乡村教育、残障儿童康复、医疗救助等)进行更详细的区分以呈现行业内部的多样性。

---

① 其他,包括幼儿园、小学和高校等。

② 民非,是指"民办非企业单位(组织)",具体包括企业事业单位、社会团体和其他社会力量以及公民个人利用非国有资产举办的,从事非营利性社会服务活动的社会组织。

第三节 儿童工作者群像:基本情况、工作状态与素养能力

一、儿童工作者基本情况

本研究结果显示,儿童工作者的基本情况与整个公益行业的从业者基本情况差异不大。① 儿童工作者大多是40岁以下的女性,学历水平以本科及以上居多,专业背景与儿童工作直接相关的占一半左右,职业稳定性良好,多数月薪在2 000～6 000元之间。一线儿童工作者与全体儿童工作者相比,女性占比更大,年龄更小,学历稍低,教育学背景的人员更多,职业稳定性稍弱,薪资低于公益行业初级职位的平均水平。

1. 儿童工作者以女性为主,一线工作者女性占比更高

如图10.4所示,全体儿童工作者中,男性与女性比例接近3∶7。细分不同岗位的工作者来看,一线工作者和项目经理的女性比例更高一些;机构负责人和儿童领域研究者的男性比例稍高,但女性仍占近六成。儿童公益行业与整个公益行业的从业者的性别分布相似。

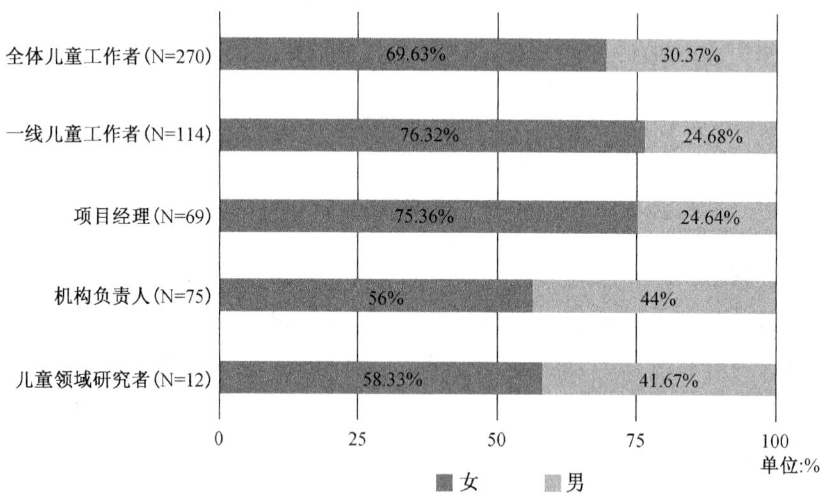

图10.4 儿童工作者性别分布

① 公益行业从业者的基本情况主要参考中国发展简报发布的《中国公益行业薪酬福利及人才供需报告:2018》。报告获取地址:http://www.chinadevelopmentbrief.org.cn/news-22381.html。后文提及整个公益行业从业者基本情况的数据皆引用自此报告,不再单独注明。

2. 儿童工作者以40岁以下中青年为主，一线工作者相对更为年轻

如图10.5所示，全体儿童工作者中，30～39岁的工作者占近四成，40岁以下的工作者约占2/3。与全体儿童工作者相比，一线工作者的年龄结构呈金字塔形，近五成一线工作者年龄在30岁以下，近八成在40岁以下。对比显示，一线工作者年龄更小，也符合职业发展规律，刚入职的年轻工作者往往从一线工作做起，积累经验，再逐渐发展到项目管理等职位。

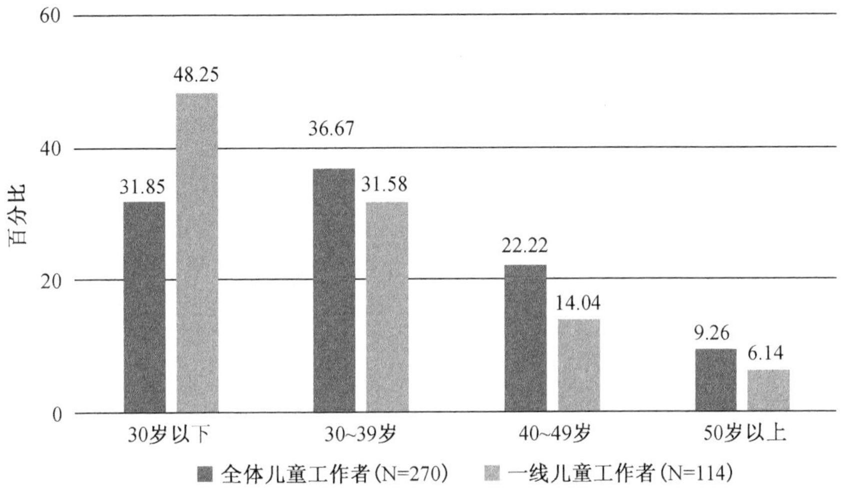

图10.5　儿童工作者年龄分布

3. 儿童工作者以本科学历及以上为主

如图10.6所示，全体儿童工作者中，超过半数为本科学历，近1/4为大专学历。与全体工作者相比，一线工作者同样以本科学历为主，但大专学历占比略高，硕士及以上学历占比降低。儿童工作者的本科和硕士的比例(分别为51.85%和14.44%)略低于与整个公益行业的从业者平均水平(分别为57.76%和29.31%)。

4. 儿童工作者专业背景多样，有教育学背景的一线工作者较多

如图10.7所示，大专以上学历的全体儿童工作者中，超过半数来自不与儿童工作直接相关的专业，而是来自法律、管理和理工类等专业。有约两成来自社会工作专业，另有少部分来自教育学、心理学和公共管理专业。与全体工作者相比，一线工作者中有教育学背景的占比更大。

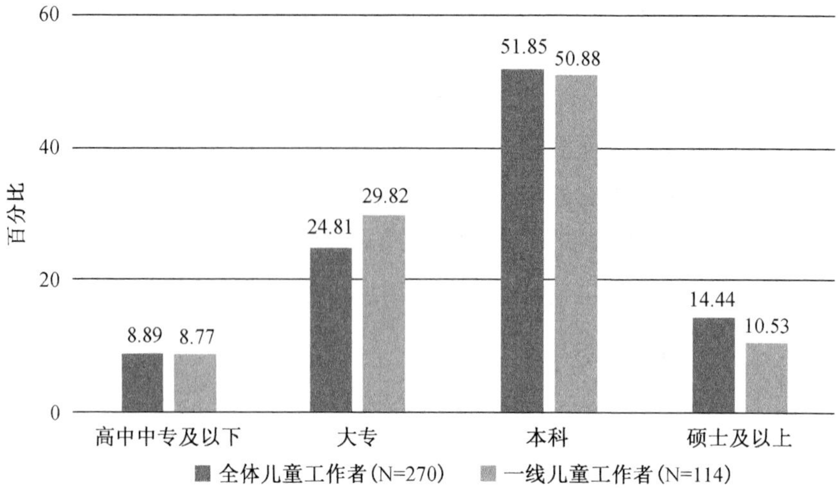

图 10.6　儿童工作者学历分布

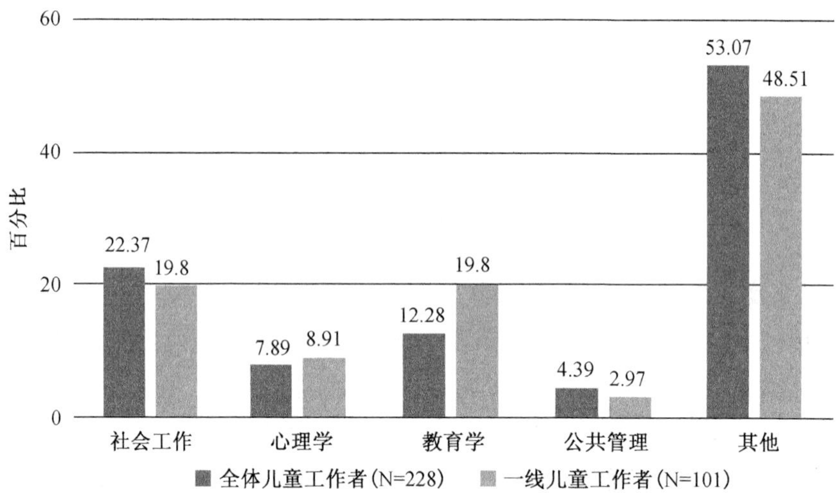

图 10.7　儿童工作者专业分布

5. 儿童工作者职业稳定性较高

如图 10.8 所示，近八成全体儿童工作者三年内没有换过工作，只有 5%的工作者 3 年内换了 2 次及以上工作，职业稳定性较高。一线工作者与整体情况差异不大。

6. 一线儿童工作者薪资相对偏低

如图 10.9 所示，约六成儿童工作者的月薪在 2 000～5 999 元之间。约六成一线儿童工作者的月薪在 2 000～3 999 元之间。一线儿童工作者的薪资水平显

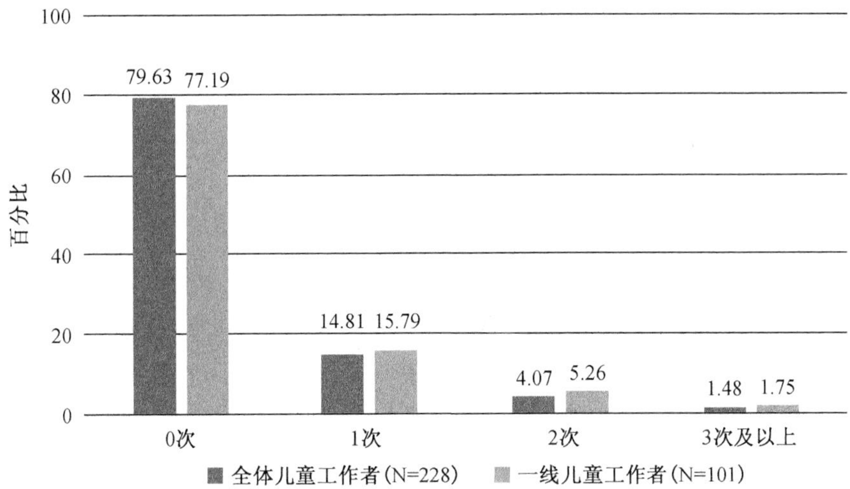

图 10.8 儿童工作者 3 年内换工作次数

著低于其他岗位的儿童工作者。进一步说，如果把一线儿童工作者的岗位归类为初级职位，则一线儿童工作者的薪资水平低于整个公益行业初级职位薪资平均水平(约六成初级职位月薪在 3001～5 000 元之间)。

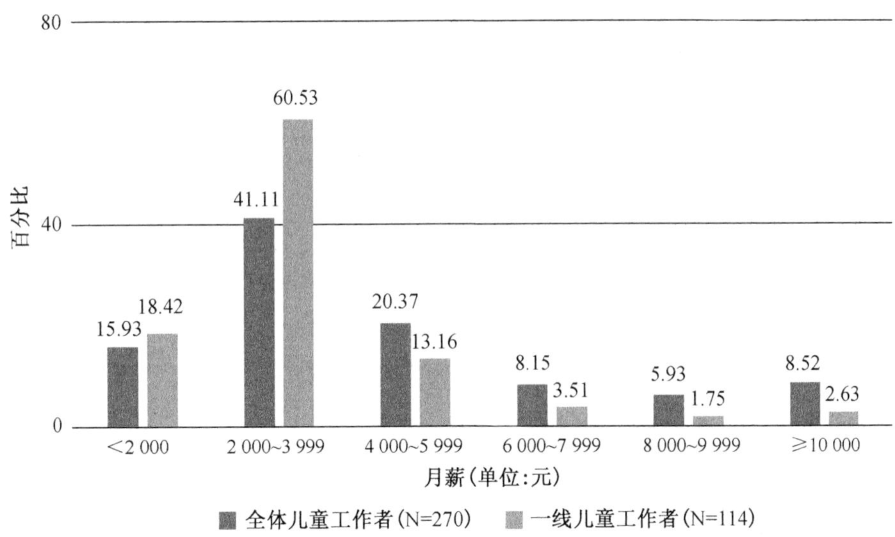

图 10.9 儿童工作者薪资分布

二、儿童工作者的工作状态

总体而言,儿童工作者工作状态较为积极。相对全体儿童工作者而言,一线儿童工作者的职业满意度更弱。儿童工作者的工作状态与年龄有关,与薪资水平无显著关系。

1. 儿童工作者工作状态较为积极

如图 10.10 和 10.11 所示,儿童工作者普遍认可儿童服务工作的价值,抱有工作理想和目标,愿意学习相关知识,且在日常工作中尽自己的努力;互助的同事关系也提升了工作体验。但儿童工作者在工作中体验到的挫折感较强,也面对着来自各方面的不理解和服务对象带来的压力,对于如何处理工作带来的情绪、改善工作推进方式存在疑惑,希望通过各种方式(比如休假)来调节工作状态。

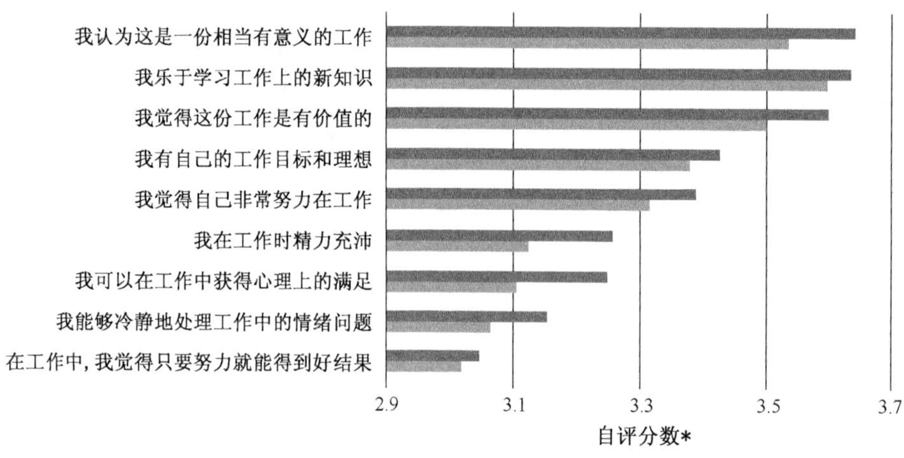

图 10.10 儿童工作者职业满意度

注:* 评分数值越大,同意度越高。分数在 2.5 分及以上,视为同意;在 2.5 分以下,视为不同意。

2. 一线儿童工作者职业满意度更弱

如图 10.10 和 10.11 所示,与全体儿童工作者相比,一线儿童工作者的职业满意度相对较弱,职业倦怠感更强。具体而言,一线儿童工作者在工作中获得的心理满足感、工作时的精力充沛程度和对工作价值的认可度明显低于全体儿童工作者平均水平。与此同时,一线儿童工作者在工作中体验到的挫折感和工作中面临的不理解明显高于全体儿童工作者平均水平。

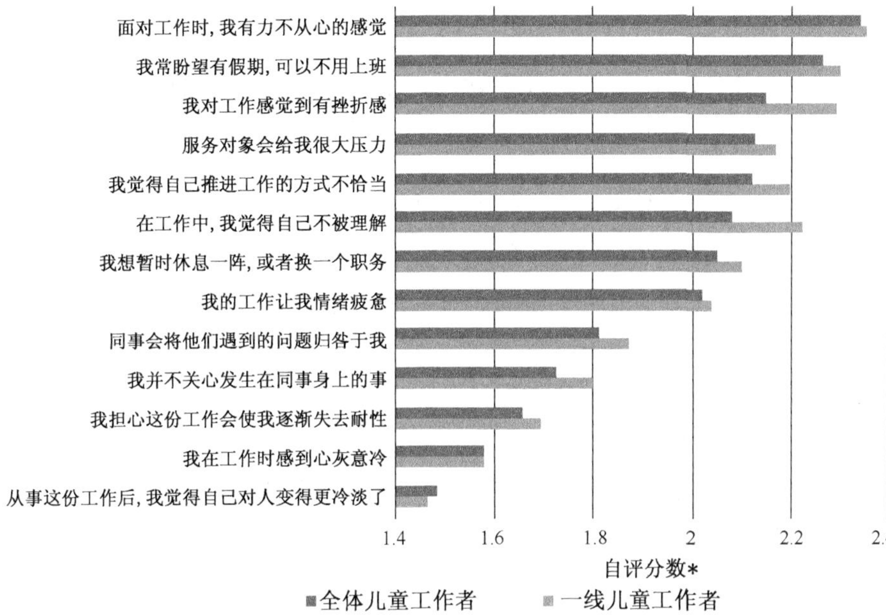

图 10.11 儿童工作者职业倦怠度

注：* 评分数值越大，同意度越高。分数在 2.5 分及以上，视为同意；在 2.5 分以下，视为不同意。

3. 工作状态与年龄有关，与薪资水平无关

如图 10.12 所示，儿童工作者的工作状态与年龄有关。具体而言，工作者年龄越大，工作状态更好。一种可能的解释是，随着年龄增长，工作经验增加，能更好应对工作中的挫折，工作带来的价值认同感更强。值得注意的是，儿童工作者的工作状态与薪资水平没有统计学意义上的显著关联。

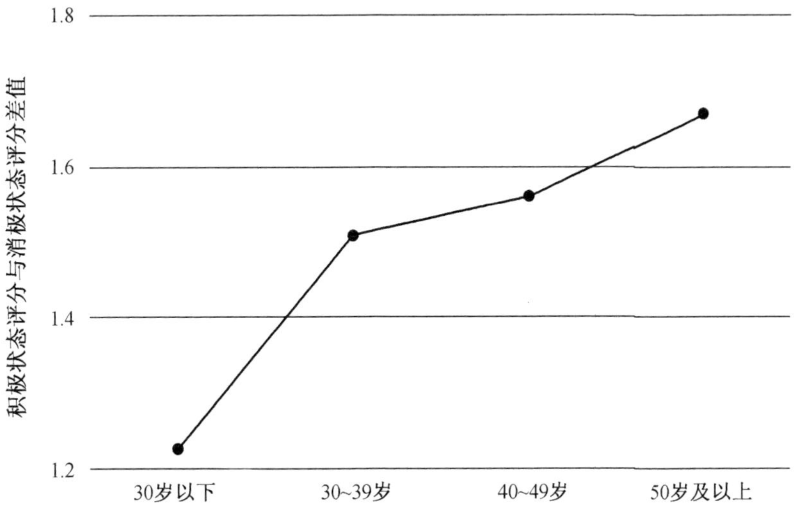

图 10.12 儿童工作者工作状态与年龄的关系

第四节　儿童工作者素养与能力现状

总的来说，儿童工作者的职业道德水平和价值理念认同情况良好，但在涉及直接服务、资源链接和项目管理上的实操技能和把实践与政策对接的宏观视野较弱。同时，儿童工作者自我关爱的能力有待提高。值得注意的是，相比于其他岗位的儿童工作者而言，一线儿童工作者在各方面的素养和能力都相对更弱。

1. 儿童工作者的职业道德水平和价值理念认同情况良好

如图 10.13 和 10.14 所示，全体儿童工作者在涉及一般性的职业道德和与儿童有关的价值理念方面的自评分数较高。儿童工作者往往行为端正、工作负责、重视团队合作和自我提升，同时秉持尊重、平等的价值观，明确儿童权利，能够在工作中与儿童和成人利益相关方建立关系并评估其需求。

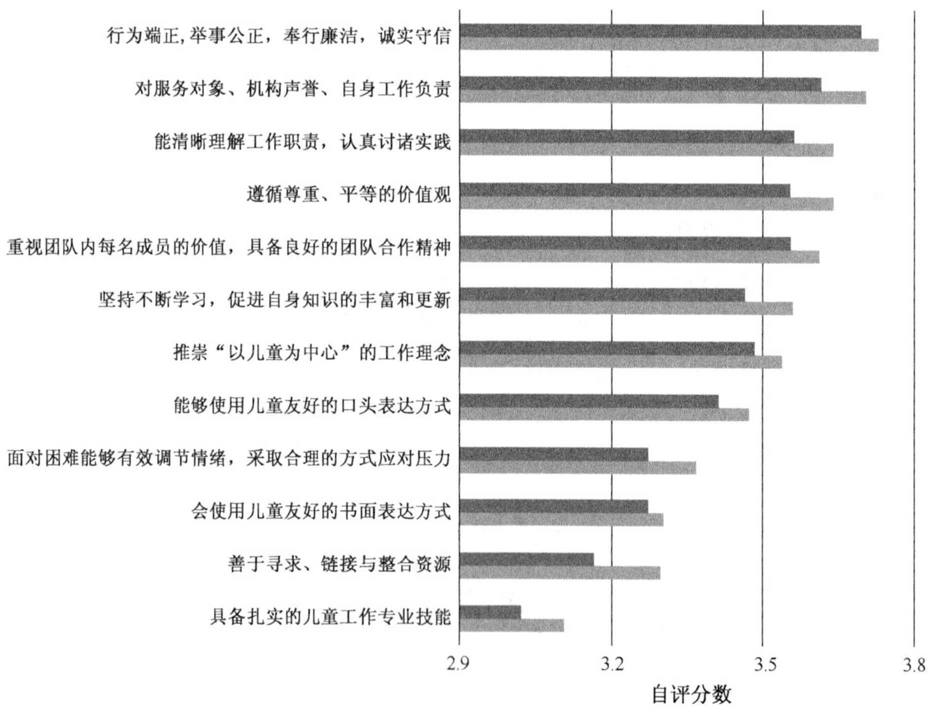

图 10.13　儿童工作者核心素养自评分数

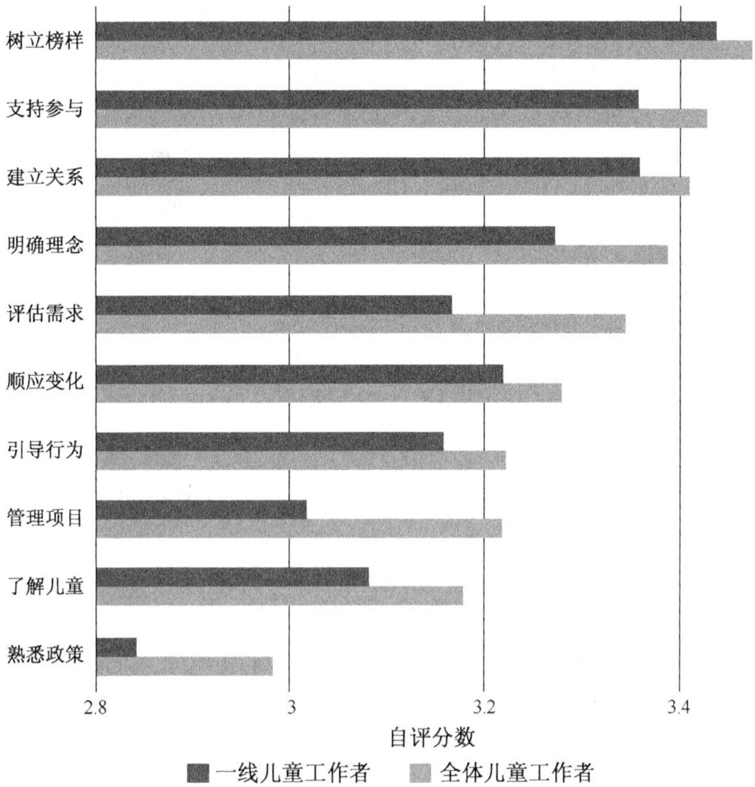

图 10.14 儿童工作者专业能力自评分数

2. 儿童工作者的实操技能、宏观视野与自我关怀能力有待提升

如图 10.13 和 10.14 所示，全体儿童工作者在儿童服务的专业技能、链接整合资源和项目管理等实操层面的能力较弱。就专业技能而言，儿童工作者在“了解不同年龄段儿童的主要发展特征及目标”“在项目设计/活动设计上考虑儿童的渐进发展情况”“以儿童友好的书面表达/口头表达方式与儿童进行沟通”“发现和应对儿童出现的心理和行为问题”等方面的自评分数较低。但这些专业技能是儿童工作者需具备的核心能力，也是将儿童权利理念落实于日常实践中的具体表现。

就宏观视野而言，儿童工作者在“及时跟进了解当前国家及工作地区与儿童相关的政策法规”这一项上的自评分数较低。一些机构负责人在访谈中也提到，不清楚应该去哪里了解与儿童相关的政策法规，也不确定这些政策法规与自己机构的实际工作的关联在哪里。事实上，充分了解各级相关政策法规，是把机构和项目工作放在更宏观的图景中去考量的前提和基础。充分了解相关政策法规，不仅可以帮助校准项目设计的整体方向、获取更多政策支持资源，更重要的是，可以推动项目影响力扩展到政策倡导层面。

另外一项自评分数较低的条目是“面对困难能够有效调节情绪，采取合理的方式应对压力”。这反映儿童工作者自我关爱的能力有待提高。自我关爱不足，则工作中不可避免地会出现压力和负面情绪无法得到恰当疏导、发泄和升华，极易产生耗竭感和职业倦怠。

3. 一线儿童工作者的素养与能力较全体水平而言更弱

值得注意的是，在所有素养和能力的条目中，一线工作者的自评分数都低于全体儿童工作者的平均值。这也与上一节中提到的一线工作者工作状态相对较差相呼应：一线儿童工作者素养和能力与职位要求存在差距，在工作过程中体验到的挫折感更强，心理满足感较弱，进一步影响工作者对这项工作的价值感的判断。

第五节　儿童工作者素养与能力培养的实践与挑战

总体而言，机构和行业对儿童工作者提供的培养和支持有限。受限于机构和项目资金，以及行业内培训督导资源，目前各机构和项目进行儿童工作者素养与能力培养的方式以机构内部“老带新”、参与项目相关的一次性集中式培训、参与行业间交流为主。培训的系统性低、常规性弱。培训内容中涉及实操的专业性内容少。督导资源稀缺，对儿童工作者的情绪支持弱。

一、儿童工作者素养与能力培养的实践

1. 内部培训较少，新员工培养依靠“老带新”“做中学”

访谈获得的信息显示，目前儿童公益机构内部培训普遍较少。机构虽然一般会对新员工进行入职培训，但培训时间较短，培训内容以事务性内容为主，比如机构和项目介绍、岗位职责、其他行政方面的流程和注意事项等，与儿童服务直接相关的专业性内容较少。机构一般没有常规性的在职培训，部分机构会在员工参与外部培训后鼓励其在机构内进行有关培训内容的分享。机构内实际的人员培养主要依靠“老带新”的方式进行，即有经验的老员工带领刚入职的新员工开展工作，新员工在工作过程中逐渐积累所需知识和能力，即“做中学”。但是这样非正式的培养方式的效果受到机构和项目整体工作量、带领者的能力和意

愿等多种因素的影响。当工作量较大时,带领者往往无暇给予新员工足够的支持,新员工就只能自己摸索,素养与能力提升速度较慢,工作过程中挫折感较强。

2. 实务培训主要依托项目进行

大部分机构的实务培训依托项目进行。这里的项目包括从外部承接的项目(比如社工事务所承接政府购买项目),也包括机构自身发起的项目(比如基金会下属服务项目)。依托项目进行的培训往往是一次性的集中式培训,虽然内容丰富,能够给没有相关经验的工作者提供多方面的知识,但不能充分回应工作者在后续实践中遇到的问题,且一些集中培训的不同培训主题之间的联系不强,培训深入性和实操性不足。

对于从外部承接项目的机构而言,培训依托项目进行的另一个问题在于机构对培训内容的发言权较弱,机构开展工作实际需要的培训和项目委托方提供的培训存在不匹配的问题。以社工事务所为例,社工事务所的主要项目来源是政府购买社会服务项目。近年来政府购买主体由市级、区级民政和其他相关部门下沉到部分科室或街道,购买主体统筹培训资源的能力降低。其结果是,培训内容以政策宣讲、理论知识和项目管理为主,重复度高,实操性、专业性的内容减少。社工机构的工作者素养能力培养也因此受影响。

3. 行业交流参与度存在差异,行业性的专业培训少

参与行业交流也是目前机构和项目提升工作者能力与素养的重要方式之一。行业交流的参与度受到机构文化和机构所在地理位置的影响。学习氛围较好的机构,会轮流派遣工作者参与各类行业交流(如儿童公益行业交流、与业务领域相关行业交流、更广泛的公益慈善行业交流等),再将新信息带回机构,与其他同事进行分享。地理位置相对偏远的机构,参与行业交流的机会相对较少。各机构参与行业交流的侧重也不尽相同,大部分侧重于拓宽眼界、了解同领域或其他领域的项目,理念交流相对较少,与实操有关的培训更少。

4. 常规性督导较少,侧重专业提升而非情绪支持

本研究所说的督导是指:更有经验的工作者作为督导者,经验较浅的工作者作为被督导者,双方进行的常规性的深度沟通,以提升被督导者的专业素养,为被督导者提供情绪支持。目前来看,机构内部的常规性督导较少。上述"老带新"在理论上可以起到一部分督导的作用,但实际效果差异较大。部分机构聘请外部督导,但受限于督导资源和机构经费,无论是实地督导还是远程督导,督导次数都有限,且多为非常规的督导,这导致被督导者有需求时无法得到及时回应,督导效果并不十分理想。

另外需要指出的是，一些机构和项目的服务对象和服务场景，如困境儿童服务、大病儿童救助、受虐儿童服务等，会对工作者造成较大的情绪压力，甚至形成替代性心理创伤，迫切需要常规性的督导，为工作者提供情绪支持，帮助其建立良性的界限感，增强工作者自我关爱的能力，然而目前能够实现这一点的机构和项目很少。

第六节　儿童工作者素养与能力培养所面临的挑战

从上述多种实践的现状可以看出，目前整个儿童公益行业在儿童工作者素养与能力培养上面临着诸多挑战。以下将从培养需求、培养资源供给、机构/项目获取培养资源能力、培养效果影响因素这 4 个维度梳理这些挑战。

1. 缺乏明确细致的儿童工作者素养与能力培养目标体系

从需求的角度看，目前整个儿童公益行业对儿童工作者所需具备的素养与能力还没有明确的、成体系的认识，进而对需要什么样的培训和督导来提升这些素养与能力没有清晰的认识。需求不明确的情况下，容易出现“有什么培训就参加什么培训”的情况，对工作者的培养是零散的、临时性的。北京博源拓智儿童公益发展中心与合作机构联合发布的《一线儿童工作者能力素养与行为准则指南》是建立培养目标体系的一次重要尝试，但从访谈对象的反馈来看，如果这一框架能够有各具体服务领域的细化版，如儿童教育、残障儿童服务等，对整个行业的指导性会更强。

2. 缺乏常规性的实操培训资源

如前所述，机构内可以整合的培训资源有限，依托项目的培训受项目委托方影响大，行业交流的实操部分培训较少。也就是说，从供给的角度，整个行业内缺乏常规性实操培训的提供者。可供参考的一个国外社会服务行业常规性实操培训的案例来自美国纽约市。纽约市反家暴市长特别办公室统筹纽约市内的反家暴服务资源，依托每个区的家庭司法中心(Family Justice Center)，每个季度循环开展免费的反家暴一线服务者培训。培训内容涉及一线服务所需掌握的理念、政策法律、转介资源等信息。对各一线服务机构的新员工而言，参与家庭司法中心的培训是入职前期的必修课。这样的常规性培训对提升整个行业的服务水平有十分重要的意义。

3. 资金限制和较高人员流动性，削弱培养资源获取能力和培养效果

资金限制，包括机构和项目整体资金限制，以及用于工作者培养的资金限制。如图 10.15 所示，资金限制是削弱机构和项目获取培养资源能力和降低培养效果的重要因素。首先，机构和项目整体资金有限，使得机构和项目可以聘请的人员数量减少。人少事多，意味着每个人的工作量较大，工作压力较大，在“老带新”的过程中也没有更多心力去培养新员工。其次，机构和项目整体资金有

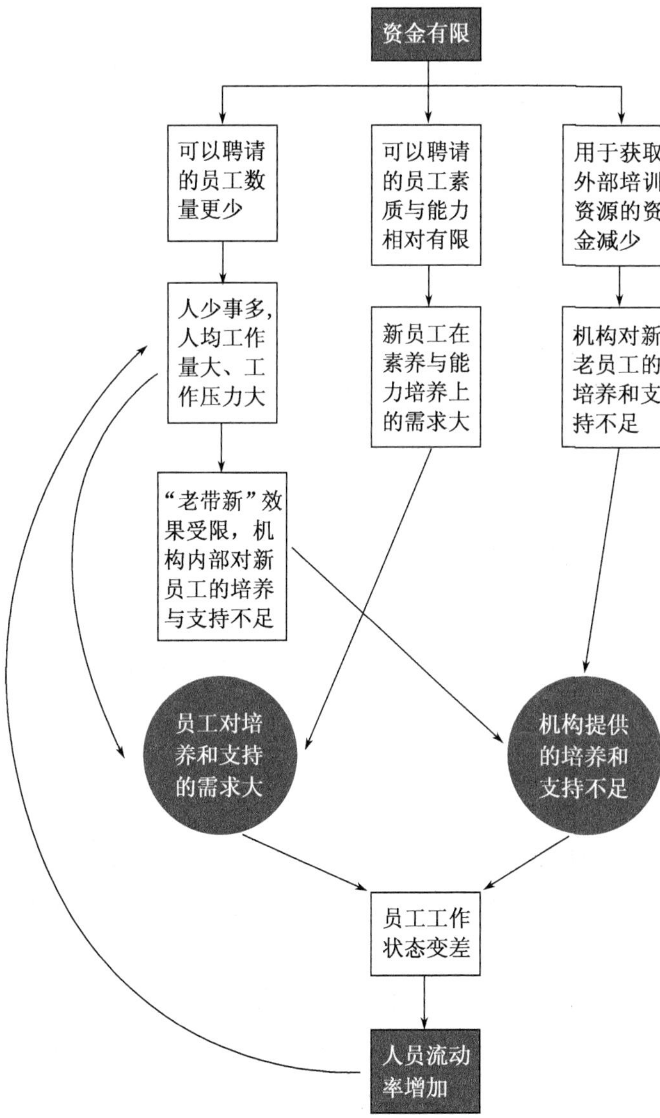

图 10.15　资金和人员流动性对工作者素养与能力培养的影响

限,意味着机构和项目能够招聘到高素养、高能力的新员工的可能性降低,新员工在素养能力提升方面的需求更大。再次,用于工作者培养的资金限制,意味着机构和项目用于获取外部培养资源(如支持员工参与外部培训、聘请外部专家到机构进行培训和外聘督导等)的资金减少。这样一来,新老员工对培养和支持的需求都非常大,但机构和项目提供的内部和外部培养与支持有限,员工的压力和受挫感持续累加,工作状态变差,离职率增加。人员流失使得机构和项目需要在短时间内聘用新工作者来填补缺口、完成工作,更加无暇对新工作者进行培养和支持。由此形成恶性循环,威胁机构和项目的正常运转,阻碍工作者整体素养能力的提升和工作状态的改善。

第七节　对策与建议

在儿童工作者素养与能力培养工作上,儿童公益机构和项目、儿童公益行业支持型机构和资助方三类不同主体分别扮演着不同的角色。本研究针对上述现状和挑战,为三类主体分别提出建议,以促进各机构和整个行业在儿童工作者素养与能力培养方面的实践。

一、机构和项目:育“人”与做“事”并进

儿童公益机构和项目是实现儿童工作者素养与能力提升的首要场域。同时,对儿童公益机构和项目自身而言,组织内儿童工作者素养与能力提升也是组织发展的重要推力。具体而言,机构和项目可以从战略调整、机构文化塑造和实际操作三个层面做出努力。

1. 把培养儿童工作者素养与能力作为机构和项目发展的重要战略

对儿童公益组织和项目而言,培养“人”和做“事”是推动机构和项目发展的两驾马车,但目前很多机构和项目仅把着眼点放在做事上,而没有把培养团队内工作者的素养与能力作为一个单独的目标和战略。事实上,当把培养“人”作为机构发展的重要战略之后,机构可以对有限的资源进行更有效的分配利用,比如在分配资金时为工作者培养预留更大的份额、更加积极地挖掘和开拓机构内外的培养资源,从而缓解上一节提到的人员素养能力培养不足带来的恶性循环,让机构把“事”做得更好。

2. 塑造“学习型组织”的机构文化

“学习型组织”①的理论认为，整个机构和项目团队是一个学习单位，每一位组织成员都能够对组织的整体成长和提升发挥作用，组织的成长和提升又反过来增加了成员的学习资源。一个学习型组织的例子是，每一个工作者在机构和项目团队的支持下分工定期进行与工作有关的专业知识自学，然后进行内部分享；工作者轮流参与行业交流活动，将有价值的信息带回机构或团队内部进行分享。

3. 兼顾儿童工作者的能力提升和情绪支持

儿童公益机构和项目在培养组织内部儿童工作者素养与能力时，应该把能力提升和情绪支持同时作为重点。这里的能力尤其指直接为儿童提供服务的专业能力和熟悉政策基础上的宏观视野。专业能力包括理念、知识和方法等多个层面。就理念而言，尽管本研究的问卷调查显示，儿童工作者对儿童权利理念较为熟悉，但从与众多儿童工作者的接触所了解到的情况来看，许多工作者对儿童权利理念的认同停留在表面，没能把对理念的认同转化为行动的变化。知识主要指儿童在不同的发展阶段的一般性发展目标和特征，以及符合儿童发展阶段的教养方式和服务方式等。方法则更强调实操，比如当儿童出现一些具体的行为时，如何用符合儿童权利的方式进行回应和引导。

宏观视野具体是指儿童工作者对自己所从事的工作与政策法规、政府行动计划之间的联系的认识。这里的政策法规包括来自教育、民政、司法、共青团和妇女儿童工作委员会等多个部门的政策。这种联系是双向的。一方面，工作者在熟悉政策进展的基础上，探索如何在保持工作原本目的的前提下，更加策略性地与政策方向靠拢，以获得更广泛的支持和资源。另一方面，工作者以更宏观的视野看待项目工作，探索从直接服务到政策倡导的路径，扩展项目所带来的改变。

除了关注客观上工作者能力的提升外，机构和项目也应该通过各种支持改善工作者主观上的工作体验。机构和项目应该把工作者的自我关爱作为一个议题明确提出，让工作者了解自我关爱和缓解职业倦怠感的重要性，以及促进自我关爱的一些可实操的做法。机构和项目可以通过常规性的一对一督导和团队内部平等深入的交流（即朋辈督导）等方式实现对工作者，尤其加强对一线工作者

① “学习型组织”这一概念由彼得·圣吉在《第五项修炼——学习型组织的艺术与实践》中提出。参考［美］彼得·圣吉：《第五项修炼——学习型组织的艺术与实践》，北京：中信出版社，2009年。

的情绪支持。

二、行业支持性平台:搭建框架、整合资源

儿童公益行业支持型机构在推动整个儿童公益行业工作者素养与能力培养、促进不同类型和不同领域的儿童工作者素养与能力协同提升上扮演着关键性角色。考虑到儿童公益行业支持型机构在把握行业方向和整合各方面资源上的独特优势,这类机构可以在完善培养框架、建立常规性培训机制和建立共享式督导资源库三个方向为工作者素养与能力培养做出努力。

1. 完善各类型、各领域儿童工作者素养与能力培养框架

儿童公益行业支持型机构搭建行业平台的重点之一是完善儿童工作者素养与能力培养框架。培养框架包含培养目标,以及达成这些目标所需要具备的知识和技能。为了增加培养框架的指导性和可操作性,在一般性的框架之外,应该通过与各类型和各领域的机构合作,共同确立针对各类型和各领域更加细化的框架。这一框架的内容应该充分回应儿童公益机构和项目在提升工作者专业能力、宏观视野和自我关爱能力方面的需求。

2. 建立行业性常规培训机制

针对行业内培训资源不足的现状,支持性机构还可以尝试提供与上述培训框架相匹配的常规性实操培训。比如效仿纽约市反家暴服务领域的行业培训,依托政府或基金会资源,在某一地区(或者利用信息通信技术在多个地区)进行常规性的、循环式的行业培训。比如以季度为单位,每一季度循环提供一系列的培训。培训对行业内所有机构的相关工作者开放,新就职的工作者或其他有需要的工作者(甚至包括实习生和志愿者)都可以在开始工作的一定时间内接收到与其工作直接相关的实操性培训。

3. 建立共享式督导资源库

针对行业内督导资源不足的情况,支持性机构还可以促成共享式督导资源库的建立。共享式督导资源库中的督导不只为某一家机构提供督导服务,而是为一个地区内相似类型的机构提供督导服务。多家机构共同聘请一位督导,既降低了资金消耗,也减少了督导的重复工作,还增加了行业交流机会。

三、资助方:资金倾斜与方向引导

包括基金会、政府和企业在内的资助方对儿童工作者素养与能力培养工作的可行性有根本性的影响。资助方应该更深刻地理解儿童工作者素养与能力提

升对儿童服务水平提升和儿童权利实现的核心作用，通过资金和评估等杠杆，引导儿童公益行业朝着更加重视人才培养的方向发展。

1. 增加对儿童工作者素养与能力培养的资金资源支持

资助方对儿童工作者素养与能力培养提供的资金支持主要包括两类。第一类是更多地关注和支持儿童公益行业支持型机构开展的、以提升整个儿童公益行业工作者素养和能力为目标的各类工作，为上述完善培养框架、建立培训机制和丰富督导资源等工作提供资金资源支持。第二类是在资助直接服务类项目时，充分考虑人力成本。充分考虑人力成本有两方面的含义：第一，将项目团队成员的工资纳入项目预算；第二，将项目团队成员素养与能力培养的费用（如培训和督导）纳入项目预算。

此外，资助方还可以根据自身的优势，为机构和项目提供资源支持。比如，对于政府购买的直接服务类项目，政府虽然在提供直接儿童服务专业能力培训方面不具有明显优势，但可以利用集中培训的机会进行国家及地区性政策宣讲，以培养儿童工作者的宏观视野。

2. 把工作者素养能力提升作为评估项目的指标之一

如果说资金和资源的支持是资助方促进儿童工作者素养与能力提升的基础手段，那么将工作者素养与能力提升作为评估项目的指标则起到了明确方向的作用，对儿童公益机构和项目而言是重要的信号。需要说明的是，这里的项目不仅是指能力建设型的项目，还包括直接服务类的项目。对于直接服务类项目而言，现有的评估往往只关注所服务的儿童及其家庭处境的改善程度。但事实上，项目团队成员在儿童服务方面的素养与能力的提升程度，对项目成效的可持续性有一定影响。

附件　儿童公益组织行为准则指南建议稿

序言

随着中国公益事业的快速发展，专门服务儿童群体的公益组织不断壮大，儿童公益行业逐步走向成熟。作为儿童权利的守护者，儿童公益组织更应从自身做起，保障所有与本机构相关的人员、活动都能最大限度地避免给儿童造成任何可能的伤害。在国际救助儿童会中国项目的支持下，北京博源拓智儿童公益发展中心起草了《儿童公益组织行为准则指南》，以期在公益行业建立起一套符合儿童利益最大化的机构治理规范，实现儿童公益行业的自律和健康发展。呼吁公益同仁依据本机构实际情况，基于联合国《儿童权利公约》《中华人民共和国未成年人保护法》和《中华人民共和国反家庭暴力法》的基本原则和有关条款，制定适用于本机构的《儿童公益组织行为准则》，且相应建立起尊重儿童最大利益原则的机构治理机制。

1. 定义、立场及执行范围

1.1　定义

本指南所称的儿童指儿童公益组织所服务的不满 18 周岁的任何人，即《中华人民共和国未成年人保护法》中的“未成年人”。

本指南所称的儿童公益组织指以儿童为主要服务对象的公益组织，包括但不限于基金会、社会团体、社会服务机构以及社会企业。

本指南所称的儿童暴力指对儿童进行任何形式的身体虐待（包括体罚）、性暴力和性剥削、忽视或疏忽对待、商业剥削或其他形式的剥削，以及实际或可能对儿童的情感和行为发展造成负面影响的长期或严重的不良情感对待或情感伤害。

1.2 立场

我们承认儿童享有联合国《儿童权利公约》以及《中华人民共和国未成年人保护法》中规定的一切权利。

我们反对针对儿童一切形式的暴力，包括身体虐待、性暴力、忽视及情感虐待。

我们承诺通过教育、宣传、落实机构行为规范、运行举报机制等措施，最大限度地避免给儿童造成任何可能的伤害，并在更大范围内倡导全社会关注儿童保护、保障儿童免受一切形式的暴力。

1.3 执行范围

下列人员必须遵守儿童公益组织行为准则：

- 所有员工（包括全职和兼职员工）；
- 志愿者；
- 理事会/董事会成员；
- 签订短期合约的人，包括实习生、顾问、研究人员等；
- 捐赠方、记者、合作伙伴、供应商等任何因为本机构的工作可以直接接触到儿童的人。

2. 行为规范

机构在招聘工作人员、志愿者、实习生和专家顾问时，应对其是否具有不利于儿童的行为倾向进行风险评估，并在入职前开展儿童保护准则的相关培训，在工作过程中跟进督导和阶段性评估，确保工作人员理解并遵循准则要求。

2.1 尊重儿童的人格尊严

- 和儿童接触时，不使用含辱骂、攻击、污秽的语言。
- 尊重所有儿童的人格尊严，不随意评价儿童。
- 尊重不同地区儿童的风俗习惯。
- 为儿童提供服务时，不偏爱或忽视任何儿童。
- 确保在处理与儿童利益相关的事项时给儿童参与的机会，根据儿童的成熟程度给予适当的考虑，不随意打断、阻止儿童发言，对于儿童的表达和倾诉做到基本的同理和接纳。

• 所有关于儿童的宣传材料，包括纸质的和电子材料，都以尊重儿童的最大利益为原则，采用适合儿童理解能力的表达方式。

2.2 保护儿童隐私

• 拍摄照片（视频）以及发布时须征求儿童及其监护人的同意。照片不得随意公开发布，包括在网络社交媒体上发布。

• 尊重儿童的隐私，不私自打听和泄露儿童的个人信息。

• 通过服务活动获取的儿童资料必须由专人妥善保管，避免任何人随意接触、随意获取。

2.3 避免与儿童有不适当的接触

• 避免出现远离他人、与儿童独处的行为。

• 避免与儿童有过于亲密的肢体接触，禁止触摸儿童身体敏感部位，禁止对儿童采取任何有性挑逗嫌疑的行为。

• 工作人员不应该单独与一名或多名儿童住宿，无论是否住宿在员工家、项目工作点或其他任何地方，如果情况特殊，必须提前获得机构负责人以及儿童法定监护人的同意。

2.4 保护儿童的安全

• 禁止让儿童参与危险性的活动。组织外出活动时，应充分保护儿童，切实保证儿童安全。

• 不得雇佣童工。

• 不得让儿童从事有害的行为，如吸毒、观看色情或暴力音像资料等。

• 机构有责任评估服务环境安全风险，确保以儿童安全视角设计安排服务设施。

3. 报告、回应及处理

3.1 报告及回应

• 机构应建立违反本准则的举报和处理制度，并建立适用于儿童的便捷而安全的举报申诉渠道。

• 机构的任何工作人员如接到儿童或他人举报、发现或怀疑他人存在违反本儿童保护准则的行为，必须立即向机构主管报告，若此人为嫌疑人，则直接报告给上一级主管。

• 当有举报发生时，必须在 24 小时内启动机构内部回应机制。在决定应对处理有争议或顾虑的活动中，应把“儿童利益最大化”作为准则和一切解决办法的出发点。

• 在任何儿童受到暴力的情况下，儿童都不应受到指责。工作人员应向儿童明确指出受虐或举报不是他们的错误。

• 在处理过程中，儿童的意见应当被充分地尊重和予以考虑，并让儿童知道机构将主动积极采取行动确保他们的安全。

• 儿童应获知下一步会有什么情况发生。

• 工作人员对于调查的情况和儿童的信息应该严格保密。

• 如果机构内部不能处理或该情况不适宜由机构内部处理，应将顾虑报告外部相关机构，寻求合作和帮助。

• 如果工作人员发现儿童在其家庭、学校或社区等场所遭受暴力或有受暴风险，依据《反家暴法》相关条款，向公安机关报案。

3.2 处理

如果违反儿童保护准则的行为被证实，最严重可导致：

• 对员工，立即解除劳动合同；

• 对志愿者，终止志愿关系；

• 对顾问，终止顾问关系；

• 对合作伙伴，暂停/终止合作。

此外，如果该行为达到犯罪的程度，儿童公益组织应该联系当地的执法部门，确保儿童得到保护，犯罪者受到法律的严惩。

参考文献

[1] 魏礼群. 公共决策与智库建设[J]. 中国行政管理,2015(10):6-8.

[2] 许共城. 欧美智库比较及对中国智库发展的启示[J]. 经济社会体制比较,2010(2):77-83.

[3] 张志强,苏娜. 一流智库战略研究成果的质量管理机制[J]. 中国科学院院刊,2016,31(8):940-950.

[4] 沈开举,余艳敏. 美国智库发展现状与评价[J]. 人民论坛,2014(5):228-231.

[5] 刘恩东. 美国智库发展新趋势[J]. 党政论坛(干部文摘),2014(7):30-31.

[6] 魏礼群. 积极推进社会治理体制创新[J]. 行政管理改革,2014(8):17-23.

[7] 徐晓虎,陈圻. 中国智库的基本问题研究[J]. 学术论坛,2012,35(11):178-184.

[8] 李占峰,金家厚,鲍宗豪. 中国智库发展亟须理念和制度创新[J]. 开放导报,2011(6):100-104.

[9] 赵若锦,陈锐. 我国智库发展现状及提升路径研究[J]. 现代管理科学,2018(11):66-68.

[10] 荆林波. 中国智库发展的问题及策略[J]. 新闻与写作,2018(6):14-18.

[11] 杨瑞仙,权明喆,魏子瑶. 国外一流智库运行机制现状调研及启示[J]. 情报理论与实践,2017,40(12):29-34.

[12] 朱锋. 国际问题研究智库发展中需要思考和解决的问题[J]. 现代国际关系,2016(4):11-12.

[13] 谢晶仁. 对社科院智库建设的重新审视[J]. 社会科学管理与评论,2012(3):92-96.

[14] 王健. 论中国智库发展的现状、问题及改革重点[J]. 新疆师范大学学报(哲学社会科学版),2015,36(4):29-34.

[15] 薛澜. 智库热的冷思考:破解中国特色智库发展之道[J]. 中国行政管理,2014(5):6-10.

[16] 王荣华. 智库发展趋势及其当代价值[J]. 重庆社会科学,2013(1):116-121.

[17] 王永志,张亚勇. 中国特色新型党建智库建设:内涵、困境与对策[J]. 理论导刊,2018(7):4-9.

[18] 李佳,李帅. 中国智库发展现状、问题及新时代功能定位[J]. 世纪桥,2018(7):70-71.

[19] 方茜. 基于系统理论的中国特色新型智库影响力评价及特征分析[J]. 经济体制改革,2018(2):164-171.

[20] 王嘉文. 中国特色新型智库的发展现状与建设路径研究[J]. 创新科技,2016(11):43-46.

[21] 祝灵君. 如何提升党建智库的研究能力[J]. 当代贵州,2017(13):62.

[22] 章静. 中国政府智库运作机制分析[J]. 法制博览,2016(2):285-286.

[23] 宋振超. 我国政府智库和创新驱动发展之间的关系分析[J]. 图书馆论坛,2018,38(5):59-63.

[24] 黄亮宜. 借鉴外国经验　加强和改进我国政府智库工作[J]. 学习论坛,2014,30(5):41-43.

[25] 翟东航,孙德翔,钟新海,于洋. 军民融合视角下我国军事战略智库体系建设研究[J]. 情报理论与实践,2017,40(1):18-24.

[26] 党俊. 地方社会科学院中国特色新型智库建设研究:基于 SWOT 分析模型[J]. 智库时代,2018(29):67-69.

[27] 刘辉,李柯凝. 高校智库的三重面向:内涵、挑战与发展路径[J]. 情报杂志,2018,37(8):45-50.

[28] 李晶,刘晖. 旋转门:高校智库服务政府决策的制度创新[J]. 教育发展研究,2018,38(7):53-57,84.

[29] 李文涛. 中国民间智库现状分析与发展建议[J]. 商场现代化,2009(13):196-197.

[30] 蓝波涛,罗一宇,黎家娴. 国内民间智库研究述评[J]. 广西社会科学,2018(5):163-167.

[31] 金家厚. 民间智库发展:现状、逻辑与机制[J]. 行政论坛,2014,21(1):56-61.

[32] 李治儒. 我国民间智库运行机制研究[D]. 西北大学,2017.

[33] 陈祝红. 我国民间智库发展历程研究[D]. 江西农业大学,2017.

[34] 苏原.何妨问智于民[J].中国报道,2009(12):42-43.
[35] 刘西忠.从民间智库到社会智库:理念创新与路径重塑[J].苏州大学学报(哲学社会科学版),2015,36(6):21-26.
[36] 刘海峰,刘畅,曹如中.新型智库服务政府决策的发展契机与提升策略研究[J].情报杂志,2018,37(1):47-52.
[37] 王冰洁.联合国儿童基金会:聚焦多维度儿童减贫[J].中国社会组织,2017(19):62.
[38] 韦岚.中国特色新型智库利益相关者的利益诉求与治理方式[J].学术探索,2017(4):116-120.
[39] 全守杰.中国高校智库的角色[A].//中国高等教育学会.学生·教师·课堂:高等教育现代化.北京:北京理工大学出版社,2016:1.
[40] 霍小龙,崔民选,胡长松.雄安新区对区域协调发展的影响分析及应对建议:基于河北省的调研分析[J].现代管理科学,2018(3):15-17.
[41] 陈洁梅.现役军人的子女教育:家庭教育资本分析及对策建议[D].上海师范大学,2009.
[42] 曹莹,宋磊.我国军人家属待遇制度的不足及其完善[J].西安政治学院学报,2008(1):83-87.
[43] 全守杰,王运来.高校智库的涵义与特征[J].现代教育管理,2016(1):38-42.
[44] 韦岚,全守杰.中国一流高校智库的组织要素与运行机制:基于中国6家一流高校智库的分析[J].高校教育管理,2017,11(5):81-87.
[45] 赵月侠.河南省基层儿童福利服务体系建设迈出坚实步伐[J].中国民政,2017(11):12-13.
[46] 王筱,童书盟.跨越“最后一公里”[J].中国慈善家,2017(6):6,70,71-73.
[47] 田钦,赵倩,周正柱.上海高校新型智库建设现状与对策调查研究[J].高教学刊,2018(17):1-3,6.
[48] 胡鞍钢.中国特色新型智库建设及其思想传播:以清华大学国情研究院为例[J].中国科学院院刊,2016,31(8):870-878.
[49] 艾诚.清华大学—东京大学无障碍发展学术研讨会暨清华大学无障碍发展研究院年会召开促进无障碍环境建设落地见效[J].中国残疾人,2017(5):15.
[50] 李爱军,郭海林.儿童躯体化障碍发病情况调查分析[J].心理医生,2017,

23(12):281－282.

[51] 魏亮.语言学和辞书的耕耘与收获:访中国社会科学院语言研究所董琨研究员[J].中国科技术语,2018,20(2):23－26.

[52] 杨倬东.儿童性侵害之教育预防研究[J].西南石油大学学报(社会科学版),2015,17(4):70－75.

[53] 童小军.国家亲权视角下的儿童福利制度建设[J].中国青年社会科学,2018,37(2):102－110.

[54] 吕利丹,阎芳,段成荣,程梦瑶.新世纪以来我国儿童人口变动基本事实和发展挑战[J].人口研究,2018,42(3):65－78.

[55] 兰杰.论美国民间智库的运行机制及对我国的借鉴意义[D].湖南师范大学,2013.

[56] 方晓彤.中国社会组织:历史进程、现实状况与发展趋向[J].西南石油大学学报(社会科学版),2017,19(5):71－77.

[57] 李学良,常凤亮,李福刚,等."民间智库"的特性、组织形式及概念初探[J].学理论,2012(15):43－44,90.

[58] 夏东荣.学术社团(学会)成为社会智库可能性探析[J].社会科学论坛,2018(2):198－209.

[59] 汪朵."教育智库"特征下的新型学会组织建设:以南京市教育学会为例[J].教育研究与评论,2015(3):64－64.

[60] Smith, James Allen. The Evolving Role of American Foundations[M]//Charles T. Clotfelter and Thomas Ehrlich. In Philanthropy and the Nonprofit Sector in a Changing America, Bloomington, Indiana: Indiana University Press, 1999, 34－51.

[61] 杨团.关于基金会研究的初步解析[J].湖南社会科学,2010(1):53－59.

[62] 马爱民.国外非政府组织及基金会发展借鉴[J].经济视角,2011(11):185－186.

[63] 堀内生太郎.日本基金会的历史与发展[J].国外社会科学,2007(4):102－103.

[64] 葛道顺.我国基金会发展的定位和政策[J].学习与实践,2009(4):97－105.

[65] 徐政.中国公益基金会的发展历程及其存在的问题[J].中国青年政治学院学报,2006(5):114－118.

[66] 张广迎.我国社会企业的发展现状及对策分析[D].北京邮电大学,2017.

[67] 李衍儒，江明修. 社会企业之发展经验与政策建议：以美国、英国、中国香港与中国台湾为例[J]. 中国非营利评论，2011，7(1)：94-114.

[68] 王振香. 社会企业在英国的发展及其对中国的启示[D]. 吉林大学，2014.

[69] 涂智苹. 英美日韩社会企业发展比较研究及其启示[J]. 改革与战略，2018，34(8)：116-122.

[70] 徐君. 社会企业组织形式的多元化安排：美国的实践及启示[J]. 中国行政管理，2012(10)：91-94.

[71] 于小杰，许艳. 国内外社会企业的发展分析[J]. 西部皮革，2018，40(8)：56-57.

[72] 朱蕴嘉. 中国社会企业发展的困境及其对策研究[D]. 复旦大学，2014.

[73] 邓国胜，刘水峰. 计划生育协会评估手册[M]. 北京：中国人口出版社，2011.

[74] 徐双敏. 提高第三方评估的公信力[N]. 人民日报，2015-06-16(007).

[75] 曾本伟. 多维视阈下社会组织评估的"GPO"模式探讨[J]. 广东行政学院学报，2016，28(3)：37-41.

[76] 福建省民间组织管理局. 重视评估工作，促进社会组织健康有序发展[J]. 学会，2016(5)：36-39.

[77] 王名，孙伟林. 社会组织管理体制：内在逻辑与发展趋势[J]. 中国行政管理，2011(7)：16-19.

[78] 刘春湘，郭梓焱. 当前我国社会组织公信力危机及重构[J]. 湘潭大学学报(哲学社会科学版)，2016，40(4)：43-46，139.

[79] 李小云，董强，刘晓茜等. 非营利组织人力资源评价模式开发及应用[J]. 中国行政管理，2006(7)：78-82.

[80] 王妮丽，崔紫君. 非营利组织中的志愿者及其管理[J]. 云南社会科学，2003(6)：70-72.

[81] 谭建光. 中国志愿服务指南[M]. 广州：广东人民出版社，2007.

[82] 王梅. 我国非营利组织项目管理研究[D]. 西北大学，2010.

[83] 马骏. 非营利性组织的公益项目管理研究[D]. 武汉工程大学，2016.

[84] 吴冠之. 非营利组织及其社会行为营销[J]. 首都财贸，1998(3)：3-5.

后　记

大概两年前，我们就“儿童发展领域社会组织可以做什么、能够做什么、为何需要社会组织参与儿童发展”等问题进行了热烈讨论。对于这些问题的反思，也成为本书构思的起点。经过两年多的努力，多次修改，出版中又经历许多波折，受疫情影响又一度停滞，直到今天这本书稿终于呈现在大家面前。

为回答两年前“促进儿童发展：社会组织何以可为、何以可能”等问题，我们从社会组织参与和推动中国儿童发展各领域实践入手，选取了乡村儿童教育、流动儿童社区融合等典型案例，尝试描述“社会组织何以可为”。另外也进一步深入剖析不同类型的社会组织在儿童发展中发挥的不同角色，论述以儿童发展为导向的社会组织评估和管理的理论和实践，以期从不同层面展现社会组织推动和促进儿童发展的独特意义。

本书写作分工如下：亓迪撰写了第一章、第五章、第六章、第七章、第八章，南方撰写了第二章、第三章、第四章、第九章和第十章。全书由亓迪统稿。撰写过程中，我们得到了多方的支持和帮助。首先，感谢河海大学社会学学科经费以及国家自然科学基金课题(课题编号：71804041)经费资助。河海大学暴禹佳、杨晓、许雨婷、许雨婷、尹胜楠等同学参与了部分章节的资料收集和内容撰写工作，特此感谢。其次，要特别感谢北京博源拓智儿童公益发展中心理事长李萍老师及其团队。博源拓智多年来深耕于中国儿童公益行业，持续多年开展行业观察和个案研究，基于数百个以儿童为主要服务对象的社会组织的实证数据，以及为推进儿童公益行业健康发展所起草的指南和建议等，均为本书提供了一线的宝贵资料。博源拓智研究团队的谷悦、吴子劲、王佳玉、盛丽娜等参与了部分章节的资料收集、调研走访以及部分内容的撰写工作，对本书做出很大贡献，特此深表谢意。调研过程中，我们前后访谈了数十家基金会、智库组织和儿童服务机构。他们都在百忙之中，不厌其烦接受我们的访谈，并无私分享了许多珍贵的项目经验和文献材料，让我们深受感动。

最后，感谢南京大学出版社编辑们对本书提出的宝贵建议，以及对本书细节方面的认真校对和修订。然而，受限于能力和视野，本书仍有诸多不足之处，敬请大家指正。我们也会继续对中国社会组织在推动儿童发展领域开展持续深入的研究，为社会组织在促进儿童发展、服务民生保障、创新社会治理和社会建设等方面发挥的积极作用贡献绵薄之力。

亓迪　南方

2020 年 11 月